◉ 建築工学 ◉
EKA-13

建築設備及び工学技術者のための
空気調和・空気清浄

藤井修二 編著

鍵　直樹・諏訪好英・田中毅弘
田村　一・垂水弘夫・柳　　宇　共著

数理工学社

ライブラリ「建築工学」について

　建築物は，それが建っている場所に固定されるといってよい．地球上の場所は，場所ごとに異なる特性をもっている．部材や部品は工場で大量に生産されたとしても，建築物を，それが支えられている地盤も含めて，全体としてとらえれば，建築物は現地で単品生産されるといえる．

　個人の住宅，会社の社屋，公共施設，等，いずれにしても建築物は建主にとってかなり高価である．それは，建築物に多量の資源とエネルギーを使用していることを意味する．それゆえ，建築物は，長期間利用せざるを得ない．性能評価も長期間を対象としなければならない．

　数十年あるいは数百年に一回といった自然現象，すなわち，大地震，強風，豪雨，等，に対する性能は，当然のことながら，その現象を被る機会が少ない分，検証しにくく，評価がむずかしい．竣工時から自然災害を被るまでの時間が長いため，責任の所在も曖昧になりがちである．地震で建築物が大きな被害を受けたとき，設計事務所も建設会社もすでに存在していない可能性もある．

　建築物を取り扱う学問である建築学は，相当に幅広い範囲を包含しなければならない．比較的小さな領域を分野と考え，具体的に分野を列挙してみれば，計画，歴史，意匠，構造，材料，設備，環境，等となる．建築物に関しては，法令による規制も多々あり，法に関する知識も不可欠である．

　これまで述べてきたような特質を有しているので，建築に係わる専門家には，建築物を生産，管理，利用し，最終的に取り壊すまでの過程を総合的に把握することが要求される．建築学を体系的に理解することが肝要となる．

　物事を体系的にとらえる能力は，失われつつあるような気がする．情報処理と通信の技術が発達し，極めて大量の細切れの情報を容易に入手し得る，便利な社会になった結果であると考えている．

　失いつつあるものに歯止めをかける方法の一つは，その原因となる状況が生ずる前の仕組みで教育することであろう．いうまでもないことであるが，大学の教員にとっては，関連する分野を体系的にまとめておくことが必須である．そこに，個人であれ，数人の仲間であれ，学者あるいは学派としての独自の資

料と解釈が芯となっていることが重要である.

このように考えていたので，数理工学社による教科書ライブラリ「建築工学」の企画を伺ったとき，即座に賛同した．建築の各分野で，大学学部の講義に使用することを想定したコア書目と，大学院生，技術者を対象としたアドバンスト書目が配されている．ライブラリ「建築工学」が大いに活用されることを望んでいる.

2004 年 2 月 　　　　　　　　　　　　　　　（文責：瀧口　克己）

編者　瀧口　克己・田中　享二・梅干野　晃・大佛　俊泰

ライブラリ「建築工学」書目一覧	
コア書目	アドバンスト書目
1　新・建築材料 I〈第 2 版〉 　　［構造材料編］ 2　新・建築材料 II〈第 2 版〉 　　［部位構成材料・機能材料編］ 3　建築構造工学 4　建築構造力学入門 5　建築構造工学演習 6　西洋建築史 7　建築計画学入門 　　―建築空間と人間の科学― 8　建築・都市環境工学の基礎 9　視環境設計入門 　　―見え方から設計する光と色― 10　都市・建築の環境設計 　　―熱環境を中心として― 11　水環境から給排水設備 12　音と振動 13　建築設備及び工学技術者のための 　　空気調和・空気清浄 14　新しい建築・都市環境・設備学としての 　　ビルマネジメントシステム入門 　　―近未来を見据えて―	A-1　建築エンベロープの性能と材料 A-2　自然災害の防災システム A-3　地震防災システム A-4　建物の動特性 A-5　建築デザインの科学 A-6　都市空間データ分析 A-7　環境設計 　　　―そのプロセスと実例― 別巻 1　非線形構造力学 　　　　―構造物の多軸挙動と塑性論― 別巻 2　基本建築構造力学 　　　　―片持ち線材の挙動― 別巻 3　線材力学の基礎 　　　　―ひずみと応力の解析からの 　　　　　　　　　　　　　　展開― （A: Advanced）

まえがき

　建築は，自然・都市・地球などの環境に適用し，安全で健康であることに加え，快適で能率的な空間とすべきである．建築と関係する人は，建築意匠・計画・環境工学・建築設備・構造・材料・施工などの要素技術を理解し，建築のおかれている環境を総合的に捉える必要がある．建築設備は，建築学のなかでは建築環境性能を確保する工学的技術体系であり，空間を形成する建築物の特性に適合し，環境調節・供給・処理などの機能を発揮することにより，建築の総合性能を向上させるものである．建築空間の性能の良否は，建築環境の設計とそれを具現化する建築と設備の性能及び維持管理によっている．

　都市と地球規模の環境問題として，地球温暖化，オゾン層の破壊，森林の減少，大気汚染，酸性雨などが取り上げられ，建築との関係では，省エネルギー・資源の有効利用などの問題に加え，環境の質の確保が重要な課題になっている．特に建築環境と建築設備は，これらの課題に密接に関連している．建築の環境要素としては，空気・水・熱・光・音などの物理要素に分類し建築環境工学として扱われることが多い．また，環境性能を具現化する建築設備では，空気調和・換気設備，給排水設備，電気設備などであるが，設備単体で扱われることが多く，両者を総合的に扱うことが必要である．

　本書は，空気に関連した環境要素と設備を総合的に捉えたもので，空気調和と空気清浄について2編に分けて扱っている．従来空気調和に関する著書では，温熱環境を中心にして，空気清浄に関する内容は簡略に記述されていたが，本書では空気調和と空気清浄をそれぞれの編に独立させ，空気清浄の重要性を示すことを特徴としている．分担執筆していただいた鍵直樹氏，諏訪好英氏，田中毅弘氏，田村一氏，垂水弘夫氏，柳宇氏は，建築環境・建築設備の専門分野で活躍されており，分担した章の執筆の他にも本書の内容の検討，査読，編集についてのご意見をいただいた．

　本書のキーワードとして以下のものが挙げられる．

（空気調和）

温熱及び空気環境制御

カーボンニュートラル時代

ゼロエネルギー建築（ZEB，ZEH）

再生可能エネルギー

スマートシティ

水素社会

（空気清浄）

室内清浄化と換気

清浄化方法とフィルタ

クリーンルーム

コンタミネーションコントロール

微生物汚染対策

コロナ感染対策

　第Ⅰ編の空気調和では，空気環境の基礎，温熱環境の基礎，空気調和設備，空気調和とエネルギーを取り上げている．第Ⅱ編の空気清浄では，空気清浄と空気汚染，微生物汚染対策と建築設備，空気汚染物質の制御，エアフィルタ類，クリーンルーム概論，屋内気流の数値シミュレーション，建築設備の信頼性・保全性解析を取り上げている．

　建築を学んでいる諸氏が，空気調和と空気清浄を例に，建築環境と建築設備に興味を持ち，総合的に捉え理解を深めることで，新しい建築の方向性を考える手助けになれば幸いである．

　最後に，本書の企画から草稿において多数のご意見，ご指摘をいただいた梅干野晁先生，編集から出版に至るまでご意見，ご協力をいただいた数理工学社の田島伸彦氏，鈴木綾子氏，西川遣治氏には，この場を借りて深く感謝の意を申し上げます．

2024 年 9 月

著者を代表して　藤井修二

目　　　次

第Ⅰ編　空気調和

第1章

空気環境の基礎　　　2

1.1　空気の概要 ……………………………………………… 2
1.2　空気環境の基準 ………………………………………… 3
1.3　流れの基礎 ……………………………………………… 8
第1章の問題 …………………………………………………… 11
参 考 文 献 …………………………………………………… 11

第2章

温熱環境の基礎　　　12

2.1　人体の熱収支 …………………………………………… 12
2.2　エネルギー代謝率と人体放熱量 ……………………… 13
2.3　温熱感覚要素と主な温冷感指標 ……………………… 14
2.4　建築の伝熱 ……………………………………………… 18
2.5　結露発生と防止対策 …………………………………… 22
2.6　相当外気温度と実効温度差 …………………………… 23
第2章の問題 …………………………………………………… 25
参 考 文 献 …………………………………………………… 28

目　　次　　**vii**

第3章

空気調和設備 (1)　熱負荷・湿り空気線図・設備能力算定　　**29**

3.1　熱負荷計算 ……………………………………………… 29

3.2　湿り空気の表現 ………………………………………… 38

3.3　空気調和による状態変化 ……………………………… 42

第3章の問題 ………………………………………………… 44

参 考 文 献 ………………………………………………… 48

第4章

空気調和設備 (2)　空気調和システム・熱源システム　　**49**

4.1　空気調和システムの分類 ……………………………… 49

4.2　熱源システム …………………………………………… 58

4.3　空調設備の保全と寿命（耐用年数）…………………… 68

第4章の問題 ………………………………………………… 69

参 考 文 献 ………………………………………………… 70

第5章

空気調和設備 (3)　配管・ダクト　　**71**

5.1　配　管 …………………………………………………… 71

5.2　ダ ク ト ………………………………………………… 77

第5章の問題 ………………………………………………… 85

参 考 文 献 ………………………………………………… 86

第6章

空気調和とエネルギー　　**87**

6.1　建築物省エネ法の概要と一次エネルギー消費に基づく建物評価 ‥ 87

6.2　nZEB の事例と建物運用データに基づくエネルギー性能把握 …… 94

6.3　スマートシティの実現と建築に求められるもの ……………… 99

第6章の問題 ……………………………………………… 101

参 考 文 献 ……………………………………………… 101

viii 目　　次

第Ⅱ部　空気清浄

第7章

空気清浄と空気汚染 104

7.1 空気組成と汚染物質 ……………………………………104

7.2 室内空気環境の汚染問題 …………………………………104

7.3 浮遊粒子の特性 ……………………………………………112

7.4 空気清浄の考え方 …………………………………………120

第7章の問題 …………………………………………………120

参　考　文　献 ………………………………………………122

第8章

微生物汚染対策と建築設備 123

8.1 微生物とは ………………………………………………123

8.2 微生物の生育条件と増殖特性 …………………………125

8.3 微生物によるヒトの健康への影響 ……………………128

8.4 関　連　規　準 …………………………………………131

8.5 建築環境における微生物汚染の実態 …………………131

8.6 建築環境における微生物汚染の対策方法 ……………135

第8章の問題 …………………………………………………140

参　考　文　献 ………………………………………………140

第9章

空気汚染物質の制御 142

9.1 自　然　換　気 …………………………………………142

9.2 機　械　換　気 …………………………………………147

9.3 汚染物質の発生源 ………………………………………149

9.4 室内濃度の予測 …………………………………………153

9.5 換気の効率 ………………………………………………155

9.6 汚染物質の除去 …………………………………………156

9.7 空気清浄機の特徴 ………………………………………157

目　　次　　　　　　　ix

第 9 章の問題 ……………………………………………………… 159

参 考 文 献 …………………………………………………………… 159

第 10 章

エアフィルタ類　　　　　　　　160

10.1　エアフィルタの種類 ……………………………………… 160

10.2　粒子除去エアフィルタ …………………………………… 160

10.3　ガス除去フィルタ ………………………………………… 166

10.4　一般換気用エアフィルタに関する各国のフィルタ規格と ISO 規格
……………………………………………………………… 169

第 10 章の問題 ……………………………………………………… 172

参 考 文 献 …………………………………………………………… 173

第 11 章

クリーンルーム概論　　　　　　　　174

11.1　産業分野におけるコンタミネーションコントロール ………… 174

11.2　空気清浄度 ………………………………………………… 176

11.3　クリーンルームの汚染物質 ……………………………… 181

11.4　クリーンルームの形式 …………………………………… 182

第 11 章の問題 ……………………………………………………… 186

参 考 文 献 …………………………………………………………… 187

第 12 章

屋内気流の数値シミュレーション　　　　　　　　188

12.1　気流シミュレーションの必要性 ………………………… 188

12.2　気流シミュレーションの概要 …………………………… 189

12.3　気流シミュレーションの実施手順 ……………………… 196

12.4　反復計算が発散した場合の対処法 ……………………… 200

第 12 章の問題 ……………………………………………………… 201

参 考 文 献 …………………………………………………………… 201

x 目 次

第13章

建築設備の信頼性・保全性解析 202

13.1 信頼性・保全性について ……………………………………202

13.2 信頼性・保全性解析の具体的な進め方 ……………………205

13.3 偶発故障における評価の理論的背景 ………………………213

13.4 χ^2（カイ二乗）分布 …………………………………………215

13.5 ベ イ ズ 法 ……………………………………………………218

13.6 建築設備における偶発故障の解析 …………………………219

第13章の問題 ……………………………………………………221

参 考 文 献 ………………………………………………………221

索　引 ……………………………………………………………222

・Microsoft，および Excel は，米国 Microsoft Corporation の米国およびその他の国における登録商標です．

・その他，本書に掲載されている会社名，製品名は一般に各メーカーの登録商標または商標です．

・なお，本書では ™，® は明記しておりません．

第I編

空気調和

第1章

空気環境の基礎

1.1　空気の概要

　建築環境工学における基本的な環境項目としては，「空気，熱，光，音，水」と分類することができる．我々は，現在いる空間が暑い寒い，明るい暗い，うるさいなど，熱や光，音環境については簡単に知覚することができる．しかしながら，空気については，絶えず呼吸をして意識せずに取り込んでいる．そこで本章ではこのあまり意識していない，空気と空気流動の基礎について，空気環境工学の観点から述べる．まず，空気の概要ならびに室内空気質に関する環境の基準について解説し，その後，室内空気質維持に基本となる空気の流れに関する基礎を述べる．

　人間は空気なくして生命を維持することはできず，人間を取り巻く空気は，生理的に重要である．人にとっては空気中に汚染物質があれば，呼吸することで，体内に取り込むことにより，健康に悪影響となるおそれがある．現代人は1日の大部分を建物の中で過ごしていることから，室内の環境，室内の空気の安全性が特に重要である．一方，半導体や医薬品など，製造時において空間中から汚染されることにより製品の性能に影響がある場合には，クリーンルームなどにより空間の汚染物質を極力排除することが必要になる．

　一般に空気とは，窒素，酸素，アルゴンやその他からなる混合気体を指す．実際には，室内空気汚染を考える上で健康への影響を考えると，空気の大部分を占めている窒素や酸素などではなく，知覚し難い，極微量に存在する物質が人体に悪影響を及ぼす．一方，クリーンルーム工場で生産する製品に影響を及ぼす物質は人体に悪影響となる物質とは異なる．よって，建物の用途ごとにこれらを検出し，発生源を発見し，除去するための対策を打ち立てることが，室内の空気の質（**室内空気質**：indoor air quality）の維持に必要となる．

　室内空気汚染物質としては，ガス状物質と粒子状物質に分けられる．室内汚染対策としてガス状物質は外気による希釈，粒子状物質は換気とともに空調機や空気清

浄機などに使われているエアフィルタによる除去が主となること，また測定方法からもこの分類は都合が良い．ガス状物質の中には，一酸化炭素や二酸化炭素の他に，**シックハウス症候群**の主原因となっているホルムアルデヒドやトルエンなどの**揮発性有機化合物**（**VOC**：volatile organic compounds）などがある．粒子状物質としては，生物と非生物に分けられ，生物の中には真菌，細菌，ウイルス，アレルゲンなどそれ自体で人に影響するものがある．非生物については，スモッグやたばこ煙など燃焼によって排出されるものや，大気中から人工または自然発生源から排出されたものなどが室内に侵入して問題となることがある．

1.2　空気環境の基準

　様々な環境において，空気汚染に関する基準，指針が定められている．以下では，対象とする環境ごとの基準と汚染物質の種類について記述する．

（1）　**大気環境の基準**　大気環境については，**環境基本法**により**環境基準**が定められている．環境基本法は公害防止の観点から，政府が，大気の汚染，水質の汚濁，土壌の汚染及び騒音に関わる環境上の条件について，それぞれ，人の健康を保護し，及び生活環境を保全する上で維持されることが望ましい基準を定めたものである．環境基準は，「維持されることが望ましい基準」であり，行政上の政策目標である．このため，個別の発生源を対象として規制を行う「排出基準」とは別のものであり，「環境基準」で規制することはしない．また，環境基準は，得られる限りの科学的知見を基礎として定められているものであり，常に新しい科学的知見の収集に努め，適切な科学的判断が加えられていかなければならないものとある．

　大気汚染に関わる環境基準として対象となっている物質は表 1.1 に示すように，工場，自動車等から排出される二酸化硫黄，一酸化炭素，浮遊粒子状物質，二酸化窒素，光化学オキシダントであり，その他にベンゼンなどの有機物質，ダイオキシン類，微小粒子状物質（$PM_{2.5}$）となっている．

（2）　**建築物における基準**　建築物における衛生的環境の確保に関する法律（**建築物衛生法**）は，多数の者が使用・利用する建築物の維持管理に関して，環境衛生上必要な事項等を定めることにより，その建築物における衛生的な環境の確保を図ることを目的としたものである．対象とする建築物は，**特定建築物**と呼ばれ，事務所の他，興業場，百貨店等で不特定多数の人が使用する，一定以上の規模の建築物となっている．これには，建築物環境衛生管理基準として，空気環境の調整，給水及び排水の管理，清掃，ねずみ，昆虫等の防除，その他環境衛生に関する基準を設定

表 1.1 大気環境の基準値（環境基本法より引用）

二酸化硫黄 （SO_2）	1 時間値の 1 日平均値が 0.04 ppm 以下，かつ 1 時間値が 0.1 ppm 以下
一酸化炭素 （CO）	1 時間値の 1 日平均値が 10 ppm 以下，かつ 1 時間値の 8 時間平均値が 20 ppm 以下
浮遊粒子状物 （SPM）	1 時間値の 1 日平均値が 0.1 mg/m³ 以下，かつ 1 時間値が 0.2 mg/m³ 以下
二酸化窒素 （NO_2）	1 時間値の 1 日平均が 0.04 から 0.06 ppm の間か それ以下
光化学オキシダント （Ox）	1 時間値が 0.06 ppm 以下
微小粒子状物質 （$PM_{2.5}$）	1 年平均値が 15 μg/m³ 以下であり，かつ 1 日平均値が 35 μg/m³ 以下

し，建築物衛生管理技術者を各建物に配置して，良好な状態を維持するものである．
建築物環境衛生管理基準の中で空気環境に関しては，**表 1.2** に示すように，空気質に関する浮遊粉じん，一酸化炭素，二酸化炭素，ホルムアルデヒド，温熱環境に関する温度，相対湿度，気流について基準値が定められている．この中で，浮遊粉じんについては，室内での喫煙の影響を，一酸化炭素については喫煙と燃焼器具からの影響を考慮したものである．二酸化炭素濃度 1000 ppm の基準値が示されているが，これは居住者への直接の影響というわけではない．二酸化炭素濃度は，空気清浄度の一つの指標として従来から測定されており，居住者の呼気より排出されるため，換気が不十分であれば二酸化炭素濃度が上昇することから，換気の状況について把握することができる．室内の二酸化炭素濃度の発生源としては，人の呼気の他に，喫煙，炊事等がある．なお，ヒトから発生する体臭との関係があることから，臭気の問題からも二酸化炭素で管理することに意味がある．二酸化炭素自体は，少量であれば人体に有害ではないが，1000 ppm を超えると倦怠感，頭痛，耳鳴り，息苦しさ等の症状を訴えるケースが多くなり，フリッカー値の低下も著しい等の現象がある．また，5000 ppm 以上で呼吸器系統に付加的な重荷を負わせる．1000 ppm のヒトでの吸入実験によって，呼吸，循環器系，大脳の電気活動に変化が見られたことなどから，建築物衛生法では二酸化炭素濃度 1000 ppm を管理基準に制定した[1]．この法律によりビルでは換気量が適切に確保され，**シックビル症候群**は欧米ほど問題とならなかったとも言われている．

1.2 空気環境の基準

表 1.2 建築物衛生法の建築物環境衛生管理基準（建築物衛生法より引用）

浮遊粉じん量	0.15 mg/m³ 以下
一酸化炭素	6 ppm 以下
二酸化炭素	1000 ppm 以下
温度	18℃ 以上 28℃ 以下
相対湿度	40% 以上 70% 以下
気流	0.5 m/s 以下
ホルムアルデヒド	0.1 mg/m³ 以下

　この法律では，これらの項目について 2 ヶ月に 1 回測定を行うことにより，基準値に適合しているかどうか，適合していない場合には改善することが義務付けられている．これにより，建築物内が適切な環境に維持されている．また，ホルムアルデヒドについては，新築時・改築時から初めて迎える夏季に測定を行うものである．

　この法律は，ある規模以上の事務所や店舗など不特定多数の人が使用する建物（特定建築物）が対象となっており，住宅など個人が所有するものについては法律適用外となっている．日本においてビルよりも住宅を対象とした健康影響としてシックハウス症候群が問題となった理由として，日本の住宅の気密性が向上し，窓開けして通風をする住まい方から換気量が少なくなったこと，内装材料に化学物質の発生の多いフローリングや壁紙，接着剤を多用することに加え，上記の法律が住宅には適用されていなかったこともあげられる．

(3) **学校の基準**　学校においては，**学校保健安全法の学校環境衛生基準**により，換気，採光，照明，保温などについて，児童生徒等及び職員の健康を保護する上で維持されることが望ましい基準として定められたものである．表 1.3 に示すように空気環境に関わる基準として，二酸化炭素（換気の基準として），温度，相対湿度，浮遊粉じん，気流，一酸化炭素，二酸化窒素に加え，揮発性有機化合物として，ホルムアルデヒド，トルエン，キシレン，パラジクロロベンゼン，エチルベンゼン，スチレン，及びダニまたはダニアレルゲンとなっている．ここでは，基準値としても，望ましい基準と遵守しなければならない基準とが分けられているのが特徴である．

　二酸化炭素濃度については，前述の建築物衛生法とは異なり，「換気の基準として，二酸化炭素は，1500 ppm 以下であることが望ましい．」としている．昭和 34 年においては，「炭酸ガス（二酸化炭素）が常に 1000 ppm 以下であることが望ま

表 1.3　学校環境衛生の基準（換気及び保温等）（学校保健安全法より引用）

検査項目	基準
換気	換気の基準として，二酸化炭素は，1500 ppm 以下であることが望ましい．
温度	18 ℃ 以上，28 ℃ 以下であることが望ましい．
相対湿度	30% 以上，80% 以下であることが望ましい．
浮遊粉じん	0.10 mg/m^3 以下であること．
気流	0.5 m/ 秒以下であることが望ましい．
一酸化炭素	6 ppm であること．
二酸化窒素	0.06 ppm 以下であることが望ましい．
ホルムアルデヒド	100 μg/m^3 以下であること．
トルエン	260 μg/m^3 以下であること．
キシレン	200 μg/m^3 以下であること．
パラジクロロベンゼン	240 μg/m^3 以下であること．
エチルベンゼン	3800 μg/m^3 以下であること．
スチレン	220 μg/m^3 以下であること．
ダニ又はダニアレルゲン	100 匹 /m^2 以下又はこれと同等のアレルゲン量であること．

しい，いかなる場合でも 1500 ppm 以上に及ぶことがあってはならない」としていた．その後昭和 43 年の改正時に，1000 ppm（1 人あたりの新鮮空気量 33 m^3/h）から 1500 ppm に緩和された．「生徒が入室後，授業の終わりに至るまでの二酸化炭素の蓄積過程で，1500 ppm を超えぬことを条件に」としている．

(4)　**揮発性有機化合物の室内濃度指針**　シックハウス症候群の主原因とされる揮発性有機化合物に関して，厚生労働省から，室内空気中における 13 物質の指針値及び **TVOC**（total volatile organic compound，総揮発性有機化合物）の暫定目標値が提案されている（厚生労働省ホームページ，「室内空気中化学物質の室内濃度指針値について」）．これは前述した基準値とは異なり，法律として守るべき値ではない．しかし一部の物質については，建築物衛生法または学校環境衛生の基準に採用されている．

表 1.4 に揮発性有機化合物の指針値について示す．ここで示した指針値は，現時点で入手可能な毒性に関わる科学的知見から，ヒトがその濃度の空気を一生涯にわ

たって摂取しても，健康への有害な影響は受けないであろうと判断される値を算出したものである．よって，この設定の趣旨はこの値までは良いとするのではなく，指針値以下がより望ましいということである．この指針値の設定により指針値を満足するような建材等を使用し，住宅や建物の提供並びにそのような住まい方を普及啓発することで，多くの人たちが健康悪化を来たさないようにすることができることを念頭に置いている．なお，指針値は，今後集積される新たな知見や，それらに基づく国際的な評価作業の進捗に伴い，将来必要があれば変更され得るものである．指針値の適用範囲については，特殊な発生源がない限り全ての室内空間が対象となる．

　指針値の対象となっている物質は，室内に発生源が存在し，利用可能な毒性に関するデータのある物質から選定されている．指針値の設定方法として，ホルムアルデヒドについてはヒト吸入ばく露における鼻咽頭粘膜への刺激から，またトルエンについてはヒト吸入ばく露における神経行動機能及び生殖発生への影響から，ヒトを対象としているのに対し，その他の物質については動物実験による生体反応により値を設定している．また，TVOCについては，揮発性有機化合物の合計濃度となるが，当時国内の室内の実態調査の結果から，合理的に達成可能な限り低い範囲で決定したもので，健康影響から算定した値ではない．これは，健康への影響を直接的に評価するためには，個々の揮発性有機化合物について指針値を設定していく必要があるが，微量の揮発性有機化合物の全てについて短期間で健康影響評価を行

表 1.4　揮発性有機化合物の室内濃度指針値

対象物質	室内濃度指針値 $[\mu g/m^3]$	対象物質	室内濃度指針値 $[\mu g/m^3]$
ホルムアルデヒド	100	クロルピリホス	1 (0.1：小児の場合)
アセトアルデヒド	48		
トルエン	260	フェノブカルブ	33
キシレン	200	ダイアジノン	0.29
エチルベンゼン	3800	フタル酸ジ-n-ブチル	17
スチレン	220	フタル酸ジ-n-エチルヘキシル	100
パラジクロロベンゼン	240		
テトラデカン	330	TVOC 暫定目標値	400

うのは困難であり，また指針値が設定されていない物質に代替された結果新たな健康被害を引き起こす恐れもあることから，揮発性有機化合物の汚染を全体として低減させ，快適な室内環境を実現するための補完的指標の一つとして提案されたものである．

1.3 流れの基礎

空気や水のような気体と液体を総称して**流体**といい，その流れには共通した性質がある．流れは，圧力差に起因するため，室内外の圧力差が換気の駆動力となる．

図 1.1 のような流管内を考え，空気を非圧縮性 1 流体と考えると質量保存の法則から，次式の連続の式が成り立つ（**連続の式**）．

$$\rho_A U_A S_A = \rho_B U_B S_B \tag{1.1}$$

ρ_A, ρ_B：断面 A, B における流体の密度 [kg/m³]
U_A, U_B：断面 A, B における流速 [m/s]
S_A, S_B：断面 A, B における断面積 [m²]

また，断面 A 及び断面 B において次式による**ベルヌーイの定理**が成り立つ．

$$P_A + \frac{1}{2}\rho U_A^2 + \rho g h_A = P_B + \frac{1}{2}\rho U_B^2 + \rho g h_B \tag{1.2}$$

P_A, P_B：断面 A, B の圧力 [Pa]
g　　　：重力加速度 [m/s²]
h_A, h_B：断面 A, B の高さ [m]

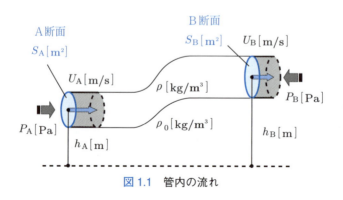

図 1.1 管内の流れ

1.3 流れの基礎

この式の両辺は，圧力の単位で表されており，両辺の第一項を**静圧**，第二項を**動圧**，右辺の第三項を**位置圧**と呼ぶ．また，静圧と動圧を加えたものを**全圧**と呼ぶ．

空気が開口部を通過すると，圧力損失が発生するが，開口部の形状により異なってくる．断面 A が十分大きく，断面 B が A に比べて非常に小さい場合には，断面 A における気流速度は遅く（$U_A \fallingdotseq 0$），動圧は無視できるほど小さくなるので，静圧と全圧はほぼ等しくなる．また，断面 B に接近するにつれて気流は加速されるが，動圧の上昇分だけ静圧が低下し，全圧は変化しない．断面 A と B が水平（$h_A = h_B$）であるとし，圧力損失が動圧に比例するとすると，次式のようになる．

$$P_A = P_B + \zeta \frac{1}{2} \rho U_B^2 \tag{1.3}$$

$$\Delta P = P_A - P_B = \zeta \frac{1}{2} \rho U_B^2 \tag{1.4}$$

ζ ：形状抵抗係数
ΔP：開口面両側の圧力差 [Pa]

建物における開口部も同様に表現することができ，ここで風速 $U_B = v$ とすると，風速 v は以下のようになる．

$$v = \frac{1}{\sqrt{\zeta}} \sqrt{\frac{2}{\rho} \Delta P} \tag{1.5}$$

流量係数 $\alpha \left(= \frac{1}{\sqrt{\zeta}}\right)$ を用いると，

$$v = \alpha \sqrt{\frac{2}{\rho} \Delta P} \tag{1.6}$$

となる．開口面を通過する換気量 Q [m³/s] は，速度に開口部面積 A [m²] を乗じることで，以下のように表せる．

$$Q = \alpha A \sqrt{\frac{2}{\rho} \Delta P} \tag{1.7}$$

この式を用いることにより，各条件における換気量を見積もることが可能となる．なお，α は，開口の形状などにより決定する係数であり，αA は**実効面積**または**相当開口面積**と呼ばれる．表 1.5 に開口の形状と**流量係数** α の値を示す．開口端の形状によっても抵抗が異なり，一般的な窓では流量係数は，0.65 程度であるが，ベ

10　　　　　　　　　第 1 章　空気環境の基礎

ルマウスでは開口部において入り口に沿って気流が自然に加速することが可能なため，概ね 1 となっている.

　管路における摩擦による圧力損失は，**ダルシー－ワイスバッハの式**により示される.

$$\Delta P = \lambda \frac{l}{D} \frac{\rho}{2} v^2 \tag{1.8}$$

　　l ：管の長さ［m］
　　D：管の直径［m］
　　v ：平均流速［m/s］
　　λ：摩擦損失係数

　図 1.2 に示すような建物の厚さ l [m]，直径 D [m] の外壁に p_1, p_2 の圧力がかかった場合，形状抵抗による入口と出口の損失と摩擦による損失 λ を足すことで，抵抗係数が下記のように求まる.

$$\zeta = \zeta_1 + \lambda \frac{l}{D} + \zeta_2 \tag{1.9}$$

　よって，流量係数 α は，下記のように表せる.

$$a = \frac{1}{\sqrt{\zeta_1 + \lambda \dfrac{l}{D} + \zeta_2}}$$

表 1.5　開口部の形状と流量係数（文献 2）より作成）

名称	通常の窓	ベルマウス	鎧戸
形状	空気 → 小さくなる	空気 → 大きさは変わらない	空気 → β　$\beta=$ 90°,70°,50°,30°
流量係数 α	0.65〜0.7	0.97〜0.99	0.70, 0.58, 0.42, 0.23

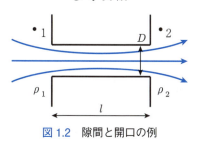

図 1.2　隙間と開口の例

第 1 章の問題

- **1.1**　建築物衛生法の建築物環境衛生管理基準について，空気環境の項目と基準を示せ．
- **1.2**　ベルヌーイの定理を示し，この定理から開口面を通過する換気量を導き出せ．

【解答例】
1.1　表 1.2 参照．
1.2　1.3 節参照．

参 考 文 献

1) 東賢一，建築物環境衛生管理基準の設定根拠の検証について，財団法人ビル管理教育センター　建築物環境衛生管理に関する調査研究　平成 22 年度報告書，2011
2) 空気調和・衛生工学会，建築環境工学・建築設備工学入門（デジタル教材）

第2章

温熱環境の基礎

2.1 人体の熱収支

　屋内温熱環境は，居住者や執務者の健康と快適性・能率性に直結していることから，そのコントロールは重要である．厚生労働省の「建築物における衛生的環境の確保に関する法律施行令」により室内環境基準が定められており，一定の規模以上の建物では定期的な測定と基準への適合チェックが義務付けられているが，相対湿度などで不適合と判定されるケースも一定割合存在する．また，カーボンニュートラルの時代を迎えて，冷暖房の運用下で温熱環境を適切にコントロールし，人の快適性と健康を担保しつつ同時に空調換気用のエネルギー消費抑制を実現することが建築技術者にとって喫緊の課題の一つである．まずは，温熱環境の基礎として，暑さ寒さのベースにある人体熱収支を理解しよう．

　人間は恒温動物であるから，体温を一定に保ちながら生命の維持と活動を行う．食事から摂ったエネルギーをもとに代謝熱が発生し，それを周囲の環境へ放出することで，体温が変化しない熱的バランス状態となるように自律神経が働く．

　図 2.1 のような人体と周囲の温熱環境を考えるとき，人体の熱収支としては次式が成立し，$S = 0$ のときが暑くも寒くもない中立状態である．

$$S = M - (C + R + D + E) \tag{2.1}$$

S：人体の熱的負荷 [W]

M：人体の代謝量（産熱量）[W]

C：対流による顕熱放熱 [W]

R：放射による顕熱放熱 [W]

D：伝導による顕熱放熱 [W]

E：蒸発潜熱 [W]

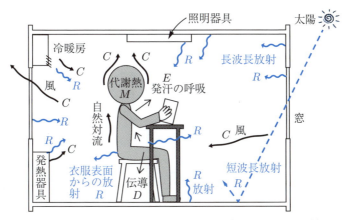

図 2.1 人体と温熱環境の熱収支概念図（文献 1）より作成）

C の対流による顕熱放熱には，体表面からの対流放熱分と呼吸における顕熱放熱が含まれる．また，R の放射による顕熱放熱は，体表面からの放射放熱分である．D の伝導による顕熱放熱は，足裏などからの顕熱放熱である．E の蒸発潜熱には，汗の蒸発と呼吸における潜熱放熱が含まれる．

$S > 0$ となるときは，暑さが感じられ，自律的な血流量の増加に伴い，C, R, D, E が増大して S をゼロに近づける力が働く．一方，$S < 0$ となる場合は，寒さが感じられ，自律的に血流量が減少する．連動して主に C と R が減少することで S をゼロに近づけるが，それでも不足のときは震え（産熱）が生じる．

また，暑さ・寒さに対処するために着衣量を調節する，日陰・日向を選択して歩行する，熱的なシェルター機能を期待して高断熱・高気密住宅を建てるなどの行為は，**行動性体温調節**と呼ばれる．

2.2　エネルギー代謝率と人体放熱量

人間の産熱量を皮膚表面積で除して，単位表面積あたりで表すとき，これを**エネルギー代謝量**と呼ぶ．椅子に腰かけた状態の椅座安静時のエネルギー代謝量は $58\,\mathrm{W/m^2}$ である．作業の強弱は**エネルギー代謝率**（**Met**）を用いて次式で表現される．

$$Met = \frac{（任意の作業時のエネルギー代謝量）}{（椅座安静時のエネルギー代謝量）} \tag{2.2}$$

14　　第 2 章　温熱環境の基礎

表 2.1 は，作業状態に応じた人体放熱量を顕熱（A1）と潜熱（A2）に分けて示すと同時に，潜熱分についてはその水分蒸発量（B）を表示している．エネルギー代謝率が 1.0 Met の椅座安静時は，20 ℃で顕熱放熱が 69 W/m²，潜熱放熱が 21 W/m² であるが，28 ℃になると顕熱放熱が 44 W/m² へと低下し，潜熱放熱は 46 W/m² へと増加する．26 ℃までは顕熱が潜熱を上回るが，28 ℃になると潜熱放熱が顕熱放熱を上回る様子が確かめられる．

　また，エネルギー代謝率が増加する作業状態を表の下方向に見ていくと，室内温度が 20 ℃のとき，1.4 Met では顕熱放熱が潜熱放熱よりも多いが，2.5 Met や 3.7 Met では潜熱放熱量が顕熱放熱量を上回る様子が確認される．

表 2.1　エネルギー代謝率と作業状態別の人体放熱量・水分蒸発量（文献 1）より作成）

作業状態	エネルギー代謝量 (Met)	室内温度														
		20 ℃			22 ℃			24 ℃			26 ℃			28 ℃		
		A1	A2	B	A1	A2	B	A1	A2	B	A1	A2	B	A1	A2	B
椅座（安静時）	1.0	69	21	31	65	26	38	59	31	46	53	38	56	44	46	66
椅座（軽作業時）	1.1	75	30	44	68	35	51	62	42	62	54	50	74	45	58	85
事務作業	1.2	77	40	59	71	46	68	63	54	80	54	62	91	45	71	104
立居	1.4	79	51	75	72	57	84	66	64	94	55	74	109	45	84	123
歩行（4.8km/h）	2.5	125	132	194	113	147	216	88	162	238	83	176	259	68	191	281
重作業	3.7	164	211	310	150	225	331	136	240	353	124	252	370	116	262	385

日本人とアメリカ人の男子の標準体表面積の割合 1.6：1.8（m²）で換算した．女子は 0.85 倍，子供は 0.75 倍する
　A1：放熱量 [W/m²]，顕熱　　　A2：放熱量 [W/m²]，潜熱　　　B：水分蒸発量 [g/h]

2.3　温熱感覚要素と主な温冷感指標

　人体の温熱感覚要素は，現代では次の 6 要素に分類されている．①～④は環境側の要素，⑤と⑥は人体側の要素である．

①温度　　　：空気温度 [℃]

②湿度　　　：相対湿度 [%]

③風速　　　：気流速度 [m/s]

④放射熱　　：平均放射温度 [℃]

⑤活動状態　：代謝量 [Met]

⑥着衣状態　：着衣量 [clo]

2.3 温熱感覚要素と主な温冷感指標

温度,湿度,気流速度は,対象空間の測定値を用いればよい.**平均放射温度**(MRT, mean radiant temperature)は,人体を囲む周壁の各部位表面温度と各部位形態係数から算定により求めることもできるが,一般にはグローブ球(黒球)を設置して温度測定を行い,次の実験式に代入して求める場合がほとんどである.

$$MRT = \theta_g + 2.35\sqrt{v}\,(\theta_g - \theta_a) \tag{2.3}$$

θ_g:グローブ温度(黒球温度)[℃]
v:気流速度 [m/s]
θ_a:室内空気温度 [℃]

図 2.2 にグローブ温度計の断面図を示す.放射と対流による平衡温度を測定するもので,直径 15 cm の中空の銅製球体に,放射率を 1.0 に近づけるための黒色艶消し塗装を施している.球の中心に棒状温度計の感温部を差し込み測定するが,最近は熱電対やディジタル温度計のセンサー部を挿入して測定している.球内の空気の熱容量により応答速度が遅いため,設置後 10 ~ 15 分程度経過してから温度を読み取る必要がある.

また,着衣量は衣服の熱抵抗を示す clo 値(クロ値)で表される.空気温度 21 ℃,相対湿度 50%,気流速度 0.05 m/s 以下の室内で,人体からの放熱量が 1 Met のエネルギー代謝量と平衡し,温熱快適性を感じるときの衣服の熱抵抗 0.155 m²/(K·W) を 1 clo と定義している.スーツ姿で約 1 clo,半袖ワイシャツ姿で約 0.5 clo などである.衣服の重量から clo 値を推定する式が,住居学分野で提示されている.

次に,主な温冷感指標として,ここでは作用温度,SET*,PMV を取り上げて説明する.

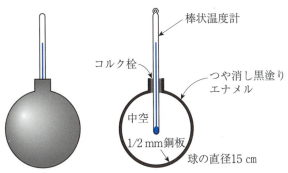

図 2.2 グローブ温度計(文献 2)より作成)

（1）　**作用温度**　作用温度（**OT**, operative temperature）は，1937 年に Winslaw らによって提案された．次式で示される．

$$OT = \frac{\alpha_c \theta_a + \alpha_r MRT}{\alpha_c + \alpha_r} \tag{2.4}$$

α_c：対流熱伝達率 $[\mathrm{W/(m^2 \cdot K)}]$　　　α_r：放射熱伝達率 $[\mathrm{W/(m^2 \cdot K)}]$

グローブ温度計の周りでは $\alpha_c \fallingdotseq \alpha_r$ であるから，次式が成立する．

$$OT = \frac{\theta_a + MRT}{2} \tag{2.5}$$

要するに作用温度は，空気温度と平均放射温度の平均値として求められ，対象空間における温熱環境実測データに基づき，比較的簡易に算定できることから現在でもよく利用される．ただし，計算に湿度の要素を含んでいないため，湿度の影響を考慮しなくてよいケースか，判断する必要がある．

（2）　**SET***　**標準有効温度**（**SET***, standard effective temperature, エスイーティースター）は，Gagge らによって定義され，ASHRAE（米国暖房・冷凍空調学会，American society of heating, refrigerating and air-conditioning engineers, アシュレイ）において定められた温冷感指標である．

実存環境（空気温度 θ_a [℃]，平均放射温度 θ_r [℃]，相対湿度 ϕ [%]，気流速度 v [m/s]）におかれた人間（代謝量 M [Met]，着衣量 I [clo]）が，ASHRAE の標準環境（相対湿度 50%，気流速度 0.1 〜 0.15 m/s，代謝量 1.1 Met，着衣量 0.6 clo，平均放射温度は空気温度と同じ）に移動したとき，同様の温冷感が得られる空気温度で表されるものである．図 2.3 は等 SET* 線と，ASHRAE の夏及び冬の快適域を表している．

（3）　**PMV**　**予測平均温冷感申告**（**PMV**, predicted mean vote）は，1970 年頃に Fanger によって提案された温冷感指標である．表 2.2 に，PMV のスケールと温冷感のカテゴリーの対応関係を示す．$PMV = 0$ が暑くも寒くもない中立の状態を表しており，$PMV > 0$ では暑く，$PMV < 0$ では寒い状態を表す．また，PMV は予測不満足者率（PPD, predicted percentage of dissatisfied）と関連づけて表示されているのが特徴である（図 2.4）．$PMV = 0$ の状態でも 5% の人は不満足を訴え，PMV の快適域を $-0.5 \leqq PMV \leqq 0.5$ とするときでも，PPD は 10% 程度になることが知られている．一方で，PMV が +2 や −2 の状態となり，快適域から大きく外れるときでも，不満足と申告しない人が 20% 程度はいるという点にも，人間の温冷感に関する個人差が現れており興味深い．

2.3 温熱感覚要素と主な温冷感指標

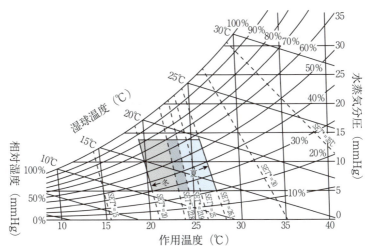

図 2.3 標準有効温度線図（文献 3) より作成）

表 2.2 PMV における温冷感の 7 段階尺度

スケール（PMV）	温冷感カテゴリー
＋3	hot
＋2	warm
＋1	slightly warm
0	neutral
−1	slightly cool
−2	cool
−3	cold

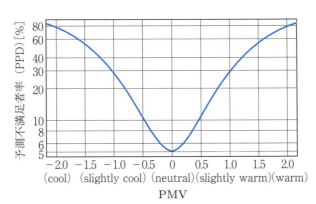

図 2.4 予測平均温冷感申告（PMV）と予測不満足者率（PPD）との関係

2.4 建築の伝熱

建築の性能の一つに断熱性能がある．外壁に断熱材を設置するとき，その種類（熱伝導率）や厚さの選択によって，室内と外気の間を貫流する熱量がいかに変化するかを知ることは，サステナブル建築を設計，実現する第一歩となろう．

(1) **熱伝導**　固体の両側に温度差があるとき，温度勾配に比例して熱流束が定まるという理論がフーリエの基本則であり，次式で表される．

$$q = -\lambda \frac{\Delta\theta}{\Delta x} \tag{2.6}$$

q：熱流束 $[\mathrm{W/m^2}]$

λ：熱伝導率 $[\mathrm{W/(m \cdot K)}]$

$\dfrac{\Delta\theta}{\Delta x}$：$x$ 方向の温度勾配

マイナスの符号が付されているのは，熱は温度の高いほうから低いほうへと流れるため，温度勾配の正の方向と熱流が逆向きになることを考慮したためである．

(2) **熱伝達**　壁面と室内空気の間など，固体と流体間の熱移動は**熱伝達**と呼ばれ，対流と放射によって熱が移動する．固体表面に接する流体の温度は表面温度に等しいが，表面から遠ざかるにつれて室温あるいは外気温など，周囲の流体温度に近づいていく．固体表面から一定の距離のところで，表面温度とは異なる周囲の流体温度となるとき，これを**温度境界層**と呼び，図 2.5 のように表される．

対流伝達熱量及び放射伝達熱量は，次式で求められる．

$$q_\mathrm{c} = \alpha_\mathrm{c}\,(\theta_\mathrm{s} - \theta_\mathrm{a}) \tag{2.7}$$
$$q_\mathrm{r} = \alpha_\mathrm{r}\,(\theta_\mathrm{s} - \theta_\mathrm{a})$$

q_c：対流伝達熱量 $[\mathrm{W/m^2}]$

q_r：放射伝達熱量 $[\mathrm{W/m^2}]$

α_c：対流熱伝達率 $[\mathrm{W/(m^2 \cdot K)}]$

α_r：放射熱伝達率 $[\mathrm{W/(m^2 \cdot K)}]$

θ_s：壁体表面温度 $[\mathrm{℃}]$

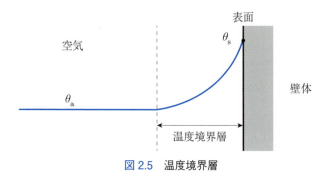

図 2.5 温度境界層

両者を合わせた総合伝達熱量は，次式のように書くことができ，この α を**総合熱伝達率**という．通常，鉛直壁面の総合熱伝達率は室内側で 9 W/(m²·K)，外気側で 23 W/(m²·K) として扱われる場合が多い．室内はほぼ無風，外部風速は平均で 3 m/s 程度と見込んだ数値である．

$$q = (\alpha_c + \alpha_r)(\theta_s - \theta_a) = \alpha(\theta_s - \theta_a) \tag{2.8}$$

q：総合伝達熱量 [W/m²]
α：総合熱伝達率 [W/(m²·K)]

(3) **熱貫流率** 壁体を挟む両側の空気温度が，時間によらず一定の定常状態で，冬期暖房時を考えると，室内空気から外気へ壁体を貫流する熱流量，すなわち貫流熱量は次式で表される．

$$Q = K(\theta_a - \theta_o) = \frac{1}{R}(\theta_a - \theta_o) \tag{2.9}$$

Q：貫流熱量 [W/m²]
θ_a：室内空気温度 [℃]
θ_o：外気温度 [℃]
K：熱貫流率 [W/(m²·K)]
R：熱貫流抵抗 [m²·K/W]

熱貫流抵抗 R は，1) 室内空気から壁体表面への熱伝達抵抗，2) 壁体内部の熱伝導抵抗，3) 壁体表面から外気への熱伝達抵抗値，の和であるため，次式で示される．

$$R = \frac{1}{\alpha_i} + \frac{d}{\lambda} + \frac{1}{\alpha_o} \tag{2.10}$$

d：壁体厚さ [m]

よって熱貫流率は，次式となる．

$$K = \frac{1}{\dfrac{1}{\alpha_i} + \dfrac{d}{\lambda} + \dfrac{1}{\alpha_o}} \tag{2.11}$$

一般に，壁体は複層であること，中空層（熱抵抗として機能する密閉空気層）を含む壁体もあることなどから，さらに次式で表現するのが相応しいと考えられる．熱貫流率は，**熱通過率**，あるいは **K 値**と呼ばれることもある．

$$K = \frac{1}{\dfrac{1}{\alpha_i} + \sum \dfrac{d_j}{\lambda_j} + r_a + \dfrac{1}{\alpha_o}} \tag{2.12}$$

j：壁体層数
r_a：中空層の熱抵抗 [m²·K/W]

中空層の熱抵抗は，図 2.6 に示されている．鉛直壁の場合は，鉛直空気層水平熱流の線に注目し，空気層の厚さに応じて熱抵抗値を選択する．厚さが約 40 mm のときに 0.18 m²·K/W ほどの最大値を呈している．これより空気層が厚くなってもあまり熱抵抗は変化しないが，20 mm, 10 mm と薄くなるにつれて急激に熱抵抗値は低下するので，この点に注意を要する．

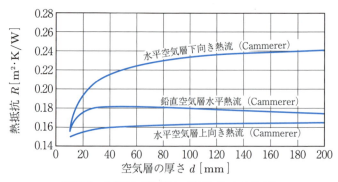

図 2.6 空気層の熱抵抗（文献 1）より作成）

2.4 建築の伝熱

建築材料の熱伝導率は，図2.7に示される．全体として密度が小さい材料ほど熱伝導率も小さく，0.03〜0.04 W/(m·K)周辺に断熱材グループ，0.1〜0.2 W/(m·K)辺りに草・木のグループが分布する．ガラス・タイル・コンクリートなどの土石類は，1〜3 W/(m·K)レベルで，金属グループの鋼材やアルミニウムは数十から200 W/(m·K)辺りに分布している．このため，アルミサッシでは，室内側と外気側の中間に樹脂を挟み，断熱サッシとすることで伝熱対策及び結露防止対策としている．また，木造住宅の火打ち梁をボルトで胴差に固定するときは，ボルトの頭にウレタンをスプレーするなどの結露防止対策が必要となる．

いま，密度が小さい材料ほど熱伝導率も小さくなると述べたが，これに当てはまらない材料もある．グラスウール製品がその例で，10 kg/m^3（通称，10キロ）よりも 16, 24 kg/m^3 などと密度が上がるにつれて，熱伝導率は低くなる．より細い多くのガラス繊維で内包空気を仕切ることで，断熱力が向上する．

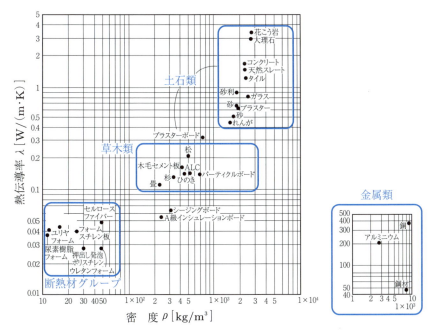

図2.7 建築材料の熱伝導率と密度の関係（文献1）より作成）

2.5　結露発生と防止対策

　人のいる空間では，まず人体からの汗の蒸発と呼吸による水蒸気の放出があり，さらに調理，洗濯，入浴などの水を使用する行為から大量の水蒸気が室内に放出される．多くの場合は，その湿り空気が露点温度以下の固体表面に触れることで結露が発生する．

　過去を振り返ると，RC造で建て始めた初期の共同住宅などでは，冬期に押し入れの布団が濡れるなどの事態を招き，屋根防水の水漏れではないかと疑うところから調査がスタートしたようである．昭和30年代当時は，断熱の概念や結露発生のメカニズムに関する知識が乏しかったためと思われる．

（1）　**表面結露と内部結露**　結露は，空気調和機における冷却除湿では，積極的な除湿の結果と受け取ることができるが（冷却コイル表面で結露を発生させ，ドレン水として排水），これがいったん望まない屋内や壁体内で発生するとなると，湿気の害と捉えられ，対策が必要となる．目視できる室内表面に発生する結露を**表面結露**，外壁の内部などで発生する結露を**内部結露**という．目に見えないとはいえ，内部結露の発生は壁体構成及び屋内外の温湿度条件により予測可能なことから，防湿シートを外壁内の室内寄りに張るなどの知識を得ておくとよい．

　よく知られているのは，外気温度の低下に伴って発生する窓面などの**冬型結露**であるが，**夏型結露**も存在する．外壁内部で発生する夏型結露は，高温多湿の外気が室内寄りにまで侵入し，冷房で冷やされた建材に接触したときに発生する他，夏の日射熱を受けて外壁内部の木質建材から水分が蒸発したときなどに生じる．また，地下室や地下道の表面では，換気のための送風が行われるときに夏型結露が発生することがある．

　冬の表面結露防止対策としては，次の3点があげられる．

（1）　水蒸気発生の抑制（生活行為，器具選択の点検）
（2）　換気の励行（発生した水蒸気は屋外へ排出）
（3）　断熱性能に優れる壁体を採用（室内表面温度を露点温度よりも高く保つ）

　また，内部結露防止対策としては，次の（4）が追加される．

（4）　外壁の室内寄りに防湿層を設置（室内空気の水蒸気分圧は，冬の外気よりも高い．防湿層により壁体内への水蒸気流入を抑制する）

　業界統計によれば，わが国の開放型石油ストーブの年間出荷台数は90万台に及

び，依然として多くの家庭で利用されている．灯油 1L の燃焼により，およそ 1L の水蒸気が発生することを知っておくとよい．燃焼に外気を用いる密閉型暖房器具の選択などによって，こうした問題は回避される．

2.6　相当外気温度と実効温度差

　地球温暖化の進行に伴い，夏の気温上昇が顕著で，毎日のように 35 ～ 40 ℃の最高気温が続いたり，観測点によっては 40 ℃を超える日となることもある．

　しかし，建物外壁が日射を受け，温度上昇して室内に貫流熱として侵入して来る夏の状況を考えるとき，日射熱を上乗せした仮想の外気温度は，これよりも一層高い温度となることを理解する必要がある．

　外気温度だけに着目すると，関東周辺の内外温度差は冬期暖房時に約 20 ℃，夏期冷房時に約 10 ℃となるが，空気調和機のコイル能力は，冷房負荷に対して算定される．日射熱を考慮すると暖房負荷よりも冷房負荷が大きくなるためである．

　外壁面の熱授受は，一般に次式で表現される．

$$q = \alpha_0 \, (\theta_0 - \theta_s) + a \, J_s - \varepsilon \, J_n \tag{2.13}$$

q ：外壁表面が受ける熱量 $[\mathrm{W/m^2}]$

α_0：外壁面の室外側総合熱伝達率 $[\mathrm{W/(m^2 \cdot K)}]$

θ_0：外気温度 $[\mathrm{K}]$

θ_s：外壁表面温度 $[\mathrm{K}]$

a ：日射吸収率 $[-]$

J_s：外壁表面が受ける日射量 $[\mathrm{W/m^2}]$

ε ：外壁表面の長波放射率（＝長波吸収率）$[-]$

J_n：夜間放射量 $[\mathrm{W/m^2}]$

　式の第 1 項は大気と外壁表面間の熱伝達による熱量，第 2 項は日射受熱量，第 3 項は長波長領域における外壁表面からの放熱量を表している．このうち，最も大きい値となり得るのは日射受熱の項である．晴天日の日射量は 1000 $\mathrm{W/m^2}$ 程度の数値となる場合があるため，建物の外表面材料については日射吸収率の低さ，反射率の高さに注目する必要がある．

　図 2.8 は，材料表面の**日射吸収率**と**長波放射率**を表している．日射吸収率が低く，長波放射率が高い素材の代表例に白色プラスターがある．明るい色のコンクリート

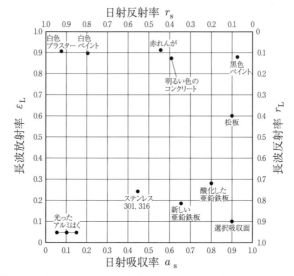

図 2.8 材料表面の日射吸収率と長波放射率（文献 1）より作成）

は，日射吸収率が 0.6，長波放射率が 0.9 程度となっている．

第 3 項の赤外放射は，建物から周囲の地物（ビル，道路，緑地など）及び天空への放射であり，夜間だけでなく昼間も含めて連続的に存在する．サーモカメラを用いると確かに夜間に捉えやすいが，ネーミングに惑わされないようにする．

式 (2.13) を変形すると，

$$q = \alpha_o \left(\left(\theta_o + a \frac{J_s}{\alpha_o} - \varepsilon \frac{J_n}{\alpha_o} \right) - \theta_s \right)$$
$$= \alpha_o \left(SAT - \theta_s \right) \tag{2.14}$$

ここで，SAT は**相当外気温度**，または **SAT 温度**（サット）と呼ばれる．

$$SAT = \theta_o + \frac{1}{\alpha_o} \left(a\, J_s - \varepsilon\, J_n \right) \tag{2.15}$$

右辺第 2 項は等価温度であり，外気温度に等価温度を上乗せすることにより，日射と夜間放射がある日中の外壁面貫流熱を扱えるようになる．

式 (2.9) をもとに，夏の貫流熱量は次式で表現される．

$$Q = K \left(SAT - \theta_a \right) \tag{2.16}$$

第 2 章の問題　　　**25**

　冷房負荷の貫流熱量計算には，**実効温度差 ETD**（equivalent temperature difference）が用いられる．日射及び赤外放射を考慮した相当外気温度の概念に加えて，壁体の厚さ・熱容量の大きさに依存する侵入熱の時間遅れを反映した指標である．

$$ETD = \frac{（時刻別貫流熱量 \ [\text{W/m}^2]）}{（壁体の熱貫流率 \ [\text{W/(m}^2\cdot\text{K)}]）}$$

　実効温度差は，立地地域，壁タイプ，壁方位ごとに，時刻別データが提示されており，設計者は実効温度差に壁体の熱貫流率を乗じることで，貫流熱量を算定できるものである．

第 2 章の問題

☐ **2.1**　外壁が鉄筋コンクリート 120 mm，スチレンボード 50 mm，中空層 20 mm，石こうボード 10 mm の 4 層で構成されるとき，まず，熱貫流率 K を求めよ．
　　　次に，室内が 21 ℃，外気が 3 ℃のとき，この外壁 100 m^2 の部位から失われる貫流熱量 Q を算定せよ．

☐ **2.2**　壁体内の温度分布を算定できれば，後述の内部結露に関する判定を行うことが可能となる．
　　　外壁が鉄筋コンクリート 120 mm，グラスウール 50 mm，石こうボード 10 mm の 3 層で構成され，温度条件が **2.1** と同じとき，壁体内の温度分布を求めよ．

☐ **2.3**　**2.2** と同じ壁体構成のとき，室内は温度 21 ℃，相対湿度 60%，外気は温度 3 ℃，相対湿度 50%として，結露発生を判定せよ．

【解答例】

2.1

$$K = \frac{1}{\dfrac{1}{23} + \dfrac{0.12}{1.6} + \dfrac{0.05}{0.04} + 0.175 + \dfrac{0.01}{0.2} + \dfrac{1}{9}}$$

$$\fallingdotseq 0.58 \ [\text{W/(m}^2\cdot\text{K)}]$$

$$Q = 0.58 \times (21 - 3) \times 100 = 1044 \ [\text{W}]$$

2.2　壁体構成材の境界の温度は，外気温度をベースに算定するとき，次式で与えられる．

$$\theta_k = \frac{（k \ 層までの熱抵抗）}{（熱貫流抵抗）} \times (\theta_i - \theta_o) + \theta_o$$

ただし，この壁体構成の層には温度境界層も含まれるため，3 層の他に外表面境界層，内表面境界層を含めた 5 層で算定を行う必要がある．

	厚さ [mm]	熱伝導率 [W/(m²·k)]	熱抵抗 [m²·k/W]
①外表面境界層	—	—	0.043
②鉄筋コンクリート	120	1.60	0.075
③グラスウール	50	0.04	1.250
④石こうボード	10	0.20	0.050
⑤内表面境界層	—	—	0.111
		(計)	1.529

(1) ①―②間の温度は，

$$\frac{0.043}{1.529} \times (21 - 3) + 3 \fallingdotseq 3.5 \, [℃]$$

(2) ②―③間の温度は，

$$\frac{0.043 + 0.075}{1.529} \times (21 - 3) + 3 \fallingdotseq 4.4 \, [℃]$$

(3) ③―④間の温度は，

$$\frac{0.043 + 0.075 + 1.250}{1.529} \times (21 - 3) + 3 \fallingdotseq 19.1 \, [℃]$$

(4) ④―⑤間の温度は，

$$\frac{0.043 + 0.075 + 1.250 + 0.050}{1.529} \times (21 - 3) + 3 \fallingdotseq 19.7 \, [℃]$$

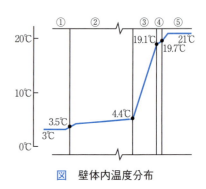

図　壁体内温度分布

よって，壁体内温度分布は，図のようになる．

　この算定結果からは，鉄筋コンクリートの熱抵抗は小さいため，グラスウールとの境界の温度は 4.4 ℃ と冷たいままだが，グラスウールと石こうボードの境界では，グラスウールの熱抵抗の大きさにより 19.1 ℃ にまで温度が上昇することなどを確認できる．

2.3 壁体構成材の境界の水蒸気分圧 P_k は，外気をベースに算定するとき，次式で与えられる．温度の場合と同様の方法である．材ごとの透湿抵抗は，文献から厚さに応じた試験結果の数値を抽出して用いる．湿気の場合，表面境界層の抵抗はゼロである．この点，熱抵抗の扱いと異なっている．P_i, P_o は，それぞれ室内，外気の水蒸気分圧である．

$$P_k = \frac{(k\text{層までの透湿抵抗})}{(\text{湿気貫流抵抗})} \times (P_i - P_o) + P_o$$

		厚さ [mm]	熱伝導率 [W/(m²·k)]	熱抵抗 [m²·k/W]	透湿抵抗 [m²·h·mmHg/g]
①	外表面境界層	—	—	0.043	0
②	コンクリート	120	1.60	0.075	70
③	グラスウール	50	0.04	1.250	0.6
④	石こうボード	10	0.20	0.050	2.0
⑤	内表面境界層	—	—	0.111	0
			(計)	1.529	72.6

（熱貫流抵抗）　（湿気貫流抵抗）

　温度分布は，**2.2** で求めた通りであり，まず，それに対応する壁体内各点の飽和水蒸気圧を湿り空気線図から読み取る.

① ― ②間　約 5.7 [mmHg]

② ― ③間　約 6.1 [mmHg]

③ ― ④間　約 16.4 [mmHg]

④ ― ⑤間　約 17.0 [mmHg]

　次に，壁体内各点の実際の水蒸気圧を求める. 湿り空気線図より，21 ℃，60% RH の状態の水蒸気圧は約 11.0 mmHg，3 ℃，50% RH の状態の水蒸気圧は約 2.8 mmHg であるから.

(1)　① ― ②間の水蒸気圧は，

　　　約 2.8 mmHg（表面透湿抵抗を 0 としているので，外気に同じ）

(2)　② ― ③間の水蒸気圧は，

$$\frac{70}{72.6} \times (11.0 - 2.8) + 2.8 \fallingdotseq 10.7 \, [\text{mmHg}]$$

(3)　③ ― ④間の水蒸気圧は，

$$\frac{70 + 0.6}{72.6} \times (11.0 - 2.8) + 2.8 \fallingdotseq 10.8 \, [\text{mmHg}]$$

(4)　④ ― ⑤間の水蒸気圧は，約 11.0 [mmHg]

　温度分布に対応する飽和水蒸気圧の線と，実際の水蒸気圧の線を描く. 実際の値が飽和値を上回った領域で，内部結露が発生すると予測される. この問題では，室内表面から 37 ~ 133 mm の位置まで，幅 96 mm にわたり結露が発生すると判定された. （1 mm 目盛りの方眼紙などに描けば，交点の位置が明確になる）.

　グラスウールと石こうボードの間に，防湿層を貼ることで，内部結露は発生しなくなる. 薄い防湿フィルムの透湿抵抗が，厚さ 120 mm の鉄筋コンクリートの 4 倍近い，250 ほどもあるお蔭である.

第 2 章 温熱環境の基礎

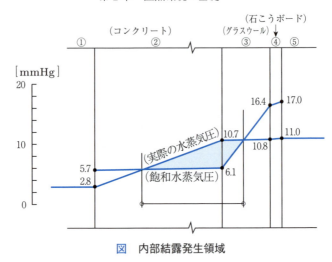

図　内部結露発生領域

参 考 文 献

1) 日本建築学会, 建築環境工学用教材　環境編, 丸善, p.72, 73, 91, 2015
2) 梅干野晁, 都市・建築の環境設計, 数理工学社, p.99, 2012
3) 坂本雄三, 建築熱環境, 東京大学出版会, p.29, 31, 2011

第3章

空気調和設備（1）
熱負荷・湿り空気線図・設備能力算定

3.1 熱負荷計算

3.1.1 熱負荷とは

ZEB（zero energy building, ゼブ），**ZEH**（zero energy house, ゼッチ）という単語が，建築技術者たちのコミュニケーションの中で普通に遣り取りされるようになりつつある．これらの建築の大前提が，熱負荷を如何に小さくするか，である．立地地域の気候，建物形状，材料・設備の選択など，多くが関わってくる．本章では，まず熱負荷の種類と算定法を学び，次に湿り空気線図上に暖房と冷房プロセスにおける空気の状態点変化を描けるようになることで，最終的に空気調和機内に設置するコイル能力を求めてみる．これが建築設備技術者の第一歩となろう．

室内の温湿度を一定の値に保とうとするとき，空気調和でいうところの熱負荷が発生する．成り行きを許容する条件では，熱負荷は発生しない．オフィスビルの室内設計条件は，**冷房負荷計算において乾球温度26℃，相対湿度50〜60%，暖房負荷計算において乾球温度22℃，相対湿度50%**とするのが一般的である．

ここで，幾つか認識しておくべき事柄がある．一つは，空気調和で想定する室内設計条件としての温湿度は，室内から排気される（吸込み口の）空気の状態を指しており，室中央などの代表点の温湿度ではない，ということである．二つ目は，一つ目の事項とも関連するが，室内設計条件に基づき熱負荷計算を行い，空気調和機や熱源機の選定を行ったからといって，屋内の温湿度が設計条件通りになるとは限らない点である．ペリメータゾーンとインテリアゾーンなどの平面分布が生じるとともに，垂直温度分布も認められる．

ビルの竣工後，性能検証のために室内温熱環境の長期測定が行われる事例がZEBなどで増加している点からも，このことをよく理解しておきたい．

3.1.2 熱負荷の発生箇所と名称

熱負荷は，図3.1に示すように，その発生箇所に応じて**室内負荷**，**装置負荷**，**熱源負荷**と名付けられている．人のいる冷房室内では，外壁・窓からの侵入熱や照明・人体・機器からの発熱などが負荷となる．冷気・新鮮外気を室に供給する空気調和機段階では，室内負荷を満たすとともに，高温高湿度の外気を冷却・除湿するための負荷が発生する．一般に装置負荷と呼ばれるが，**空調機負荷**とする場合もある．さらに熱源機では，装置負荷を満たす他，空気調和機までの冷水配管において生ずる配管熱損失などをカバーする必要がある．

以上より，熱負荷の大小関係は，次のようになる．

（室内負荷）＜（装置負荷）＜（熱源負荷）

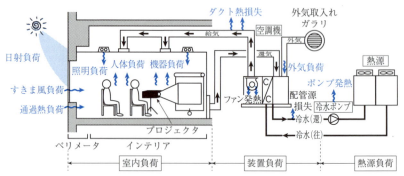

図3.1　熱負荷の発生箇所と室内負荷・装置負荷・熱源負荷（文献1）より作成）

表3.1は，熱負荷の種類と構成を示している．外壁を通じた負荷としては，**ガラス窓透過日射熱負荷**，**通過熱負荷**がその主なものである．ガラス窓については，冷房負荷計算において，透過分とK値を用いて算定する通過分の両方を計算する．すきま風負荷は，サッシの隙間やドアの開閉により室内に侵入する外気の熱負荷である．**室内発熱負荷**としては，照明・人体・器具について個別に算定するが，器具には潜熱を発生するもの（湯沸かし器，コーヒーメーカーなど）と，発生しないもの（パソコン，プリンター，ディスプレイなど）があるので，仕分けが必要となる．**顕熱負荷** q_S（sensible heat）が大半を占めるが，すきま風負荷，人体発熱負荷などには**潜熱負荷** q_L（latent heat）がある．後に，湿り空気線図上に，室内吹出しと吸込みの状態点変化の傾きを描くとき，この q_S と q_L の構成割合が問題となるので，

注目しておこう.

表3.1 の○△×印は，最大熱負荷を求める冷房負荷計算または暖房負荷計算において，考慮する，ほぼ考慮しない，無視する，という条件を表している．室内負荷の冷房負荷計算で×となっているものに，通過熱負荷（土間床・地下壁）がある．冷房の温度設定条件は 26℃であるが，土間床・地下壁の表面温度はこれよりも低いため，冷房負荷とはならない.

暖房負荷計算を行うときに，ガラス窓透過日射熱負荷や，室内発熱負荷を計算しないのは，安全側の設計思想による．これらの負荷は暖房をアシストする要素であるため，負荷計算に算入すると最大熱負荷の数値が低下し，日射が期待できない曇天・雨天の日などに，空気調和システムの暖房加熱能力が不足する事態を招く可能性が高まるからである．ただし，負荷計算は最大熱負荷を求める他に，年間のエネルギー消費シミュレーションに用いられる場合もあるため，適用ケースごとに負荷要素の採否を判断する.

表3.1 熱負荷の種類と構成

	負荷構成要素		冷房側	暖房側
室内負荷	ガラス窓透過日射熱負荷	(q_S)	○	△
	通過熱負荷 壁体	(q_S)	○	○
	ガラス窓	(q_S)	○	○
	屋根	(q_S)	○	○
	土間床・地下壁	(q_S)	×	○
	透湿熱負荷	(q_L)	△	△
	すきま風熱負荷	(q_S, q_L)	○	○
	室内発熱負荷 照明	(q_S)	○	△
	人体	(q_S, q_L)	○	△
	器具	(q_S, q_L)	○	△
	間欠空調による蓄熱負荷	(q_S)	△	○
装置負荷	室内負荷	(q_S, q_L)	○	○
	送風機による負荷	(q_S)	○	×
	ダクト通過熱負荷	(q_S)	○	○
	再熱負荷		○	—
	外気負荷	(q_S, q_L)	○	○
熱源負荷	装置負荷		○	○
	ポンプによる負荷		○	×
	配管通過熱負荷		○	○
	装置蓄熱負荷		×	△

装置負荷は室内負荷を含む他に，送風機による負荷（モーターの発熱），ダクト通過熱負荷（断熱施工でも負荷は生じる），再熱負荷（空気調和機内での冷却除湿後の加熱），外気負荷（コイルでの冷却・加熱）などがある．

熱源負荷は装置負荷を含む他，ポンプによる負荷（発熱），配管通過熱負荷，装置蓄熱負荷がある．装置蓄熱負荷は間欠運転を行う際，熱源機（冷凍機，ボイラなど）が停止中に温まったり，冷え込んだりするため，運転中の温度状態に復するのに必要な冷却あるいは加熱熱量を指している．

3.1.3 熱負荷計算

室内負荷の各要素について，計算方法と計算式を以下に示す．

(1) ガラス窓透過日射熱負荷

$$q_{GR} = I_G \times SC \times A_G$$

q_{GR}：ガラス窓透過日射熱負荷 $[W]$

I_G ：ガラス窓標準日射熱取得 $[W/m^2]$

SC：遮へい係数 $[-]$

A_G：ガラス窓面積 $[m^2]$

ガラス窓標準日射熱取得の東京の例を，表 3.2 に示す．南向き（S）では 12 時に180 W/m^2，西向き（W）では 16 時に 609 W/m^2 などの時別ピーク値を呈している．最上階に天窓を設ける場合，水平面 12 時のピーク値は 843 W/m^2 となり，南面の4 倍を超える．

表 3.2 ガラス窓標準日射熱取得（東京，夏期，透明ガラス 3 mm）（文献 2）より作成）

$[W/m^2]$

方位	時　刻														日積算
	5	6	7	8	9	10	11	12	13	14	15	16	17	18	$[Wh/m^2]$
水平	16	122	308	498	653	765	829	843	807	723	591	419	224	63	6862
日陰	8	24	33	38	42	43	43	43	43	43	40	36	30	20	486
N	20	100	55	38	42	43	43	43	43	43	40	38	76	99	722
NE	43	430	476	394	245	92	43	43	43	43	40	36	30	20	1978
E	43	480	603	591	491	319	121	43	43	43	40	36	30	20	2092
SE	20	236	363	417	409	341	224	93	43	43	40	36	30	20	2315
S	8	24	33	40	77	131	171	180	157	108	56	36	30	20	1071
SW	8	24	33	38	42	43	48	147	279	377	420	402	317	153	2331
W	8	24	33	38	42	43	43	50	202	400	543	609	572	349	2957
NW	8	24	33	38	42	43	43	43	47	152	315	441	478	329	2036

3.1 熱負荷計算 **33**

遮へい係数 *SC* は次式で定義され，ガラスの種類やブラインドに応じて，**表 3.3** に示される数値を選択する．

$$SC = \frac{（任意のガラスの法線入射時日射熱取得）}{（透明 3\,mm\,標準ガラスの法線入射時日射熱取得）}$$

表 3.3 遮へい係数 *SC*（文献 3) より作成）

遮蔽係数	ブラインド	*SC*
透明フロート板ガラス（単板）	な し	1.00
	明 色	0.55
	中等色	0.66
透明複層ガラス	な し	0.89
	明 色	0.54
	中等色	0.63
熱線吸反射板ガラス（単板）	な し	0.73
	明 色	0.45
	中等色	0.52
熱線吸収熱線吸反射板ガラス（単板）	な し	0.65
	明 色	0.42
	中等色	0.48
高遮熱断熱複層ガラス 外側：低放射ガラス 内側：透明フロート板ガラス	な し	0.51
	明 色	0.34
	中等色	0.39

(2) ガラス窓通過熱負荷

$$q_G = K_G \times A_G \times \Delta t$$

q_G ：ガラス窓貫流熱負荷［W］

K_G ：ガラス窓の熱貫流率［W/(m² · K)］

Δt ：室内外の温度差［℃］

熱負荷計算に使用される設計用外気温度としては，超過確率 2.5% の TAC 温度が一般的に用いられる．**表 3.4** などから抽出して使用する．昼間外気温度は東京で 32.6 ℃，名古屋で 34.3 ℃ などとなっている．

なお，地域における冷房または暖房期間の数年以上の毎時観測データから，超過確率 2.5%（累積度数分布の上位または下位 2.5%）の数値となるように定めた

温度のことを **TAC** 温度（temperature of technical advisory committee）という.
過去の最高・最低記録温度を採用するわけではない点に注意する.

表 3.4　設計用外気温湿度条件（文献 3) より作成）

地　名	暖房設計用				冷房設計用			
	屋外乾球温度		屋外露点温度		屋外乾球温度		屋外露点温度	
	1～24時	8～17時	1～24時	8～17時	1～24時	8～17時	1～24時	8～17時
鹿児島	−0.5	1.7	−5.0	−5.4	32.4	33.0	25.3	25.5
福　岡	−0.1	1.5	−6.4	−6.0	32.4	33.3	25.1	25.3
大　阪	−0.6	1.1	−7.4	−7.4	32.8	33.6	24.5	24.5
名古屋	−2.1	0.3	−8.2	−9.0	32.9	34.3	24.6	24.9
東　京	−1.7	0.6	−11.4	−12.2	31.5	32.6	24.8	24.9
仙　台	−4.4	−2.3	−8.9	−9.1	29.0	30.4	23.8	24.2
新　潟	−1.9	−1.2	−6.4	−6.0	31.0	32.2	24.3	24.5
札　幌	−12.0	−9.4	−16.0	−14.8	27.4	29.0	21.5	22.0

(3)　外壁・屋根の通過熱負荷（冷房負荷計算）

$$q_{\mathrm{wo}} = K_{\mathrm{wo}} \times A_{\mathrm{wo}} \times ETD$$

q_{wo}　：外壁・屋根の貫流熱負荷 ［W］

K_{wo}　：外壁・屋根の熱貫流率 ［W/(m² · K)］

A_{wo}　：外壁・屋根の面積 ［m²］

ETD：実効温度差 ［K］

　実効温度差 ETD は，表 3.5（東京の例）及び表 3.6 などから壁タイプ，壁方位，
時刻に応じて抽出し，算定に用いる. 断熱層を含む厚壁（タイプⅢ,Ⅳ）となるほ
ど ETD は小さくなり，室内への侵入時刻に遅れが生じる様子を確認できる.

　暖房負荷計算における外壁・屋根の通過熱負荷の算定や，冷房負荷計算でも間仕
切り壁の通過熱負荷を算定するときは，ETD ではなく，単に内外温度差・室間温
度差を用いる.

表3.5 東京における実効温度差 ETD［℃］（文献 2) より作成）

壁タイプ	方位	1	2	3	4	5	6	7	8	9	10	11	12	13	14	15	16	17	18	19	20	21	22	23	24
タイプI	日陰	2	1	1	1	1	1	2	3	5	6	7	7	7	7	7	6	6	5	4	3	3	2	2	2
	水平	2	1	1	1	1	7	14	21	27	32	35	36	35	32	28	22	15	8	4	3	3	2	2	2
	N	2	1	1	1	2	6	6	5	6	7	8	9	9	9	9	9	10	9	4	3	3	2	2	2
	E	2	1	1	1	2	17	23	24	22	18	13	9	9	9	9	8	7	5	4	3	3	2	2	2
	S	2	1	1	1	1	2	3	5	9	13	15	16	15	14	11	8	7	5	4	3	3	2	2	2
	W	2	1	1	1	1	2	3	5	6	7	8	10	17	22	26	27	25	17	4	3	3	2	2	2
タイプII	日陰	2	2	2	2	1	1	1	2	2	3	4	5	6	7	7	7	7	6	6	5	4	4	3	3
	水平	3	2	2	2	1	2	4	9	14	19	25	29	32	33	32	30	26	21	16	11	8	6	4	3
	N	3	2	2	2	1	2	3	4	5	6	7	8	8	8	9	9	9	9	9	7	6	4	4	3
	E	2	2	2	2	1	3	9	14	18	19	19	16	14	12	11	10	9	8	7	6	5	4	3	2
	S	2	2	2	2	1	1	2	4	6	9	11	13	14	14	12	11	10	9	7	6	5	4	3	3
	W	3	2	2	2	1	1	2	2	3	5	6	7	9	12	16	20	23	23	20	14	10	7	5	4
タイプIII	日陰	4	3	3	3	2	2	2	2	2	2	3	3	4	4	5	5	6	6	6	5	5	5	4	4
	水平	9	8	7	6	5	4	5	6	8	10	13	17	20	22	24	25	25	24	22	20	17	15	13	11
	N	5	4	4	3	3	3	3	3	4	4	4	5	6	6	7	7	7	8	8	8	7	6	6	5
	E	5	4	4	3	3	4	7	9	11	13	13	13	12	12	11	10	10	9	8	7	6	6	6	5
	S	5	4	4	3	3	3	2	3	4	5	6	9	10	10	10	10	10	9	8	8	7	6	6	6
	W	8	7	6	5	4	4	3	3	3	4	4	5	6	7	9	12	14	16	16	16	14	12	11	9
タイプIV	日陰	4	4	4	4	4	3	3	3	3	3	3	3	4	4	4	4	4	4	4	5	4	4	4	4
	水平	14	14	13	12	11	11	10	10	10	10	11	12	13	15	16	17	18	18	18	18	17	17	16	15
	N	6	5	5	5	5	4	4	4	4	4	4	5	5	5	5	5	6	6	6	6	6	6	6	6
	E	8	7	7	7	6	6	6	6	7	8	8	9	9	10	10	10	10	10	10	9	9	9	8	8
	S	6	6	6	6	5	5	5	5	4	4	5	5	6	6	7	7	7	7	8	8	7	7	7	7
	W	10	9	9	9	8	8	7	7	7	6	6	6	6	6	6	7	8	9	10	10	11	11	11	10

表 3.6 壁タイプ選定表 (文献 2) より作成

壁タイプ	断熱なし 普通コンクリート 単層壁 [mm]	断熱なし 気泡コンクリート板 単層壁 [mm]	内断熱（外断熱）普通コンクリート 複層壁 [mm] l=25	l=50	l=100	内断熱（外断熱）普通コンクリート 複層壁 [mm] l=0	l=25	l=50	断熱あり 金属板 複層壁 [mm]	断熱あり 金属板 複層壁 [mm]
I	$d=0\sim5\sim30$	$d=0\sim30$	—	—	—	—	—	—	$l=0\sim30$	$l=0\sim20$
II	$30\sim100\sim140$	$30\sim130$	$d=0\sim100$ ($d=0\sim70$)	$d=0\sim90$ ($d=0\sim60$)	$d=0\sim80$ ($d=0\sim50$)	$d=0\sim100$	$d=0\sim90$ ($0\sim20$)	$d=0\sim80$ ($0\sim20$)	$30\sim60$	$20\sim50$
III	$140\sim190\sim230$	$130\sim210$	$100\sim190$ ($d=70\sim140$)	$90\sim180$ ($60\sim140$)	$80\sim170$ ($50\sim130$)	$100\sim200$	$90\sim190$ ($20\sim100$)	$80\sim180$ ($20\sim80$)	$60\sim90$	$50\sim80$
IV	$230\sim320\sim$	$210\sim$	$190\sim$ ($d=140\sim$)	$180\sim$ ($140\sim$)	$170\sim$ ($130\sim$)	$200\sim$	$190\sim$ ($100\sim$)	$180\sim$ ($80\sim$)	$90\sim$	$80\sim$

石こう板または同等品（外断熱の場合に対応）

                    3.1　熱負荷計算　　　　**37**

(4)　**すきま風負荷**　すきま風負荷を算定するときは，顕熱負荷と潜熱負荷，それぞれについて算定する必要がある．

$$q_{iS} = C_p \times \rho \times \Delta t \times Q_i$$

$$q_{iL} = r \times \rho \times \Delta x \times Q_i$$

q_{iS}：すきま風の顕熱負荷 ［W］

q_{iL}：すきま風の潜熱負荷 ［W］

Q_i：すきま風風量 ［m³/h］ $Q_i = nV$

n　：換気回数 ［回/h］

V　：室体積 ［m³］

Δt　：室内外の温度差 ［℃］

Δx　：室内外の絶対湿度差 ［kg/kg'］

ρ　：空気の密度　1.2 ［kg/m³］

C_p：空気の定圧比熱 ［kJ/(kg・K)］

r　：水の蒸発潜熱　2500 ［kJ/kg］

(5)　**室内発熱負荷**

(ⅰ)　**人体**

$$q_{pS} = N \times h_S$$

$$q_{pL} = N \times h_L$$

q_{pS}：人体の顕熱負荷 ［W］

q_{pL}：人体の潜熱負荷 ［W］

N　：在室者数 ［人］

h_S　：人体からの顕熱発熱量 ［W/人］

h_L　：人体からの潜熱発熱量 ［W/人］

h_S 及び h_L は，**表 2.1** に示す数値を抜粋して使用する．

(ⅱ)　**照明**　照明器具の発熱負荷については，器具の仕様と個数が決定していれば個別に積算することもできるが，計画段階では**表 3.7** などを参照して，床面積あたりのワット数をもとに推定するケースもある．2010 年代後半からは LED 照明が主であり，設計照度 500 lx では 10 W/m² と示されている．タスクアンビエント照明が採用されるときなどは，設計者が適宜判断を行う．

(ⅲ)　**器具**　室の用途によって，発熱器具の設置種類や個数は大きく異なる．各機器の定格消費電力や仕様書を参考に，発生熱量を想定する．

表 3.7　照明電力の概略値 [W/m²]（文献 4) より作成）

設計照度 [lx]	室の例	蛍光灯 下面開放形	蛍光灯 ルーバー有	蛍光灯 アクリルカバー有	LED 照明 下面開放形
750	事務室，上級室	19	20	28	14
500	電子計算室，会議室，講堂，厨房	12	13	19	10
300	受付，食堂	7	8	11	6
200	電気室，機械室，書庫，湯沸室	5	5	8	4
150	階段室	4	4	6	3
100	玄関ホール	2	3	4	2
75	車庫	2	2	3	1

3.2　湿り空気の表現

3.2.1　湿り空気線図

図 3.2 は，室と空気調和機の間の空調空気の流れ・循環を模式的に表している．室内の健康で快適な温熱環境を維持するには，夏は冷たく乾燥した空気を，また冬は暖かく湿った空気を空気調和機から室へと供給する必要がある．その冷房プロセ

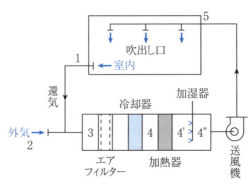

図 3.2　空調空気のフロー模式図（単一ダクト方式）（文献 3) より作成）

3.2 湿り空気の表現

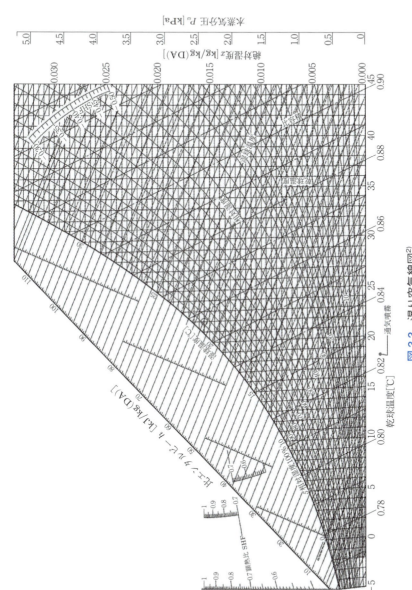

図 3.3 湿り空気線図[2]

(㈱テクノ菱和, 空調・衛生技術データブック (第 5 版), 森北出版, 2020, 表紙裏ページより許諾を得て転載)
(図は㈱テクノ菱和提供)

ス，暖房プロセスにおける空気の状態点を表現し，数量的かつ視覚的に捉えるのが**湿り空気線図**である．

代表的な湿り空気線図を**図 3.3** に示す．基本的な構成として，横軸に乾球温度，縦軸に絶対湿度及び水蒸気分圧，斜めスケールに比エンタルピーが配置され，右上がりのカーブが相対湿度を表している．この他にも，湿球温度，比体積などが表現されている．また，顕熱比の傾きを得ることも可能となっている．

湿り空気について 2 つの値が与えられれば，状態点が定まり，他の諸量を読み取ることができる．例えば，冷房設定温度 26 ℃・相対湿度 50%の空気は，絶対湿度が約 10.5 [g/kg(DA)]，比エンタルピー（空気の保有熱量）が約 53 [kJ/kg(DA)]，露点温度が約 14.8 [℃] などである．

3.2.2 基本的な状態変化

(1) **加熱** 温水コイルや電気ヒータなど，加湿のない機器による加熱では，**図 3.4** に示されるように状態点 1 から状態点 2 へと，水平方向に右へ移動する．絶対湿度 (x) は一定で変化のない中，比エンタルピーは h_1 から h_2 へ増加，相対湿度は ϕ_1 から ϕ_2 へ低下する．

(2) **除湿を伴う冷却** 露点温度 (t_1'') 以上の範囲で行われる冷却は，**図 3.4** における状態点 2 から状態点 1 への移動となるが，空気調和機の冷却コイルで湿り空気を露点温度以下に冷却するケースでは除湿を伴ない，**図 3.5** に示す状態点 1 から状態点 2 への変化となる．乾球温度が t_1 から t_2 へと低下するとき，絶対湿度と比エンタルピーは，それぞれ x_1, h_1 から x_2, h_2 へと低下することになる．このとき相対湿度は ϕ_1 から飽和に近い ϕ_2 へ上昇する．絶対湿度の低下は，冷却コイル表面での結露発生によるものであり，ドレン水となって空気調和機から排水される．状態点 3 は再熱による状態変化を表している．

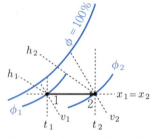

図 3.4 加熱による状態変化

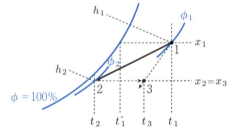

図 3.5 除湿を伴う冷却の状態変化

(3) **加湿** 図 3.6 は，水噴霧加湿と蒸気加湿による状態変化を示している．水噴霧加湿では，状態点 1 から状態点 2 へと変化する．水温を 20℃として熱水分比 u(エンタルピー変化量/絶対湿度変化量) を求めると，次のようになる．

$$u = 20 \text{ [kcal/kg]} = 84 \text{ [kJ/kg]}$$

図 3.7 の熱水分比グラフを用いて状態変化の方向を特定すると，これはほぼ湿球温度 t_1' が一定の左斜め上方向の変化となる．これより比エンタルピーの変化もほとんど認められない（$h_2 \fallingdotseq h_1$）．水噴霧加湿により，乾球温度が t_1 から t_2 へと低下する点には，注目すべきであろう．

一方，蒸気加湿では，状態点 1 から状態点 3 へと変化する．100℃の飽和水蒸気の熱水分比 u は，次のように求まる．

$$u = 597.5 + 0.441 \times 100 = 640 \text{ [kcal/kg]} = 2680 \text{ [kJ/kg]}$$

これはほぼ真上方向の状態変化であり，乾球温度一定（$t_3 \fallingdotseq t_1$）として扱われる．

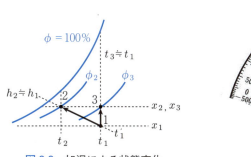

図 3.6 加湿による状態変化

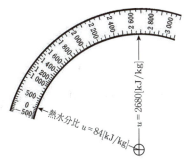

図 3.7 熱水分比グラフ

(4) **混合** 湿り空気の混合による状態変化は，空気調和機入口において，外気及び室からの還気を混合する際などに生ずる．図 3.8 は，状態点 1 の空気（質量 k_1）と状態点 2（質量 k_2）の空気の混合によって，状態点 3 を求めるプロセスを示している．混合点は状態点 1 と 2 を結ぶ線分上にあり，その位置はそれぞれの質量の逆比に内分することにより得られる．計算により混合点の諸量を求めるときは，次式を用いてよい．

乾球温度 $\quad t_3 = \dfrac{k_1 t_1 + k_2 t_2}{k_1 + k_2}$

絶対湿度　$x_3 = \dfrac{k_1 x_1 + k_2 x_2}{k_1 + k_2}$

比エンタルピー　$h_3 = \dfrac{k_1 h_1 + k_2 h_2}{k_1 + k_2}$

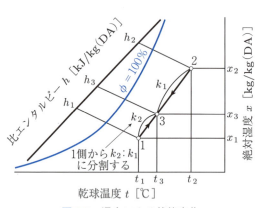

図 3.8　混合による状態変化

3.3　空気調和による状態変化

3.3.1　冷房プロセスの湿り空気線図表示

図 3.2 中に示す位置の数字と対比させながら，図 3.9 に冷房プロセスにおける空気の状態変化を説明する．室内からの還気 1 と外気 2（夏期なので右上）を混合することで，空気調和機入口の空気の状態点は 3 となる（この場合の $k_1:k_2 = 3:2$ 程度）．この空気を冷却器（冷却コイル）で冷却除湿すると 4 となる．4 の位置は飽和線上ではなく，一般に相対湿度 95% のライン上にあるとして扱われる場合が多い．これは，冷却コイルを空気が通過するとき，コイル表面に触れないで素通りする空気（bypass air）が存在するためである．

空気調和機に設置されたファンの発熱や，室に至る間の給気ダクトの熱取得などにより，室の吹出し口における空気の状態点 5 は，4 から右方向に水平に伸ばした点になる．室に吹出された空気は，室の熱負荷計算から求められる SHF 線に沿って，1 に到達する．空気の状態変化は，1,3,4,5 と，反時計回りであるが，5 の位置を定めるときは，1 の状態点から SHF 線を左下方向に伸ばし，4 からの水平線との交点とすればよい．

5 の室内吹出し空気は，室や人を冷やし湿気を取り除くことで，自らは温度と絶

対湿度が上昇し，室の排気口（吸込み口）に至る．

ここで SHF（sensible heat factor）は，全熱負荷に占める顕熱負荷の割合で表される．

$$SHF = \frac{顕熱負荷}{全熱負荷} = \frac{顕熱負荷}{顕熱負荷 + 潜熱負荷}$$

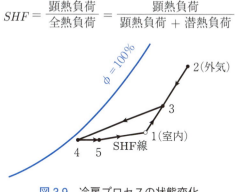

図 3.9　冷房プロセスの状態変化

3.3.2　暖房プロセスの湿り空気線図表示

図 3.2 にて室内からの還気 1 と外気 2（冬期なので左下）を混合することで，空気調和機入口の空気の状態点は 3 となる．この空気を加熱コイルで加熱すると 4' に至り，さらに蒸気加湿によって室内吹出し空気は 4'' となる．室の暖房負荷計算により求まった顕熱負荷と潜熱負荷を用いて SHF を定め，さらに SHF 線（傾き）を得ることで，状態点 1 に戻る閉ループが成立する．

暖房プロセスでは，4'' の室内吹出し空気は，室や人を暖め湿り気を与えることで，自らは温度と絶対湿度が低下し，室の排気口（吸込み口）に至るものである．

これら暖房プロセスにおける湿り空気の状態変化は，図 3.10 のように表せられる．

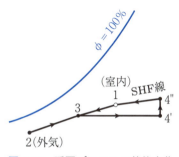

図 3.10　暖房プロセスの状態変化

第 3 章の問題

☐ **3.1** 図の室の冷房負荷を，東京の 15 時について計算せよ．計算に用いる数値は，各自適切に定める．

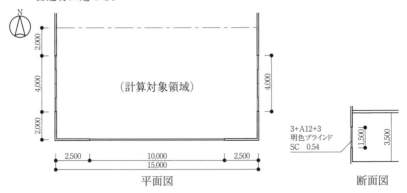

平面図　　　　　　　　　　　　　　　　断面図

☐ **3.2** 室の冷房負荷 $q_S = 5355$ [W], $q_L = 863$ [W] で室温と吹出し空気の温度差が 10 [℃] のとき，風量は何 [m^3/h] 必要か．

☐ **3.3** 外気が 32.6 [℃], 0.0181 [kg/kg'] で給気風量に占める外気の割合が 30% のとき，混合後（空気調和機入口）の温度 t_{mix} [℃]，絶対温度 x_{mix} [kg/kg(DA)]，エンタルピー h_{mix} [kJ/kg(DA)] を求めよ．

☐ **3.4** 以上の **3.1**〜**3.3** の数値を用い，まず，湿り空気線図上に室空気，外気，混合空気の状態点を示せ．次に空気調和機内の冷却コイル通過後の空気と吹出し空気の状態点を示し，冷房プロセスにおける湿り空気の状態変化を表現せよ．冷却コイル通過後の空気の相対湿度は 95% とする．

☐ **3.5** **3.4** の，(1) 冷却コイル負荷 q_C, (2) 室熱負荷 q_R, (3) 外気負荷 q_{OA} を求めよ．

【解答例】

3.1 (1)　ガラス窓透過日射熱負荷

$$\begin{aligned}
q_{GR} &= I_G \times SC \times A_G \\
&= 56 \times 0.54 \times 15 \quad \text{(南)} \\
&\quad + 543 \times 0.54 \times 6 \quad \text{(西)} \\
&\quad + 40 \times 0.54 \times 6 \quad \text{(東)} \\
&= 2343 \text{ [W]}
\end{aligned}$$

(2)　ガラス窓通過熱負荷

$$\begin{aligned}
q_G &= K_G \times A_G \times \Delta t = 3.05 \times 27 \times (32.6 - 26) \\
&= 544 \text{ [W]}
\end{aligned}$$

(3)　外壁・屋根の通過熱負荷（壁タイプ III を選択）

$$q_{WO} = K_{WO} \times A_{WO} \times ETD$$

$$= 0.63 \times 37.5 \times 10 \quad \text{(南)}$$
$$+ 0.63 \times 22 \times 9 \quad \text{(西)}$$
$$+ 0.63 \times 22 \times 12 \quad \text{(東)}$$
$$= 527 \ [\text{W}]$$

(4) すき間風熱負荷

$$q_{\text{S}} = C_{\text{p}} \times \rho \times \Delta t \times Q_{\text{i}} = 1.006 \times 1.2 \times (32.6 - 26) \times 0.1 \times 420$$

$$= 335 \ [\text{kJ/h}] = \frac{335 \times 10^3}{3600}$$

$$= 93 \ [\text{W}]$$

$$q_{\text{L}} = r \times \rho \times \Delta x \times Q_{\text{i}} = 2500 \times 1.2 \times (0.0181 - 0.0106) \times 0.1 \times 420$$

$$= 263 \ [\text{W}]$$

(5) 内部発熱負荷

 (i) 人体（在室密度 [1 人 /10 m^2]，椅座軽作業 (1.1 Met)，室内温度 26 ℃を想定）

$$q_{\text{pS}} = N \times h_{\text{S}} = 12 \times 54 = 648 \ [\text{W}]$$

$$q_{\text{pL}} = N \times h_{\text{L}} = 12 \times 50 = 600 \ [\text{W}]$$

 (ii) 照明（LED 照明で，単位床面積あたり 5 [W/m^2] とする）

$$q_{\text{E}} = 5 \times 120 = 600 \ [\text{W}]$$

 (iii) 機器（パソコン 12 台を想定）

$$q_{\text{ES}} = 50 \ [\text{W}] \times 12 = 600 \ [\text{W}]$$

以上より室内冷房負荷は，次の通り求まる.

 顕熱負荷 $q_{\text{S}} = 2343 + 544 + 527 + 93 + 648 + 600 + 600 = 5355 \ [\text{W}]$

 潜熱負荷 $q_{\text{L}} = 263 + 600 = 863 \ [\text{W}]$

なお，この際の SHF は，0.86 となる.

 顕熱比 $SHF = \dfrac{5355}{5355 + 863} \fallingdotseq 0.86$

3.2 室の全熱負荷 q_{T} を，吹出し空気と室空気（吸込み空気）の乾球温度及び絶対湿度を用いて表現すると，次式となる.

$$q_{\text{T}} = q_{\text{S}} + q_{\text{L}} = 0.278 \times G \times C_{\text{p}} \times (t_{\text{R}} - t_{\text{D}}) + 0.278 \times G \times r \times (x_{\text{R}} - x_{\text{D}})$$

  G：重さで表した風量 [kg/h]

  C_{p}：空気の低圧比熱（1.0 [kJ/(kg·K)]）

  t_{R}：室空気温度 [℃]

  t_{D}：吹出し空気温度 [℃]

  r：水の蒸発潜熱（2500 [kJ/kg]）

  x_{R}：室空気絶対湿度 [kg/kg']

  x_{D}：吹出し空気絶対湿度 [kg/kg']

46　第 3 章　空気調和設備 (1)

q_S は単位が [W]，右辺の項の単位は [kJ/h] なので，

$$1 \, [\mathrm{kJ/h}] = \frac{1000 \, [\mathrm{W \cdot S}]}{3600 \, [\mathrm{S}]} \fallingdotseq 0.278 \, [\mathrm{W}]$$

と，係数を定める．負荷を顕熱分，潜熱分のそれぞれで書くと，

$$q_S = 0.278 \times G \times (t_R - t_D) \qquad \cdots ①$$

$$q_L = 695 \times G \times (x_R - x_D) \qquad \cdots ②$$

風量を体積で表すとき，次式が成立する．

$$G = \rho \times Q \qquad \cdots ③$$

　ρ：空気の比重量（1.2 [kg/m^3]）

　Q：風量 [m^3/h]

③式を①，②式に代入すると，

$$q_S = 0.334 \times Q \times (t_R - t_D)$$

$$q_L = 834 \times Q \times (x_R - x_D)$$

この q_S の式を用いて風量 Q を算定すればよい．

$$Q = \frac{q_S}{0.334 \, (t_R - t_D)}$$

$$= \frac{5355}{0.334 \times 10} \fallingdotseq 1604 \, [\mathrm{m^3/h}]$$

3.3　この設計外気温湿度は，東京の例である．因みに，このときの外気相対湿度は 58%．

外気　　$t_o = 32.6 \, [℃]$, $x_o = 0.0181 \, [\mathrm{kg/kg(DA)}]$, $h_o = 79 \, [\mathrm{kJ/kg(DA)}]$

室空気　$t_R = 26.0 \, [℃]$, $x_R = 0.0106 \, [\mathrm{kg/kg(DA)}]$, $h_R = 53 \, [\mathrm{kJ/kg(DA)}]$

$$t_{mix} = 32.6 \times 0.3 + 26.0 \times 0.7 \fallingdotseq 28.0 \, [℃]$$

$$x_{mix} = 0.0181 \times 0.3 + 0.0106 \times 0.7 \fallingdotseq 0.0129 \, [\mathrm{kg/kg(DA)}]$$

$$h_{mix} = 79 \times 0.3 + 53 \times 0.7 \fallingdotseq 61 \, [\mathrm{kJ/kg(DA)}]$$

3.4　解答は次ページの図を参照．

3.5　風量を重さで表すと，

$$G = 1604 \times 1.2 = 1925 \, [\mathrm{kg/h}]$$

(1)　冷却コイル通過後の空気のエンタルピーを h_C とすると，冷却コイル負荷 q_C は次式で求まる．

$$q_C = G \times (h_{mix} - h_C) = 1925 \times (61 - 39) = 42350 \, [\mathrm{kJ/h}]$$

$$= 42350 \times \frac{1000}{3600} = 11764 \, [\mathrm{W}] \fallingdotseq 11.8 \, [\mathrm{kW}]$$

(2) 室熱負荷 q_R は，室空気の比エンタルピーを h_R，吹出し空気の比エンタルピーを h_D とすると，

$$q_R = G \times (h_R - h_D)$$
$$= 1925 \times (53 - 41) = 23100 \ [\text{kJ/h}]$$
$$= 23100 \times \frac{1000}{3600} = 6417 \ [\text{W}] \fallingdotseq 6.4 \ [\text{kW}]$$

（問題設定とほぼ整合）（比エンタルピーの読み取り精度の影響を受ける．ここでは整数値レベルの読み取り）

(3) 外気負荷 q_{OA} は，

$$q_{OA} = G \times (h_{mix} - h_R)$$
$$= 1925 \times (61 - 53) = 15400 \ [\text{kJ/h}]$$
$$= 15400 \times \frac{1000}{3600} = 4278 \ [\text{W}] \fallingdotseq 4.3 \ [\text{kW}]$$

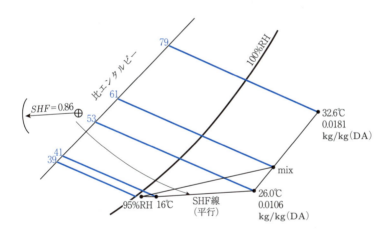

参 考 文 献

1) 空気調和・衛生工学会，空気線図の読み方・使い方　改訂2版　オーム社，2019
2) ㈱テクノ菱和，空調・衛生技術データブック（第5版），森北出版，2020
3) 日本建築学会，建築環境工学用教材　設備編，丸善，2011
4) 村川三郎ほか，図説建築設備，学芸出版社，2016
5) 空気調和・衛生工学会，空気調和・衛生設備の知識　改訂4版　オーム社，2017

☕ バイパスファクタ（**BF**）

バイパスエアに対し，コイル表面に長く接して冷却器を通過した空気を**コンタクトエア**（contact air）と呼ぶ．全体に占めるバイパスエアの割合を**バイパスファクタ**（**BF**）といい，次式で表される．CF はコンタクトファクタである．

$$BF = 1 - CF$$

第4章

空気調和設備（2）
空気調和システム・熱源システム

4.1　空気調和システムの分類

4.1.1　概　要

　空気調和の方式は，その目的に応じて多様な組み合わせが存在し，建物用途や室内条件の要求仕様，コストなどによって選択することになる．表 4.1 に一般的な分類を示す．

表 4.1　空調方式の分類例（文献 1) より作成）

	熱媒体による分類	システム名称
中央方式	全空気方式	定風量（CAV）単一ダクト方式
		可変風量（VAV）単一ダクト方式
		二重ダクト方式
	水-空気方式	ファンコイルユニット方式ダクト併用
		誘引（インダクション）ユニット方式
		放射冷暖房方式（パネルエア方式
	水方式	ファンコイルユニット方式
個別方式	冷媒方式	ルームエアコンディショナ方式
		パッケージ型エアコンディショナ方式（中央式）
		パッケージ型エアコンディショナ方式（ターミナルユニット方式）

全空気方式は冷却（除湿）・加熱・加湿・除じんを行った空気を各室へ供給する方式である．代表的なシステムである**定風量単一ダクト方式**と**変風量単一ダクト方式**の概要図を図 4.1 に示す．定風量単一ダクト方式は，空調機で処理した空気をダクトにより対象室へ供給する．常に一定の風量であるため，負荷変動に対しては給気温度や湿度を変化させることで対応する．なお，空調機 1 台に対し制御対象室が複数ある場合，代表室以外の温湿度は成行になることに留意する必要がある．そのため，負荷特性が類似したエリアごとに空調機の系統分けをするなど，ゾーニングが非常に重要である．変風量単一ダクト方式は，負荷変動に応じて給気量を変動させることで，対象室の室温を制御する方式である．必要に応じて **VAV**（valuable air volume）ユニットごとに給気量を減らすことができることから，搬送動力の低減が図れるシステムとなっている．ただし，際限なく風量を絞れるわけではなく，必要外気量の確保・清浄度の確保・良好な気流分布の確保のため，最小風量はよく検討する必要がある．表 4.2 に両方式の比較を示す．

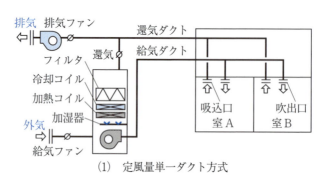

(1) 定風量単一ダクト方式

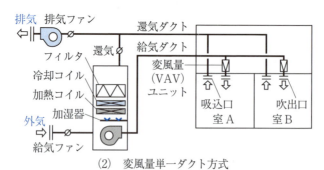

(2) 変風量単一ダクト方式

図 4.1　全空気方式（定風量単一ダクト，変風量単一ダクト）（文献 2）より作成）

4.1 空気調和システムの分類　　51

表 4.2　全空気方式（定風量単一ダクト，変風量単一ダクト）の比較（文献 2) より作成）

	定風量単一ダクト方式	変風量単一ダクト方式
長所	・換気量を定常的に十分確保できる ・空気質に対し高度な処理ができる ・良好な室内気流分布を確保できる ・設備費が安価で保守管理も容易	・VAV ユニットを配置することで個別制御・ゾーン制御が可能 ・定風量方式に比べ空調機風量や主・枝ダクトサイズを小さくできる ・負荷変動に応じて給気温度・送風量の制御をすることで，熱源・搬送エネルギーを抑えられる ・間仕切り変更やある程度の負荷増に対応しやすい ・VAV ユニットの機能により，試運転時の風量調整が行いやすい
短所及び留意点	・負荷特性の異なる複数ゾーンに対しての負荷変動に対応できない ・室ごとあるいはゾーンごとに部分的な空調の運転・停止ができない ・サーモスタット・ヒューミディスタットの設置位置が決めにくい ・将来用の用途変更，負荷増などへの対応が困難である ・送風量は年間を通して最大負荷を処理する風量であり，搬送動力の消費量が大きい	・送風量が減少したとき室内の気流分布が悪くならないよう，最小風量の設定などに配慮すること ・送風量の減少時においても必要外気量を確保すること ・湿度条件の厳しいゾーンでは再熱器を設けるなど，検討すること ・各室，各ゾーンでの給気量と還気量とのバランスを維持すること ・風量変化時，VAV ユニットの発生騒音を許容値以下に抑えること

　水-空気方式及び水方式に使用される**ファンコイルユニット方式**は，送風機・コイル（冷水/温水/冷温水）・エアフィルタなどから構成されたファンコイルユニット（FCU）を各室に設置し，中央熱源設備より冷水または温水を供給して空調を行う方式である[2]．事務所ビルなどではペリメーターの外部負荷対応として FCU を設置し，インテリアには定風量または変風量ダクトなどの方式と併用する．ホテル・病院・店舗などでは，室内負荷対応に FCU を設置して，必要換気量は外気処理空気調和機から供給する方式をとることが多い．図 4.2 に FCU・ダクト併用方式の概要を示す．配管方式はシーズンごとに冷暖房を切り替える二管式と，ゾーンごとに冷暖房の同時運転が可能な四管式に大別できるが，四管式はコスト・配管スペース確保の問題がある．FCU は設置場所によって，様々な機種がある．図 4.3 に FCU の種類を示す．

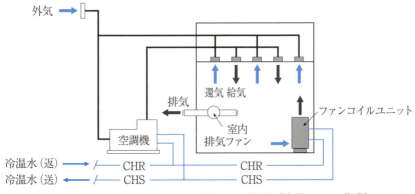

図 4.2 ファンコイルユニット方式ダクト併用（文献 2）より作成）

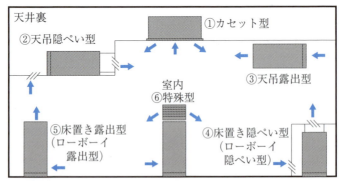

図 4.3 ファンコイルユニット設置図（文献 2）より作成）

4.1.2 インテリア及びペリメーターの空調方式

表 4.1 のように，空調方式の分類として「中央方式」と「個別方式」さらに「空気方式」と「水方式」とされていることが多いが，現在システムが多様化しており，単純に上記のように分類することは難しい[1]．空調の目的は「外皮負荷の処理」「室内負荷の処理」「換気や排気に応じた外気導入に関わる負荷（外気負荷）の処理」などの熱負荷処理と，「室内発生汚染物質の処理」「換気や排気に応じた外気導入において外気中に含まれる汚染物質の処理」などの空気浄化があり，外気処理や内部処理を担うインテリア空調と外壁負荷処理を担うペリメーター空調をコストや仕様に応じて効率よく組み合わせていくことが求められている．図 4.4 に一般オフィスビルなどに適用される両方式について示す．

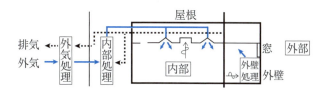

要素	インテリア空調		ペリメータ空調
	外気処理	内部処理	外壁処理
目的	外気取入れ・排気に伴う冷却・加熱 除じん 除湿・加湿	照明・OA機器の発熱処理 人体の発熱処理 人体からのCO_2, 発汗, たばこ煙, 発じん処理 すきま風による温湿度・じんあい処理	外壁からの熱負荷処理 1) 熱取得（夏期）： 日射熱 天空放射熱 伝熱 2) 熱損失（冬期）： 伝熱
方法	全熱交換 CO_2制御・外気冷房 始業前の外気カット	冷却・加熱 気流分布	冷却・加熱
方式	1) 外気処理空調 空調機またはパッケージ （性能：上記方法） 2) 外気処理換気 単独給排気 （性能：除じん・全熱交換） 3) 内部処理に含む	空調機 a) 空調機（二管式/四管式）＋ダクト（CAV/VAV）など パッケージ b) 大・中型パッケージ（空冷/水冷）＋ダクト（CAV/VAV） c) 小型分散パッケージ（ビル用マルチエアコン）（空冷/水冷）＋ダクト/直吹出し ほか d) 複合方式	① ファンコイルユニット（二管式/四管式） ② パッケージ方式（空冷/水冷） ③ 空調機方式（専用/インテリア兼用）（CAV/VAV） ④ ウォールスルーユニット ⑤ 直接暖房方式（蒸気/温水/電気） ⑥ ペリメータレス空調方式（エアフローウインドウ）（ダブルスキン）（高性能ガラス）など ⑦ 放射冷暖房方式

図4.4　インテリア及びペリメーター空調[2)]

（空気調和・衛生工学会, 空気調和・衛生工学便覧第14版, 3 空気調和設備編, p.13, 2010より許諾を得て転載）

主な空調方式は，快適性・環境性・省エネルギー性・信頼性・経済性などを勘案し，図 4.4 記載の外気処理 1) ～ 3)・内部処理 a) ～ d)・外壁処理①～⑦の組み合わせを選択することになる．なお，表中の複合方式とはタスク空間（作業域）とアンビエント空間（周辺域）をそれぞれ制御するタスク・アンビエント空調方式を示しており，前者は個別空調（事務室において OA 機器などの顕熱処理など），後者はベース空調（室全体の空気環境を制御）を示している[2]．表 4.3 に複合方式（タスク・アンビエント空調）の一例を示す．これらはインテリア空調を主目的としており，ペリメーターを空調する際は，図 4.4 の①～⑦が必要になる場合もある[2]．

表 4.3 複合方式（タスク・アンビエント空調）の一例（文献 2) より一部加筆）

方式名称	アンビエント空調	タスク空調
ターミナル FCU 方式	空調機＋単一ダクト（CAV）	ファンコイルユニット
ターミナルパッケージ方式	空調機/PAC ＋ダクト（CAV）	小型分散 PAC（水冷または冷媒）
ペアダクト方式	空調機/PAC ＋ダクト（CAV）	空調機＋ダクト（VAV）
天井・床吹出方式	空調機/PAC ＋床吹出（CAV）	空調機＋ダクト（VAV）（天井）
全床吹出方式	空調機/PAC ＋床吹出（CAV）	床吹出（VAV)/ターミナルクーラー
放射冷暖房方式	外調機＋天井または床放射パネル	空調機/PAC ＋ダクト（VAV）
ターミナルリヒート方式	空調機/PAC ＋ダクト（CAV/VAV）	ターミナルリヒート

注 FCU：ファンコイルユニット，PAC：パッケージエアコン，CAV：定風量装置，VAV：変風量装置

4.1.3 特殊な空調システム

表 4.3 に含まれる方式について，抜粋して下記に示す．

（1）**床吹出方式** 床吹出空調は，一般的な事務所に用いられる二重床の床下空間を給気プレナムチャンバとして利用し，床に設置された吹出口から空調空気を吹き出す方式である．表 4.4 に各種床吹出方式の概要を示す．

（2）**放射空調システム** 放射空調システムは，室内の床・壁・天井などを直接加熱または冷却，あるいは壁や天井に加熱または冷却した金属パネルなどを取り付け，

4.1 空気調和システムの分類

表 4.4　各種床吹出方式の概要（文献 2) より作成）

加圧式	ファン付床吹出式	ターミナルファン式	滲み出し式
①吹出に要する差圧分を加圧 ②必要 ③空調機の送風機 ④二重床チャンバと室内との差圧で送風機制御 ⑤一般的には不可 ⑥◎	①微プラス圧にする ②不要 ③床吹出口付属の小型送風機 ④付属の小型送風機の制御，発停や2〜3段階，比例制御など ⑤所要エリアの機器を運転することは可能 ⑥○	①微プラス圧にする ②不要 ③二重床内のターミナルファン ④ターミナルファンの制御，発停や2〜3段階，比例制御など ⑤所要エリアの機器を運転することは可能 ⑥△	①吹出に要する差圧分を加圧 ②必要 ③空調機の送風機 ④－ ⑤一般的には不可 ⑥◎

注（表中の丸囲み数字）：①室内と二重床チャンバとの差圧　②二重床の漏気防止　③吹出差圧を負担する機器　④吹出温度差に追従する運転制御　⑤空調区画内の部分空調　⑥コスト（イニシャル，ランニング）

居住者との間で放射熱交換を行って，快適感を保つようにする空調方式である[2]．

　代表的な方式は「床面方式」「天井方式」「壁方式」「室内設置パネル方式」であり，このうち床面・天井・パネル方式について概要図を図 4.5 に示す．床面方式は，床面に配管を埋め込み，冷水または温水を供給する方式である．また電力による床暖房方式もあり，特に一般住宅で普及している方式である．冷房時は足元が冷えやすくなるため，床表面温度を 23℃程度まで抑えることが望ましい[1]．天井方式は，チューブが組み込まれた天井パネルを敷設する方式で，チューブに冷水や温水を供給して天井パネルを冷却・加熱する方法であり，電熱ヒーターが組み込まれたパネルもある．放射面を大きくとりやすいため放射熱効果を得やすいが，頭部への放射熱影響が大きくなる場合があり，不快感をもたらすことがあるので注意を要する[1]．天井パネル方式は，放射パネルを室内各面へ取り付ける放射暖房方式である[1]．燃焼ガスや電熱によりパネル表面を加熱し，赤外線や遠赤外線を放射する．特に表面温度の高い赤外線方式は，工場・プール・体育館などでよく使われている[1]．

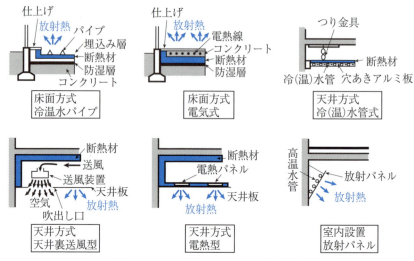

図 4.5　放射冷暖房方式の種類（文献 1）より作成）

(3) **その他**　その他，代表的な特殊空調システムとしては，以下のシステムがある．

①パーソナル空調システム

　パーソナル空調システムは多数の人が同一空間に共存するオフィス空間等で用いられ，執務者個人の温熱環境を調整することができる．前述したファン付床吹出し口や什器などに組み込まれた吹出し口から空調空気を供給することが多い．図 4.6 に主な種類を示す．

②デシカント空調システム

　デシカント空調システムは，冷却コイルにより除湿を行う空調システムとは異なり，乾燥剤（desiccant）を用いて空気中の水分を除去する．一般的には除湿機能に特化したものを**デシカント除湿機**，温度調節機能も有するものを**デシカント空調機**という[2]．除湿剤としては，塩化リチウムや臭化リチウムなどの水溶液を用いる湿式と，シリカゲルやゼオライトなど固体を用いる乾式に分類される．空調分野では乾式が用いられており，連続的に除湿と除湿剤の再生が可能なローター式の採用が多い．用途としては,再生熱源が豊富な工場での特殊空調での利用が多かったが，近年空気質向上への期待などからオフィスビルなどでの採用例も多い．表 4.5 に主な用途を示す．また，図 4.7 にローター式のフロー，図 4.8 にロータの拡大図を示す．

4.1 空気調和システムの分類

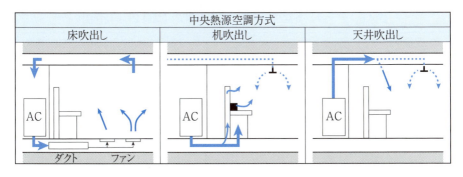

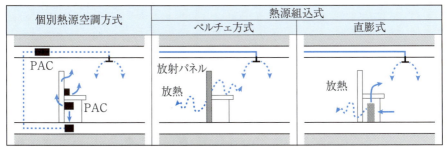

図 4.6　パーソナル空調の種類（文献 2) より作成）

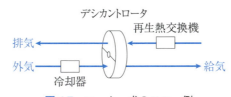

図 4.7　ローター式のフロー例

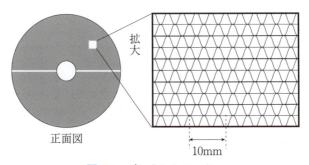

図 4.8　デシカントローター

表 4.5　デシカント空調システムの主な用途（文献 2) より作成）

用途	メリット	デシカント空調によって満たされる IAQ の条件							
		冷房	暖房	換気	除湿	加湿	除菌	除じん	除臭
スーパーマーケット	・冷凍，冷蔵ケースの省エネルギー化 ・商品とショーケースの霜付防止 ・コールドアイルの解消	−	●	●	●	−	−	●	●
食品加工工場	・湿度管理による結露，カビ防止 ・空調の省エネルギー化 ・低湿度維持による生産性向上 ・ドライキッチンの実現で HACCP に貢献	−	●	●	●	−	●	−	●
生産工場	・空調の省エネルギー化	●	●	●	−	−	−	−	−
老人ホーム病院	・冷やしすぎない快適空調 ・臭気抑制，除菌効果	−	●	●	●	−	●	−	●
レストラン	・湿度管理による快適空調 ・新鮮な外気の導入	●	●	●	−	−	−	−	●
プールスーパー銭湯	・内部発生潜熱の処理 ・結露，カビ防止	−	●	●	●	−	−	●	●

4.2　熱源システム

4.2.1　概　要

　熱源は，空調システムの要求に応じて，冷水・温水・蒸気などの冷温熱媒を作り出し，空調システムへ必要量を供給する設備である．熱源システムの規模は建物規模や用途によって大きく変わる他，場合によっては複数の建物を含むエリアへ供給することもある．表 4.6 に代表的な冷熱源方式の比較を，写真 4.1 ～ 4.5 に代表事例を示す．

　こうした熱源の設計では，建物規模・建物用途・社会要素・エネルギーインフラ事情・供給熱媒・維持管理などを総合的に検討して，選定していく必要がある[2]．

4.2.2　熱源システムの選定

　熱源システムの選定では，エネルギーの選択・コスト（イニシャル，ランニング）・法的規制・環境問題などの様々な要因を検討する必要がある．表 4.7 に熱源システム選定上の要因を示す．

4.2 熱源システム

写真 4.1　ターボ冷凍機（三菱重工サーマルシステムズ㈱ホームページ）

写真 4.2　空冷ヒートポンプ式熱源機（三菱重工サーマルシステムズ㈱カタログ）

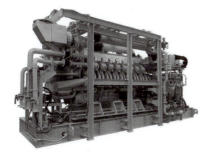

写真 4.3　コージェネレーション用ガスエンジン（三菱重工エンジン＆ターボチャージャ㈱プレスリリース）

写真 4.4　吸収式冷温水発生機（荏原冷熱システム㈱ホームページ）

写真 4.5　小型貫流ボイラ（㈱日本サーモエナーホームページ）

表 4.6　冷温熱源方式の例（文献 2) より作成）

区分	種別	冷温熱源機器の組み合わせ	ヒートシンク ヒートソース 空気	水
中央方式	電気・燃料併用	電動冷凍機＋蒸気ボイラー	○ / −	(○) / −
		電動冷凍機＋温水ボイラー	○ / −	(○) / −
	電気主体	電動ヒートポンプ［空気熱源］	○ / ○	
		電動ヒートポンプ［水熱源］		○ / ○
		ダブルバンドルヒートポンプ［空気熱源］	○ / ○	
		ダブルバンドルヒートポンプ［水熱源］		○ / ○
	燃料主体	二重効用吸収冷凍機＋蒸気（または高温水）ボイラ	○ / −	(○) / −
		単効用吸収式冷凍機＋温水ボイラ	○ / −	(○) / −
		直だき冷温水発生機	○ / −	(○) / −
		背圧タービン駆動遠心冷凍機＋単効用吸収冷凍機＋蒸気ボイラ	○ / −	(○) / −
		復水タービン駆動遠心冷凍機＋蒸気ボイラ	○ / −	
	コージェネレーションシステム	タービン駆動発電機＋二重効用吸収冷凍機＋熱交換器	○ / −	(○) / −
		エンジン駆動発電機＋二重効用または単効用吸収冷凍機＋熱交換器	○ / −	(○) / −
		燃料電池＋二重効用吸収冷凍機＋熱交換器	○ / −	(○) / −
冷媒方式・個別方式	電気・燃料方式	水冷パッケージ＋冷却塔＋蒸気（または温水）ボイラ	○ / −	(○) / −
		水熱源小型ヒートポンプパッケージ＋（密閉型）冷却塔（＋補助ボイラ）	○ / −	(○) / −
	電気主体	空気熱源電動ヒートポンプパッケージ	○ / ○	
	燃料主体	ガスエンジン駆動ヒートポンプパッケージ	○ / −	

注　1)　（駆動）エネルギー，ヒートシンク・ヒートソース欄は，上段：冷熱用，下段：温熱用を示す.
　　2)　ヒートシンク・ヒートソース欄の水は，井水・河川・水・海水などの意味である.
　　3)　水冷冷凍機で一般に冷却塔を用いる場合も，ヒートシンクは，最終大気と考えて表示した.

4.2 熱源システム

表 4.7 熱源システム選定上の要因（文献 2) より作成）

決定要因	検討事項	
エネルギー	安定性	供給安定性，価格安定性，エネルギー特性
	経済性	エネルギーコスト，引込費用，貯蔵費用，受入設備費
	信頼性	災害時供給能力，復旧時間，耐寒性
熱源方式（機器）	省エネ性	定格効率，部分負荷特性，制御性，台数分割
	信頼性	実績，耐用年数，運転・保守・管理
	建築関連	スペース，荷重，騒音，振動，搬出入ルート
	経済性	イニシャルコスト，メンテナンスコスト，管理コスト
環境性	地球温暖化・オゾン破壊防止，法的規制（大気，水質，騒音，高圧ガスなど）	
供給熱源	使用条件，温度，圧力，搬送方法	

4.2.3 一般熱源

(1) **冷熱源** 冷水を供給する**冷凍機**は機種・使用冷媒・容量とも多岐にわたっている[2]．表 4.8 に空調用冷凍機の一例を示す．電動機を用いて冷媒蒸気圧縮サイクルを行う容積式もしくは遠心式，各種熱利用により冷水を取り出す吸収式に大別される．

表 4.8 空調用各種冷凍機の分類（文献 2) より作成）

冷凍方式			種類	使用冷媒					
				R134a	R407C	R410A	R245fa	H$_2$O + LiBr	NH$_3$
蒸気圧縮	容積式	往復動式	小型冷凍機	○	○				
			高速多気筒冷凍機	○	○				○
		回転式	ロータリ冷凍機	○	○	○			
			スクロール冷凍機	○	○	○			
			スクリュー冷凍機	○	○				○
	遠心式		密閉型遠心冷凍機	○			○		
			開放型遠心冷凍機	○			○		
熱利用	吸収式		単効用吸収冷凍機					○	
			二重効用吸収冷凍機					○	
			直だき吸収冷温水機					○	
			低温吸収冷凍機					○	○

（a）　**蒸気圧縮式（圧縮式）**　冷媒ガスを機械的に圧縮して高温高圧にする「圧縮機」，高温高圧の冷媒ガスを周囲の空気や水で冷却して中温高圧の液冷媒にする「凝縮器」，中温高圧の液冷媒の圧力を下げて低温低圧の液冷媒にする「膨張弁」，低温低圧の液冷媒と使用温度より高くなった冷水と熱交換し，奪った熱を液冷媒に与えることで冷媒ガスにする「蒸発器」で構成されている．この 4 つの機器のうち，「圧縮機」の圧縮方法の違い，シリンダ容積の変化による容積式と回転する羽根車の遠心力を利用する遠心式（ターボ式）に大別される．両方式の使用上の分岐点は 350 kW（冷凍容量ベース）程度といわれていたが，モジュール連結方式の採用により，2024 年現在 2000 kW 程度まで容積式の領域が拡大している[2]．

①容積式

　容積式は往復動（レシプロ）式と回転式に大別され，前者のうち小型のものは主に冷凍冷蔵領域で使用されている．一方，回転式は振動・騒音が比較的小さく，小型化・高効率化が可能となっている．

②遠心（ターボ）式

　遠心式は水冷冷凍機として代表的な方式であり，冷凍容量が 300 kW 程度以上の中・大型冷凍機として使用されている．密閉型と開放型があり大半は密閉型であるが，開放側は地域冷暖房向けなどの大容量機に限られている[2]．

（b）　**吸収式**　吸収式は蒸気圧縮式冷凍機のサイクルと異なり，圧縮機はなく「吸収器」「ポンプ」「再生器」がある．また蒸気圧縮式と同様の機能を有する「蒸発器」と「凝縮器」を含む機器で構成される．また，冷媒の他に吸収液も必要となる．表 4.9 に吸収式冷凍機の分類を示す．

（2）　**温熱源**　空調設備で用いられる温熱源としては，「燃焼（ボイラ）方式」「ヒートポンプ方式」に大別される．

（a）　**燃焼（ボイラ）方式**　温熱源として古くから使用されている設備であるが，京都議定書の採択（1997 年）以降，環境対策つまり二酸化炭素排出量の抑制が求められている社会情勢から，導入時や更新時にヒートポンプ方式との比較検討が多くなっている．そのようななか，熱効率を飛躍的に向上させている機種も登場しており，2024 年現在では伝熱面積 100 m² 未満のボイラを複数台で構成し，要求温熱量に応じてボイラの稼働台数を自動的に制御するパッケージボイラを導入する事例が多い[2]．ボイラの形式としては，炉筒煙管式・水管式・貫流式など様々な機種が存在する．ボイラの設置，運転については，本体及び付属設備も含めて，消防・労働安全・公害防止などの法規制や行政指導を受けるものが多く[2]，実際の施工にあたっては所轄消防署や役所の担当部門と事前協議を行うことが望ましい．

4.2 熱源システム

表 4.9 吸収式冷凍機の分類（文献 2) より作成）

機種	熱源の種類	サイクル	熱源条件	冷凍能力 [kW]	暖房能力 [kW]
吸収冷温水機	直だき式	二重効用型 三重効用型	燃料：都市ガス・灯油など 燃料：都市ガス・灯油など	26〜5300 510〜1196	22〜4500 280〜658
	低温水 直だき併用型	一重・二重効用型	一重効用：標準温水温度 88℃（80〜90℃） 二重効用：燃料：都市ガス・灯油	260〜2813	93〜1875
	排熱温水投入直だき式	一重・二重効用併用型	排熱温水：標準温水温度 90℃ 直だき：燃料：都市ガス・灯油など	282〜2462	185〜2061
	排ガス・排熱温水投入直だき式	一重・二重効用併用型	排ガス：排ガス温度 400℃以下 排熱温水：標準温水温度 88℃ 直だき：燃料：都市ガス・灯油	1055〜2216	692〜1893
吸収冷凍機	蒸気式	一重効用型 二重効用型	標準蒸気圧力 0.1〜0.15 MPa（G） 標準蒸気圧力 0.8 MPa（G）	180〜6300 280〜17500	
	高温水式	一重効用型 二重効用型	標準温水温度 110〜150℃ 標準温水温度 150〜190℃	350〜6300 350〜17500	
	低温水式	一重効用型	標準温水温度 88℃（80〜90℃）	105〜1846	
	低温水 蒸気併用型	一重・二重効用型	一重効用：標準温水温度 88℃（80〜90℃） 二重効用：標準蒸気圧力 0.8 MPa（G）	260〜1800	
低温 （アンモニア） 吸収冷凍機	蒸気式 直だき式	一重効用型	蒸気圧力：仕様により異なる 燃料：都市ガス・灯油	230〜2300	
低温 （H$_2$O + LiBr） 吸収冷凍機	蒸気式 直だき式 温水式	一重・二重効用型	蒸気圧力：仕様により異なる 燃料：都市ガス・灯油 温水温度：90℃以上	179〜1700	

（b）**ヒートポンプ方式**[2]　ヒートポンプは冷凍サイクルに基づき，低温の採熱源から蒸発器により吸熱し，高温の凝縮器からの放熱を暖房に利用するものである．そのためヒートポンプの種類としては冷凍機と同様，容積式・遠心式・吸収式があるが，一般空調には容積式の利用が多い．

一方，吸収式は温水吸収ヒートポンプと蒸気発生吸収ヒートポンプに分類される．温水吸収ヒートポンプは吸収冷凍機と同様のサイクルを用い，蒸発器より排熱を回収し，吸収器・凝縮器から温水を取り出す．**蒸気発生吸収ヒートポンプ**は吸収冷凍機のサイクルを逆に回し，吸収器から低圧蒸気を取り出す方式である．

4.2.4 未利用エネルギーと自然エネルギー

未利用エネルギーとは人間の生活や生産活動などの結果として生じた，様々な温度レベルの熱エネルギーである．これらは，そのまま周辺環境へ放出されていたり有効に回収されていないエネルギーである．なお，自然界に豊富に存在し，その活用が都市環境へ生態学的に有意な影響を与えないと考えられるものを自然エネルギーという[2]．表 4.10 に未利用エネルギー及び自然エネルギーの種類を示す．これら未利用エネルギーの特徴は以下の通りである．

①広範囲かつ希薄に分布（密度は薄い）
②季節及び時間変動が大きい
③需要地との距離がある場合が多い

表 4.10　未利用／自然エネルギーの種類[2]

（空気調和・衛生工学会，空気調和・衛生工学便覧第 14 版，3 空気調和設備編，p.62，2010 より許諾を得て転載）

区分	種類	温度レベル		
		低：< 50℃	中：50～100℃	高：100℃<
都市設備	生活排熱・業務排熱	冷房排熱，生活排水，調理排煙		固形廃棄物，燃焼排熱
	産業排熱	冷房換気排熱，各種排水，プロセス排熱	蒸気ドレン，プロセス排熱	ボイラ排熱，発電排熱
	都市設備，インフラストラクチャ	変電排熱，排水処理場，発電排熱，地中送電ケーブル，下水道，工業用水道，地下鉄・地下街		ごみ処理場排熱，発電排熱
自然エネルギー	表水・井水	河川水，池水		
	その他	地熱，太陽熱	太陽熱	太陽熱

4.2.5 その他機器類

(1) 冷却塔　冷却塔は冷却水の一部を蒸発させることで，残りの水を冷却させる装置で冷凍機や生産装置類の冷却水などに利用されており，通常送風機によって空気を強制的に取り入れて冷却水を冷却する強制通風冷却塔（以下冷却塔）が用いられる．冷却塔は開放式と密閉式に大別され，空調用としては開放式が広く採用されている．図 4.9 に開放式と密閉式の概要を示す．密閉式は熱交換器（多管式・フィン付き管式・プレート式）を介して冷却水を冷やすため，所要静圧が増加つまり送風機動力が大きくなるうえコストも掛かるが，冷却水が汚れないため冷凍機の性能低下などの問題が少なくなる．

(2) 空気調和機　空気調和機（以下，空調機）は外気や循環空気を冷却・加熱・加湿する他, 空気の清浄化（一般的に制御対象は塵埃）を行う装置で, 熱交換器（冷却コイル，加熱コイル）・加湿器・エアフィルタ・送風機とそれらを収めるケーシングで構成されている．表 4.11 に分類を示す．このなかでエアハンドリングユニットは，一部制限のある形式はあるものの，目的に応じて構成機器の仕様を決めることができる他，様々な組み合わせが可能であり，形状も横型・立型・コンパクト型・天吊型などがある．写真 4.6 にコンパクト型の構成例を示す．

(3) 加湿器　加湿器は, 蒸気式・水噴霧式・気化式などが利用されている．蒸気式は, 蒸気を直接小穴から噴霧して加湿する蒸気加湿器と蒸発皿を加熱して水蒸気を発生させ加湿するパン型加湿器があり，水噴霧式には，水を霧状に噴霧する水スプレー式と超音波で水を蒸発させる超音波加湿器がある．超音波加湿器は加湿水の微生物汚染に対する配慮が必要である．表 4.12 に加湿方式の種類及び特徴等について示す．

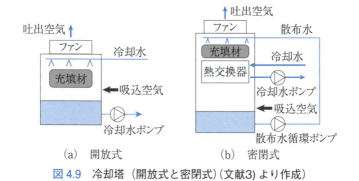

図 4.9　冷却塔（開放式と密閉式）(文献3) より作成）

表 4.11 空気調和機の種類（文献 4）より作成）

熱媒	種類		
冷温水	エアハンドリングユニット	一般空調	セントラル型
			ターミナル型
		オールフレッシュ型	
		コンピューター室用	
		クリーンルーム用	
		システム型空調機	
		デシカント型空調機	
	ファンコイルユニット		
冷媒	パッケージ型空調機		
	マルチパッケージ型空調機		
	ルームエアコンディショナ		

写真 4.6 空気調和機の構成例（コンパクト型，クボタ空調㈱カタログ）

4.2 熱源システム

表 4.12 加湿方式の種類

種類		加湿原理	特徴・注意事項	空気線図上の変化
蒸気式	電極式	加湿器内の貯水タンク内の電極に交流を通電することで蒸気を発生させる.	・電極は発熱しない. ・比例制御可能. ・軟水・純水は不可.	
	電熱式	加湿器内の貯水タンク内のシーズヒータで水を加熱, 蒸気にする.	・蒸気発生の立上りと応答性に優れる. ・比例制御可能. ・軟水・純水の利用可.	
	間接蒸気式	加湿器内の貯水タンク内の蒸気コイルに蒸気を通すことで水を加熱, 蒸気にする.	・軟水, 水道水を利用. ・供給蒸気の質に関わらずクリーンな加湿蒸気を供給可能. ・比例制御可能.	
水噴霧式	高圧スプレー式	小型ポンプで加圧した水を中空ノズル管の小孔から気流中に噴霧し, 水を蒸発させる.	・イニシャルコストが低く, 大容量加湿に適する. ・比例制御不可.	
	超音波式	加湿器内の水槽に取付けた超音波振動子から超音波を発振し, 水を霧化させる.	・加湿効率や給水利用率は高いが, 供給水質により溶存不純物による白い粉が発生するおそれがある. ・比例制御可能 ・微生物汚染に注意を要する.	
気化式	滴下浸透気化式	加湿材に水分を滴下浸透させ, これに気流を通すことで水分を気化蒸発させる.	・水を常温のまま供給して加湿に利用可能. ・加湿材が濡れた状態のままだと菌発生しやすい. ・他方式と異なり蒸発吸収距離は不要.	

(4) **送風機** 空気調和設備・換気設備など，空気を搬送する設備として，**送風機**（ファン）が用いられる．送風機は，羽の形状と気流の方向により，遠心送風機・軸流送風機・横流送風機・斜流送風機に分類できる．空気調和に最も利用されているものとして，遠心送風機に分類される多翼送風機（シロッコファン）があげられる．

遠心送風機（シロッコファン）　　軸流送風機　　斜流送風機

写真 4.7　主な送風機（テラル㈱ホームページ）

(5) **ポンプ**　ポンプは，空気調和設備の温水・冷水・冷却水などの水の循環と搬送やオイルの供給など，給排水衛生設備における搬送，揚水，給水，排水，循環など幅広く利用されている．ポンプの種類は多種あり，ライン型・渦巻型（単段，多段，立軸単段（水中型），立軸多段（水中型））・単段歯車型などがある．空気調和設備では，主にライン型と渦巻型が使用される．

ライン型　　渦巻型　　立型単段

写真 4.8　主なポンプ（テラル㈱ホームページ）

4.3　空調設備の保全と寿命（耐用年数）

空調設備に限らず，電気設備や衛生設備など，建築設備の主要機器が突然停止することによるリスクを最小限に抑える必要がある．そのため，定期的な保全と適切な時期に更新工事を行うことが重要である．主な機器の**耐用年数**を表 4.13，法定

耐用年数を**表4.14**に示す．また，機器の信頼性や保全については13章を参照のこと．

定期的な**保全**や更新工事を行うためには，計画時から保全スペースを考慮した機器配置を検討するとともに，点検口や搬入出ルートを確保するため，建築設計の担当者と協議を重ねる必要がある．

表 4.13　主な設備機器の耐用年数（文献 3) より抜粋）

機器・主要部分	耐用年数	機器・主要部分	耐用年数
遠心冷凍機	20	空調機	
・羽根車	15	・ケーシング	15
・熱交換器	15	・送風機	20
・電動機	15	・電動機	15
鋼製ボイラ		ポンプ本体	
・ボイラ本体	15	・床置き型	15
・煙管	8～10	・水中ポンプ（排水）	5

表 4.14　主な設備機器の法定耐用年数（文献 5) より抜粋）

構造または用途	細目	法定耐用年数(年)
冷房，暖房，通風またはボイラー設備	冷暖房設備（冷凍機の出力が 22 kW 以下のもの）	13
	その他のもの	15
給排水または衛生設備及びガス設備		15
消火排煙または災害報知設備及び格納式避難設備		8

第 4 章の問題

☐ **4.1**　空気調和システムの説明として，誤っているものを選択せよ．
　　①定風量単一ダクト方式は，負荷特性の異なる複数ゾーンにおける負荷変動に対し，効率よく追従できるシステムである．
　　②デシカント空調方式では，潜熱を効率よく除去することができるシステムである．
　　③床吹出空調方式は，冷房時暖房時とも居住域の鉛直温度分布が非常に良好に

70　　　第 4 章　空気調和設備 (2)

　　　　なるシステムである.

　　　④変風量方式で用いる VAV は，室内負荷に応じて吹出空気の温度を変化させ
　　　　る空調機器である.

　　　⑤ファンコイルユニット方式は個別制御が容易であり，ホテルや病院などでよ
　　　　く用いられている.

☐ **4.2**　熱源システムを選定する上で考慮すべき項目を 5 つ以上あげよ.

☐ **4.3**　未利用エネルギーの特徴を述べよ.

【解答例】

4.1　誤っているのは①，③，④

　　　①負荷特性の異なる複数ゾーンにおける負荷変動に対し，効率よく追従できるシ
　　　　ステムは変風量単一ダクト方式で，VAV ユニットを室ごとあるいはゾーンご
　　　　とに配置することで，個別制御・ゾーン制御が可能である.

　　　③床吹出空調では，一般的に居住域の垂直温度分布は悪い. 一般的に放射空調シ
　　　　ステムの方が鉛直分布は良好になる.

　　　④ VAV は給気風量変化させることで負荷変動に対応させる機器である.

4.2　基本的に表 4.7 の内容が記載されていれば良い.

　　　例：

　　　　・エネルギー特性（ガス，重油など）

　　　　・経済性（エネルギーコスト，引き込み費用，機器のイニシャルコスト・ラン
　　　　　ニングコストなど）

　　　　・省エネ性（定格効率，部分負荷効率など）

　　　　・信頼性（実績，耐用年数，保守管理など）

　　　　・環境性（法的要件，地球温暖化など）

　　　　・供給熱源（使用条件，温度，圧力など）

4.3　4.2.4 項の内容が記載されていれば良い.

　　　　・広範囲かつ希薄に分布（密度が薄い）

　　　　・季節および時間変動が大きい

　　　　・需要地との距離がある場合が多い

参 考 文 献

1)　空気調和・衛生工学会，図解 空調・給排水の大百科，オーム社，1998

2)　空気調和・衛生工学会，空気調和・衛生工学便覧第 14 版，3 空気調和設備編，2010

3)　㈱テクノ菱和，空調・衛生技術データブック第 5 版，森北出版，2020

4)　空気調和・衛生工学会，空気調和・衛生工学便覧第 14 版，2 機器・材料編，2010

5)　減価償却資産の耐用年数等に関する省令
　　（https://elaws.e-gov.go.jp/document?lawid=340M50000040015）

第5章

空気調和設備（3）
配管・ダクト

5.1 配 管

5.1.1 概 要

配管は水や蒸気など，各種流体を搬送するための設備であり，目的や流体に応じて様々な種類がある．表 5.1 に主な設備配管の種類を示す．設備用途で分類すると，空調設備・衛生設備・プラント（工場）設備に大別でき，以下では主に空調設備について述べる．

空調設備における配管設備の主目的は**熱搬送**であり，熱負荷（外気負荷や室内負荷など）を処理するため，空調機，ファンコイルユニット，放射パネル，各種熱交換器などの各所へ熱媒体を送っている．

5.1.2 配管材料

空調設備における標準的な配管材料の使用区分を表 5.2 に示す．**SGP**（steel gas pipe）の白は亜鉛メッキ処理された鋼管で，鋼管表面に保護膜を形成し腐食を防止することから多用される．ただし水温 40〜60 ℃で保護膜が溶解して腐食が進行することから，温水に使用する場合には注意を要する．一方，SGP の黒は未処理の鋼管であり，高温水や蒸気（往）に使用される．

5.1.3 配管継手類

配管製造の制約に加え，可搬性を考慮して各種配管は概ね 4〜5.5 m の直管で販売されている．現場ではこれら直管を必要な長さに応じて，切断したり繋げたりする他，方向を変えたり分岐したりすることになる．そこで用いられるのが継手類で，フランジ・管継手・メカニカル接合継手・エルボ・T 字管（チーズ）・伸縮継手・防振継手など，用途に応じて様々な**継手**が使用される．

表 5.1　主な設備配管の種類（文献 1）より作成）

目的	流体	配管の種類	備考
熱搬送	水	冷水配管 冷温水配管 温水配管 高温水配管 冷却水配管 熱源水配管	5〜10℃程度 5〜10℃程度，40〜50℃程度 100℃未満，一般的に 40〜80℃程度 100℃以上，一般的に 120〜180℃程度 20 〜 40℃程度 井水，河川水などヒートポンプ熱源
	氷, 水	アイススラリー配管	粒状の氷が混ざった液体
	不凍液	不凍液（ブライン）配管	凍結点が低いため，氷蓄熱など 0℃以下の熱流体に使用
	蒸気	蒸気配管 （低圧/高圧）	一般的に低圧：0.01〜0.05 MPa，高圧：0.1〜1 MPa
	冷媒	冷媒配管	フロン，自然冷媒（CO_2，アンモニア等）
物質搬送	燃料	油配管 ガス配管	重油，灯油 都市ガス，プロパン，ブタン
	水	ドレン配管 給水配管 排水配管 水消火配管 純水配管	冷却コイルなどの凝縮水 飲適の市水，井水，飲不適の中水，空調用補給水など 一般排水，汚水，プロセス排水（工場排水） 一般的なスプリンクラー設備や屋内消火栓で使用 主に工場や研究施設等で使用．精製水配管，用水配管など グレードや用途に応じて名称は多様
	薬液	薬液配管	アルコール類，塩酸など工場生産，研究施設等で使用
	粉粒体	粉体配管 粉末消火配管	食材（グラニュー糖など），固形製剤原料など工場生産で使用 粉末消火薬剤を搬送
	空気	圧縮空気配管	工場生産や搬送で使用
	ガス	特殊ガス配管 ガス消火配管	窒素やアルゴンなど工場生産，研究施設，分析等で使用 CO_2 消火設備
その他	水	膨張管	
	水/泡	泡消火配管	水成膜泡：油を取り扱う施設，たん白泡：引火性液体を貯蔵，使用する施設
	空気	通気管 圧縮空気配管 （計装用）	

表 5.2　配管材料の使用区分（文献 2) より作成）

分類	記号	名称	常用圧力 (MPa)	冷水	温水	冷温水	高温水	冷却水	蒸気・往	蒸気・還	冷媒	油	排水	ブライン
鋼管	SGP（白）SGP（黒）	配管用炭素鋼鋼管 JIS G 3452	0.35 以下										○	
			0.5 以下	○	○	○	●	○	●			●		●
			1.0 以下											
	STPG	圧力配管用炭素鋼鋼管 JIS G 3454 （STPG370,410）	1.6 以下	○	○	○	●	○	●					●
			2.0 以下											
			3.0 以下								○			
ライニング鋼管	SGP-VA（原管：黒）SGP-VB（原管：SGPW）SGP-VD（VA 外面に硬質ポリ塩化ビニル管を被覆）	水道用硬質塩化ビニルライニング鋼管 JWWA K 116 （通称：VLP）	1.0 以下	●				●						
	SGP-HVA	水道用耐熱性硬質塩化ビニルライニング鋼管	1.0 以下		●	●								
塩化ビニル管	VP	硬質ポリ塩化ビニル管 JIS K 6741	―											○
			0.7 以下	○				○						
ステンレス管	C1220 K,L,M	配管用ステンレス鋼管 JIS G 3459 一般配管用ステンレス鋼管 JIS G 3448	1.0 以下	○	○	○	○	○	○	○				
銅管	C1220 K,L,M	銅及び銅合金の継目無管	―	○	○	○	○	○			○	○		

※SGP 黒管は●

5.1.4 弁　類

弁は配管内を流れる流体の遮断や流量調整を行うために用いられる．主な種類と使用上の条件等を表 5.3 に示す．

表 5.3　主な弁と使用上の条件（文献 2) より作成）

名称		諸条件
仕切弁		管路の遮断が目的で冷温水，冷却水，蒸気 (含む還水)，油配管に用いる．
ストップ弁	玉形弁	液体の流量制御が目的．液体が弁座の下方から流れるよう取り付ける．
	アングル弁	流れを直角に変えるもので機能的には玉形弁と同じ．
	ニードル弁	弁体の先が針状になっており流量特性が良く，微量調整に適する．
逆止弁	スイング式	弁体がアームで円弧作動する構造で一般に使用され，水平管・立管いずれにも使用できる．
	スモーレンスキー式	スプリングと案内羽根を内蔵し，弁が開く際に生じる渦流の防止や水撃を緩和する．ポンプの吐出側に取り付ける．
バタフライ弁		管径 65A 以上の場合に用い，流体の遮断に適する．ただし標準品の使用温度上限は 80 ℃．密閉度を問題にする場合は低圧の場合にのみ用いる．ロックレバー式の場合，レバー開放のためのスペースを設ける．

5.1.5　管径の決定

(1)　流量

(a)　冷温水・冷水・温水の場合

空調機やファンコイルユニットなどの熱交換器において，熱交換に必要な流量 Q は式 (5.1) による．なお，同一系統の冷温水，冷水，温水の温度条件は同じにする必要がある．

$$Q = 60 \times \left(\frac{q}{c \Delta t} \right) \text{ [kg/min]} \tag{5.1}$$

q　：交換熱量 [kW]（＝ kJ/s）
C　：比熱 [kJ/(kg·K)]（水の場合，4.186 kJ/(kg·K)）
Δt：温度差 [℃]

(b)　冷却水の場合

冷却水を利用した熱交換器に必要な流量は式 (5.1) から求めることができる．ただし，水冷式冷凍機など機器に必要な冷却水量は必ずメーカーの技術資料を確認すること．参考として，水冷式冷凍機の冷却水における一般的な水量を表 5.4 に示す．

5.1 配 管

表 5.4 水冷式冷凍機の一般的な冷却水量（文献 2) より作成）

	出入口温度条件 [℃]	レンジ [℃]	水量（WB = 27℃）		1冷却トン [kW] ※ WB = 27℃
			m³/(h・RT)	L/(min・RT)	
圧縮型冷凍機	37〜32	5	0.78	13	4.5
吸収式冷凍機	39〜32	7	1.14	19	9.3
	39〜31	8	1	17	
	40〜32				
二重効用吸収式冷凍機	38.3〜32	6.3	0.95	16	7
	38.5〜32	6.5	0.92	15.4	
	37.7〜32	5.7	0.955	15.9	6.6

(2) **管サイズの選定** 流量を決定した後，配管の管径を決定する．実用上は配管種類ごとに，単位メートルあたりの**摩擦損失**と流量からなる流量線図を用いて配管径を決定する**等摩擦法**が用いられている．ここではまず配管の摩擦損失について，直管の摩擦損失及び局部抵抗について述べる．

(a) **直管部の摩擦損失** 冷水や温水など，各流体が配管内を満水状態で流れる時，配管内の圧力損失（摩擦損失）は式 (5.2)（ダルシー・ワイスバッハの式）で求められる．

$$R = \lambda \frac{l}{d} \frac{v^2}{2} \rho \tag{5.2}$$

R：直管の圧力損失 [Pa]　　d：管の内径 [m]
λ：摩擦係数　　　　　　　v：流体の流速 [m/s]
l：管の長さ [m]　　　　　　ρ：流体の密度 [kg/m³]

式 (5.2) に表記されている管の摩擦係数 λ は，**レイノルズ数**と管内面の粗さ及び管径により決定され，実用上はムーディが提案した近似式により求められる．式 (5.3) に近似式を示す．なお，この近似式は $R_e = 4 \times 10^3 \sim 10^7$，$\frac{\varepsilon}{d}$ が 0.01 以下の範囲で 5% 以内の誤差に収まることから，実用上差し支えないと考えられている[1]．

$$\lambda = 0.0055 \times \left\{ 1 + \left(20000 \frac{\varepsilon}{d} + \frac{10^6}{R_e} \right)^{\frac{1}{3}} \right\} \tag{5.3}$$

$$R_e = \frac{vd}{v} = \frac{\rho vd}{\mu} \tag{5.4}$$

ε ：管壁等価粗さ [m]　※表 5.5 参照

R_e：レイノルズ数

v　：動粘度 $[\mathrm{m}^2/\mathrm{s}]$

μ　：粘度 $[\mathrm{Pa \cdot s}]$

表 5.5　管壁の等価粗さ（文献 1) より抜粋）

管種	等価粗さ ε [mm]
塩化ビニル管，ポリエチレン管	0.005
鋼管	0.0045〜0.15
亜鉛メッキ鋼管	0.15
錆びた鋼管	0.5〜1.0

　この他にも水配管における圧力損失はヘーゼン・ウィリアムスの実験式もよく用いられているが，常温の水以外には適用しにくいため，本書では取り上げない．

(b)　**局部抵抗**　配管の接手や弁類で生じる抵抗のことを**局部抵抗**と呼び，式 (5.5) で表される．

$$R_1 = \zeta \frac{v^2}{2} \rho \tag{5.5}$$

R_1：局部抵抗による圧力損失 [Pa]

ζ　：局部抵抗係数

v　：流速 [m/s]

ρ　：流体の密度 $[\mathrm{kg/m}^3]$

　局部抵抗による圧力損失は，その値と等しい摩擦抵抗を有する同じ管径の直管長さ，いわゆる相当長で表すことが多い．算出式を式 (5.6) に示す．

$$l_e = \frac{\zeta}{\lambda} d \tag{5.6}$$

l_e：局部抵抗の相当長 [m]

ζ：局部抵抗係数

λ：直管の摩擦係数

(c) **管径の選定方法**[2]　各種配管の**管径**を選定する方法として，前述したように単位長さあたりの圧力を一定にして，使用流量との関係から管径を選定する等摩擦法が用いられる．図 5.1 に SGP 管の摩擦損失線図を示す．なお管径の選定については，装置の使用条件により，下記 (i) ～ (iii) を想定し，曲線 A ～ C を設定して主管の選定をする場合[2]もある．

(i)　年間 24 時間運転に近い状態で使用する場合や，発生騒音に留意する場合（流速 2 m/s 以下，0.8 kPa/m 以下）…曲線 A

(ii)　一般空調設備として夏冬兼用で使用する冷温水配管や，夏のみ使用する冷却水配管など（流速 2.5 m/s 以下，1 kPa/m 以下）…曲線 B

(iii)　仮設配管など運転時間と使用年数が短い場合（流速 3 m/s 以下，1.5 kPa/m 以下）…曲線 C

なお，ポンプ揚程を概略で算出する場合，主管以外の分岐管は主管の摩擦損失を基準として等摩擦損失法で決定する．

5.2　ダクト

5.2.1　概　要　論

ダクトは，外気の取入れ口・空調機・送風機・吹出し口・吸込み口などを繋いで，空気を媒体として，熱・水分・ガス・塵埃・汚染物質などを搬送する設備である．設備用途で分類すると，空調設備・換気設備・排煙設備・排気設備などに大別できる．また形状としては円形ダクト（スパイラルダクト）と長方形ダクト（角ダクト）がある．以下ではまず一般事項について述べ，ついで空調設備を中心に，ダクトサイズの決定方法について述べる．

5.2.2　一　般　事　項

（1）　**静圧と動圧**　図 5.2 に示すダクト系において，空気上流側の断面①と空気下流側の断面②における**静圧**と**動圧**（風速から算出）の関係は式 (5.7) の通り**ベルヌーイの法則**が成立する．P_1 及び P_2 は静圧，$\rho \dfrac{v_1^2}{2}$ 及び $\rho \dfrac{v_2^2}{2}$ は動圧であり，各断面における静圧と動圧の合計値をその断面の**全圧**という．また，ΔP_t は断面①から断面②に至る経路での圧力損失の合計である．

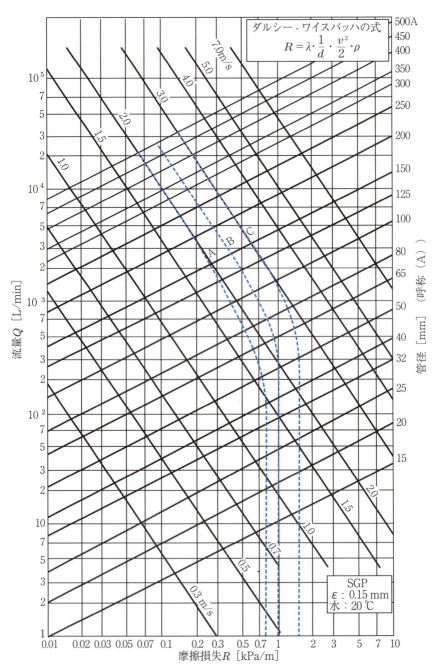

図 5.1　SGP 管の摩擦損失線図（文献 2) より作成）

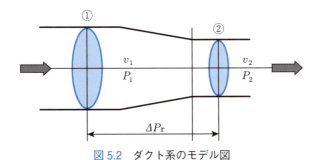

図 5.2　ダクト系のモデル図

$$P_1 + \frac{\rho v_1^2}{2}\rho = P_2 + \frac{\rho v_2^2}{2} + \Delta P_\mathrm{r} \tag{5.7}$$

P_1, P_2：断面①, ②における圧力 [Pa]
ΔP_r　：断面①から②までの圧力損失 [Pa]
v_1, v_2：断面①, ②における風速 [m/s]
ρ　　：空気の密度 [kg/m^3]

(2) **低圧ダクトと高圧ダクト**　ダクト内の圧力により，ダクトは低圧ダクトと高圧ダクトに分類される．低圧ダクトは一般的に空調及び換気ダクトに用いられ，高圧ダクトは排煙および工場用排気ダクトなどに用いられる．JIS による分類を表 5.6 に示す．なお，それぞれのダクトにおけるダクト内風速の上限値は，低圧ダクトで 15 m/s 以下，高圧ダクトで 20 m/s 以下である．

(3) **ダクトの材質**　ダクトの材質について，主な種類を表 5.7 に示す．

5.2.3　ダクトの設計手順

ダクトの設計手順について，一例を図 5.3 に示す．本書では「**必要送風量の決定**」「**ダクトサイズの決定**」について述べる．

(1) **必要送風量の決定**

(a) **熱負荷を処理するのに必要な風量**　空調が必要な各室の熱負荷（壁体負荷，室内負荷）計算結果をもとに，式 (5.8) から算出する．ただし，式 (5.8) ではコイル特性や条件（コイル面風速，冷温水温度，バイパスファクタなど）を考慮しておらず，室内の温湿度状態が予想した通りの状態になることを保証するものではないことに留意する必要がある[1]．

第 5 章　空気調和設備 (3)

表 5.6　ダクトの呼称と圧力範囲（文献 3) より作成）

圧力分類によるダクト呼称	圧力範囲	
	常用圧力 [Pa]	制限圧力 [Pa]
低圧ダクト	+ 500 以下 − 500 以内	+ 1000 以下 − 750 以内
高圧 1 ダクト	+ 500 を超え + 1000 以下 − 500 を超え − 1000 以内	+ 1500 以下 − 1500 以内
高圧 2 ダクト	+ 1000 を超え + 2500 以下 − 1000 を超え − 2000 以内	+ 3000 以下 − 2500 以内

注
(1)　常用圧力：通常運転の最大のダクト内静圧における内圧
(2)　制限圧力：ダクト内のダンパ急閉などで一時的に圧力上昇する場合の制限圧力.
　　 制限圧力内ではダクトの安全強度や空気漏れ量は保持されること

表 5.7　ダクト材料の種類（文献 1),2) より作成）

ダクト種類	概要
鋼板	一般的に高温度の排気系統や防火・望遠区画を貫通する防火ダクトなどに用いられる.
亜鉛鉄板 （JIS G 3302） （溶融亜鉛めっき鋼板）	腐食性のない一般空気調和設備及び換気設備全般に適用される.
ガルバニウム鋼板 （JIS G 3321）	JIS 規格では溶融 55% アルミニウム−亜鉛合金めっき鋼板と呼ばれ, 表面に Al:55%, Zn:43.4%, Si:1.6% で構成されためっきが施された鋼板である. 亜鉛鉄板と同等の加工性及び塗装性を有していながら, 亜鉛鉄板よりも耐食性に優れている.
ステンレス鋼板	下水処理場, 化学工場, 食品工場など, 腐食性の高い環境に用いられる.
樹脂被覆鉄板	プラスチックコーティングされた鉄板で, 浴室や厨房の他, 水蒸気や腐食性ガスと接触する排気系に用いる. 搬送する空気温度が 50℃ を超える用途には使用できない.
硬質ポリ塩化ビニル板	化学工場など特に腐食性の高い箇所で使用される.

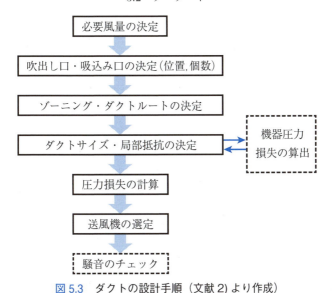

図 5.3　ダクトの設計手順（文献 2) より作成）

$$Q = \frac{3600 \times q}{C_p \rho (|t_r - t_s|)} \quad (5.8)$$

Q：送風量 [m³/h]　　　　　　　　ρ：空気の密度 [kg/m³]
q：顕熱取得量または顕熱損失量 [W]　t_r：室内空気の乾球温度 [℃]
C_p：空気の定圧比熱 [J/(kg・K)]　　t_s：吹出空気の乾球温度 [℃]

　式 (5.8) から分かるように，温度差を大きくすれば送風量 Q は少なくなる．つまり，送風動力→減，ダクトサイズ→小にすることができる．一方で，送風量が少なくなると換気回数（室内送風量÷室容積）が減るため，室内気流分布や温度分布の不均一を生じる．また温度差を大きくとるために吹出空気温度を室内設定温度の露点温度以下にすると，吹出器具表面に結露を生じやすくなるため注意が必要である．

　以上のように，吹出温度差は重要なパラメータであり，冷房の場合 8～12 ℃程度，暖房の場合 5～15 ℃程度で設計される[1]．

(b)　**必要とされる換気量の決定**　一般的に換気については建築基準法の規定に従うことになる．しかしながら「建築物における衛生的環境の確保に関する法律（略して**建築物衛生法**と呼ばれる他，**ビル管理法**と呼ばれたりする）や労働安全衛生法にも換気に関する規定があり，その規定の方が厳しい場合は当該法規に合わせる．換気に関する法律・規則・条例などのチェックシートを図 5.4 に示す．

特に居室について着目すると，建築基準法では居室の**必要換気量**を一人あたり $20\,\mathrm{m^3/h}$ としているが，国土交通省監修による平成30年度の建築設備設計基準では一人あたり $30\,\mathrm{m^3/h}$ としており，建築設備設計では $30\,\mathrm{m^3/(h\cdot 人)}$ を見込むことが多い．そのため，実物件では該当する仕様書に記載されている値を確認する必要がある．

(2) ダクトサイズの決定　ダクトサイズの決定にあたっては，事前にダクトルートや吹出口の送風量，還気口もしくは排気口からの吸込風量などを決めておく必要がある．また計算方法としては，全圧基準と静圧基準があるが，静圧基準は計算が複雑になりがちなうえ，局部損失は全圧基準で算出されていることから，全圧基準での計算が主流である[1]．

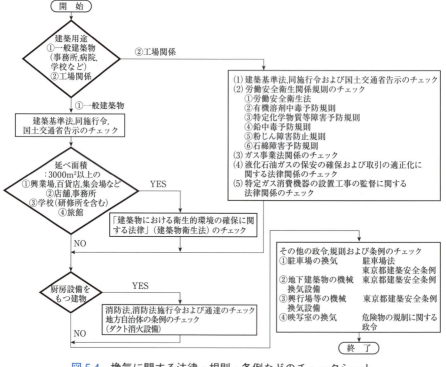

図 5.4　換気に関する法律・規則・条例などのチェックシート
((株)テクノ菱和，空調・衛生技術データブック（第5版），森北出版，2020, p.307 より)

5.2 ダクト

ダクトの設計方法には「等摩擦法」「静圧再取得法」「等速法」「速度減衰法」がある．表5.8 に各法の概要を示す．一般的には等摩擦法でダクトサイズを決定し，ダクト系の圧力損失は全圧で算出する[1]．以下では等摩擦法について述べる．

表 5.8　ダクトの設計方法（文献 1）より作成）

分類	概要
等摩擦法	・メインダクトから分岐ダクトに至るまで，ダクトの単位長さあたりの摩擦損失を等しくして計算する方法．
静圧再取得法	・ダクトが分岐する度に風速が減少し，それによって再生される静圧を次区間の計算に用いる方法． ・実際には 100%再取得はできない． ・改修工事が多い建物ではダクトルートや制気口の個数など変更になることが多いため，再度反復計算の必要あり．
等速法	・ダクト内風速を一定にして計算する方法．区間ごとに圧力が異なるため計算が面倒． ・粉体搬送系で用いられる．
速度減衰法	・メインダクトから分岐ダクトへと次第にダクト内風速を減じて計算する方法．

等摩擦法では，ダクト材質ごとに作成された摩擦抵抗線図（図5.5）やダクトメジャーなどを用いて，1 m あたりの摩擦損失（一般的に事務所ビルで 1.0 Pa/m，工場などでは 1.5 Pa/m）と風量からダクトサイズを決定する[2]．このとき角ダクトを設計するときは，アスペクト比を 1:4 に収めることが望ましい．

ただし，温湿度条件・気圧が通常の空調範囲から大幅に逸脱する場合や内面粗さが標準と異なる場合は補正が必要である[1]．また，ダクト内風速（風量をダクト断面積で除した数値）が速くなると，ダクトルート途中あるいは末端に接続された各種器具での発生音が大きくなり，騒音の原因となるため，場合によっては消音装置などの設置を検討する必要が生じる．低圧ダクトにおける風速の推奨値と最大値を表5.9 に示す．

施工の点から考えると，ダクトは設備的なスペースをかなりの部分占有することになる．特に天井裏のスペースは非常に狭い場合が多い他，空調機械室も狭いことが多々あるのが現状である．従ってダクトの収まりは非常に厳しくなりがちであり，設計図では記載されないような上下方向の曲がりや急角度の曲がり部を生じる場合がある．必ず施工図作成時に再計算・修正することが重要である．

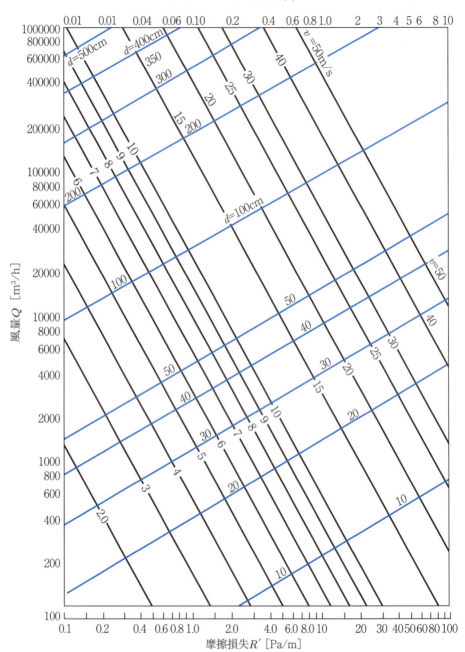

図 5.5 鉄板製直管ダクト，円形ダクトの圧力損失（文献 1) より作成）
(20 ℃, 60 %, 1.01325 × 10^5 Pa)

第 5 章の問題

表 5.9　低圧ダクトの風速（文献 1) より抜粋)

	公共建物	工場	公共建物	工場
主ダクト	5.0〜6.5	6.0〜9.0	5.5〜8.0	8.5〜14.0
分岐ダクト	3.0〜4.5	4.0〜5.0	4.0〜6.5	5.0〜9.0
分岐立上りダクト	3.0〜3.5	4.0	4.0〜6.0	5.0〜8.0

第 5 章の問題

5.1〜5.5 の記述の正誤を答えよ.

☐ **5.1** SGP（白）は蒸気配管に適した配管である.

☐ **5.2** 配管途中に流量調整するための弁としてバタフライ弁を選定した.

☐ **5.3** 一般空調設備の冷温水管（SGP 管）の管サイズを選定するにあたり流量 200 L/min の時の管サイズは 50 A である.

☐ **5.4** 使用圧力によるダクトの分類は低圧ダクト，高圧ダクト 1，高圧ダクト 2 の 3 種類があり，ダクト内風速の上限値はそれぞれ，15 m/s, 20 m/s, 25 m/s である.

☐ **5.5** 必要送風量を算出する際，吹出温度差を大きくとると必要送風量は小さくすることができる.

【解答例】

5.1 × SGP（白）は水温 40〜60 ℃で保護膜が溶解するため，蒸気に使用できない. なお温水の使用は可とされることが多いが，丁度溶解する温度域でもあるので注意が必要であり，場合によっては避けるべき管種である.

5.2 × バタフライ弁は流路を遮断するのに適した弁である.

5.3 ○ 一般空調設備では B 曲線で選定. 200 L/min と B 曲線の交点は 50 A と 40 A の間であるため，50 A で選定する.

5.4 × 高圧ダクト 1，高圧ダクト 2 とも上限値は 20 m/s.

5.5 ○ 式 (5.6) 参照

参 考 文 献

1)　空気調和・衛生工学会，空気調和・衛生工学便覧第 14 版，3 空気調和設備編，2010
2)　（株）テクノ菱和，空調・衛生技術データブック（第 5 版），森北出版，2020
3)　JIS A 4009:2017：空気調和及び換気設備用ダクトの構成部材
4)　空気調和・衛生工学会，学会提言「必要換気量算定のための室内二酸化炭素設計基準濃度の考え方」，2021

換気量について

　居室における換気設計の必要換気量算定では，総合的指標となる二酸化炭素が非常に重要な成分として扱われている．二酸化炭素は高濃度になれば人体そのものに影響（毒性指標としては 5000 ppm）を与えるが，1000 ppm を超えると倦怠感・頭痛などの諸症状を訴える人が出始めるとのデータもあり，国内外ともに室内基準値を 1000 ppm にしている国は多い．一方，外気中に含まれる二酸化炭素濃度は上昇傾向にあり，30 m³/(h・人) の外気量を取り入れたとしても，状況によっては基準値 1000 ppm を超える可能性があることに留意しておくべきである．必要換気量については文献 4) に詳しく記載されているので一読することを推奨する．

第6章

空気調和とエネルギー

6.1 建築物省エネ法の概要と一次エネルギー消費に基づく建物評価

　脱炭素社会の実現に資するための建築物のエネルギー消費性能の向上に関する法律等の一部を改正する法律（令和4年法律第69号）の成立・公布に伴い，建築物のエネルギー消費性能の向上等に関する法律（略称：**建築物省エネ法**）が改正され，2025年4月から全ての新築住宅・非住宅に省エネ基準への適合が義務付けられることになった．建築確認手続きに連動していることから，定められた基準に適合しなければ住宅やビルを建てることができない（10 m² 未満の建物を除く）．ここでは，非住宅建築物を中心に解説する．

（1）　**省エネ基準**　建築物省エネ法において，非住宅建築物に適用される基準には，エネルギー消費性能基準と誘導基準の2つがあり，エネルギー消費性能基準には，図6.1 の一次エネルギー消費量が適用され，また，容積率の緩和措置を受けようとする場合の誘導基準には，一次エネルギー消費量及び **PAL***（パルスター）の両方が適用される．図中に示されるように，建築物における一次エネルギー消費として，「空調設備」，「換気設備」などの消費量を積算する仕組みとなっている．

　表6.1 には誘導基準の改正値（2022.10 ～）を，表6.2 にはエネルギー消費性能基準の改正値（2024.4 ～）を示す．誘導基準及びエネルギー消費性能基準ともに，年を追って強化が図られている様子を確認できる．特に，エネルギー消費性能基準については，これまで BEI（後述）が 1.0 以下であれば適合とされていたものを，例えばオフィス・ホテル等では 0.8 以下，病院であれば 0.85 以下とするなど，基準の引き上げが図られている．この義務基準の引き上げ（BEI の数値低下）は，2030年までを目途として一層強化される予定となっており，オフィスビルの場合は BEI 0.6 が視野に入っている．建築の躯体性能及び設備性能に関係する国策の推移として，注目して行く必要がある．

第6章 空気調和とエネルギー

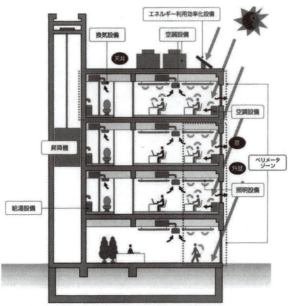

図 6.1 一次エネルギー消費量と外被性能 PAL*

(http://www.mlit.go.jp/common/001204678.pdf，国土交通省監修，建築環境・省エネルギー機構発行，建築物のエネルギー消費性能の向上に関する法律の概要)

表 6.1 誘導基準の改正値（令和4年度改正建築物省エネ法）

【改正前（～2022.10）】

	用途 （非住宅）	一次エネ （BEI）	外皮 （BPI：PAL*）
建築物省エネ法誘導基準	―	0.8	1.0

【改正後（2022.10～）】

	用途 （非住宅）	一次エネ （BEI）	外皮 （BPI：PAL*）
建築物省エネ法誘導基準	事務所等，学校等，工場等	0.6	1.0
	ホテル等，病院等，百貨店等，飲食店等，集会所等	0.7	1.0

6.1 建築物省エネ法の概要と一次エネルギー消費に基づく建物評価

表 6.2 エネルギー消費性能基準の改正値（令和 4 年度改正建築物省エネ法）

【改正前（〜 2024.4）】

用途	一次エネ（BEI）
全用途	1.0

【改正後（2024.4 〜）】

用途	一次エネ（BEI）
工場等	0.75
事務所等，学校等，ホテル等，百貨店等	0.8
病院等，飲食店等，集会所等	0.85

(2) BEI　BEI（building energy index）とは，対象建築物の**設計一次エネルギー消費量**の値を，**基準一次エネルギー消費量**で除した値である．

$$BEI = \frac{\text{設計一次エネルギー消費量 } E_T}{\text{基準一次エネルギー消費量 } E_{ST}}$$

図 6.2 に，一次エネルギー消費量基準の算定フローを示す．建築物に設ける空調（暖冷房）・換気・照明・給湯・昇降機（エレベータ）・事務機器等について，各設備の標準的な使用条件下における室用途別・地域別のエネルギー消費量（MJ/(m²·年)）が予め定められており（基準仕様），対象建築物の室用途別面積及び立地地域を考慮して基準一次エネルギー消費量の合計値 E_{ST} が求められる（図 6.2，左欄）．図 6.3 は，建物全体の**基準一次エネルギー消費量**を算定するプロセスとして，国土交通省が提示している例である．

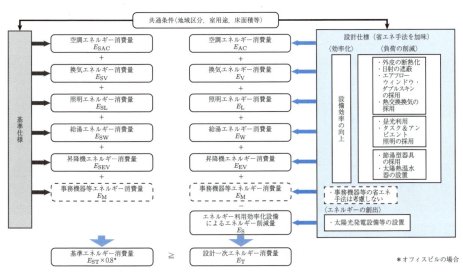

図 6.2　建築物における一次エネルギー消費量基準の算定フロー

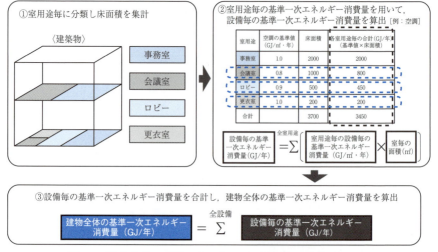

図 6.3 建物全体の基準一次エネルギー消費量の算定プロセス

　一方，**設計一次エネルギー消費量**は，対象建築物で採用される各設備の性能・制御方法・各種仕様・台数・稼働時間及び日数等によって算定され，その合計値 E_T が求められる（**図 6.2**，中央欄）．そして $E_T \leq 0.8 E_{ST}$ が成立するときに，基準適合となる（オフィスビルの現状）．また，設計一次エネルギー消費量を求める際，「エネルギー利用効率化設備によるエネルギー削減量」を差し引くことができる．ビルに太陽光発電設備やコージェネレーション設備を設置して発電を行うケースが該当する．

(3) **PAL**　誘導基準への適合を判断する際には，**PAL*** が用いられる．

　PAL（perimeter annual load：年間熱負荷係数）は，次式で算定される．

$$PAL = \frac{各階のペリメータゾーンの熱負荷 [MJ/年]}{ペリメータゾーンの床面積の合計 [m^2]}$$

　ペリメータゾーンとは，基本的には外界の日射や外気温度の影響を受けやすい領域を指しており，外壁面から内側へ 5 m までの床面積と，最上階にあっては全部の床面積がペリメータゾーンに算入される．

　ここで，PAL 算定に関する基本式を紹介しておく．日射や室内発熱を考慮した定常の暖房負荷 q_H [W] は，外皮の方位を一方向のみと考えれば，次式で表される．

$$q_H = (U_T{}^* + 0.33 V A_P)(\theta_d - \theta_o) - \eta_T I_S + \frac{\varepsilon'}{\alpha_o} U_T{}^* I_\ell - G A_P$$

6.1 建築物省エネ法の概要と一次エネルギー消費に基づく建物評価　　**91**

$U_T{}^*$：外皮の総熱貫流率 [W/K]　　I_S：日射量 [W/m²]

V　：取入外気量 [m³/(m²·h)]　　ε'：長波放射率 [−]

A_P　：床面積 [m²]　　α_o：室外側総合熱伝達率 [W/(m²·K)]

θ_d　：設計室温 [℃]　　I_ℓ：長波（実効）放射量 [W/m²]

θ_o　：外気温度 [℃]　　G：内部発熱密度 [W/m²]

η_T　：総日射侵入率 [m²]

変形により，次の様に表現できる．

$$q_H = U_T\left(\theta_{ref} - \theta_o - \rho I_S + 0.04\sigma I_\ell\right)$$

U_T：$U_T{}^* + 0.33VA_P$

θ_{ref}：$\theta_d - \Delta\theta$　（参照温度）

$\Delta\theta$：$\dfrac{GA_P}{U_T}$

ρ　：$\dfrac{\eta_T}{U_T}$　（侵入貫流比）

$\dfrac{\varepsilon'}{\alpha_o}$：$\dfrac{0.9}{23} = 0.04$

σ　：$\dfrac{U_T{}^*}{U_T}$

　上式の（　）内は，温度の次元を有しており，この値がプラスの時に暖房が必要と考えられる．$\Delta\theta, \theta_o, I_S, I_\ell$ に日平均値を与え，（　）内が正の値の日について年間集計を行う．これが拡張暖房デグリーデー EHD [K·日/年] である．

$$EHD = \Sigma\left(\theta_{ref} - \theta_o - \rho I_S(j) + 0.04\sigma I_\ell(j)\right)$$

この Σ では，プラスの日についてのみ集計する．j は外皮の方位を表す．

　同様にして，拡張冷房デグリーデー ECD は，次式で表現される．

$$ECD = \Sigma\left(\theta_o - \theta_{ref} + \rho I_S(j) - 0.04\sigma I_\ell(j)\right)$$

　実用の面を考慮し，$\sigma = 1$ として，日本列島を 8 分割した地域ごとに，EHD 及び ECD が整備されている．

　期間暖房負荷 Q_H [kJ/年] 及び期間冷房負荷 Q_C [kJ/年] は，次式で表される．

$$Q_H = 24 \times 3.6 \times U_T \times EHD \times k_H$$

$$Q_C = 24 \times 3.6 \times U_T \times ECD \times k_C$$

ここに，k_H 及び k_C は**地域補正係数**と呼ばれ，建物の使用スケジュールに応じて地域ごとに定められる数値である．最終的に，年間熱負荷 Q は次式で求められる．

$$Q = Q_H + Q_C$$

外皮の方位ごとに（S, W, N, E, H など）年間熱負荷を求め集計し，それをペリメータゾーンの床面積で除すことで，計算対象建物の設計値としての PAL の値が求まる．

一方，同様の建物条件及び計算条件の下で基準値が設定され，設計値が基準値以下（$PAL^* \leqq 1.0$）のときに，適合判定となる．

(4) **計算支援プログラム**　BEI や **PAL*** を算定する計算支援プログラムが国から提供されている．建築研究所のホームページに公開されており，ダウンロードすることなく利用可能である．「エネルギー消費性能計算プログラム（非住宅版）」などの名称で表示されており，標準入力法，または簡易なモデル建物法を選択できる．この計算プログラムは，一般に **WEBPRO**（ウェブプロ）と呼ばれている．

実務ではモデル建物法の利用がほとんどであるが，対象建物が ZEB の場合などに標準入力法の計算プログラムが選択される．BEI 及び PAL* をモデル建物法により評価した場合は，直ぐにそれと分かるよう，**BEIm** 及び **BPIm** と表示する．それぞれ，building energy index for model building method と building palstar index for model building method の略記である．

(5) **ZEB のランクと呼称**　ZEB のランク分けについて，空気調和・衛生工学会より定義が示されている．図 6.4 は，一般にエネルギーバランスチャートと呼ばれるグラフで，左側から建物にインプットされているのが電力, ガス, 石油などの「D: 配送エネルギー（delivered energy）」，上からインプットされているのが，太陽光など再生可能エネルギー由来の「G：生成エネルギー（energy generation）」，下側へのアウトプットが空調, 照明, コンセント, その他用途などの「C:消費エネルギー（energy consumption）」，右側へのアウトプットが「E:逆送エネルギー（exported energy）」である．

そして，$G > C$ または $E > D$ のときに，ネットゼロエネルギービル（net zero energy building）となる．評価には，一次エネルギー消費量が用いられる．

しかし，建物で消費するエネルギーを，太陽光発電などの再生可能エネルギーで100% 以上賄わずとも，半分程度カバーできた場合でもその割合に応じ，ZEB のランクが定められている（図 6.5）．レファランスビルに対し，一次エネルギー消費50% 以上削減で ZEB Ready, 75% 以上削減で nearly ZEB などと呼ばれる．また，

6.1 建築物省エネ法の概要と一次エネルギー消費に基づく建物評価　　93

建物用途によって閾値が異なるが，事務所ビルの場合では 40% 以上削減で ZEB Oriented というランクも後に定められた．設計者や施主の ZEB に対するモチベーションを高めるためのランク表示追加の措置である．図には，BEI が 0.5 に至るまでは躯体や設備の省エネルギーによること，0.5 以下の領域では創エネルギー（太陽光発電など）によって，ゼロエネルギー化を図ることが表現されている．

建築物省エネ法では，建築物の省エネ性能を表示する第三者認証制度を定めてい

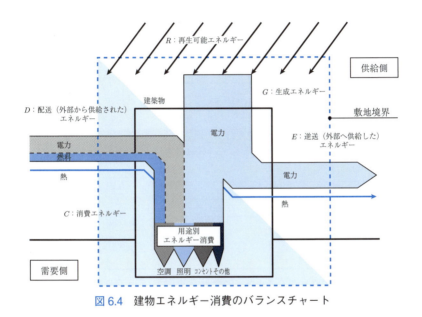

図 6.4　建物エネルギー消費のバランスチャート

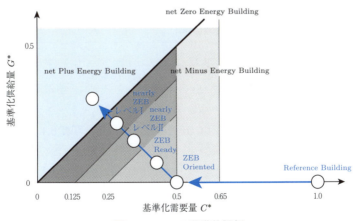

図 6.5　**ZEB の段階的評価**

る．**BELS**（ベルスと呼ぶ）は，**建築物省エネルギー性能表示制度**（building-housing energy-efficiency labeling system）のことであり，一般社団法人住宅性能評価・表示協会によって運営されている．協会に登録された評価実施機関が，新築及び既存の建築物を対象として，建築物全体またはフロア単位等の設計時の省エネルギー性能を評価することで，第三者認証となる．

ラベル表示の例として，国土交通省では図 6.6 を提示しており，認証を受けることで，該当ビルではこの情報を含む BELS マークの表示が可能となる．

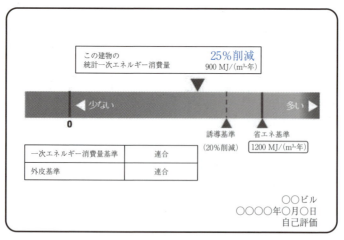

図 6.6 建物の設計一次エネルギー消費量の表示例（国土交通省ホームページ）

6.2 nZEB の事例と建物運用データに基づくエネルギー性能把握

2021 年に竣工した nZEB の清水建設㈱オフィスビルは，RC 造 3 階建て・延べ床面積約 4 千 m² で，太陽光発電・グリーン水素ビルシステム・蓄電池・自然換気システム・地下水熱源躯体蓄熱放射・床吹出し空調システム・アースチューブシステムなどを適用・設置することで，BEI-0.01 を達成している．写真 6.1 に建物の外観・内観を示す．(1) は外観，(2) は屋上のソーラーパネル配置，(3) は 2・3 階の吹抜けメイン執務フロアの様子である．フリーアドレスにより，170 人ほどの社員は，自由に執務スペースを選択できる．デジタル化によって机上に書類が見られることはない．

6.2 nZEB の事例と建物運用データに基づくエネルギー性能把握 95

(1) 外観（南面）

(2) 屋上ソーラーパネル

(3) 2・3階メイン執務フロア

写真 6.1 清水建設㈱ nZEB オフィス（(1),(3) 著者撮影，(2) 清水建設㈱提供）

ビルの ZEB 化の流れと連動して，放射空調システムの採用が増加しつつある．天井自体をアルミ製の放射パネルとし，冷房時には冷水を通水して冷却する方式が一般的であったが，最近ではコンクリート躯体の熱容量の大きさを活用して夜間に蓄冷し，朝から夜にかけて放熱する方式が登場している．TABS（thermo active building system，躯体蓄熱放射）である．また，このビルの例では，熱源に地下水を利用することで，運転効率を高めている．図 6.7 にコンクリートスラブを含む床断面の模式図を，また図 6.8 に夜間の蓄熱を支える空気調和システムの構成例を示す．

図 6.7 では，構造躯体であるコンクリートスラブの上に 100 mm 厚のシンダーコンクリートを打ち増しし，内部に TABS 配管を埋設することで躯体蓄熱を可能としている．穴あき床版＋通気性タイルカーペットとの間に 500 mm の OA フロアを取り，FCU を複数台設置することで染み出し空調を行う．

また，執務者が夏期に一層のクールダウンを望むときは，**タスク空調**としてパーソナル床吹出ファンの使用が可能である．1.8 m 間隔で執務フロア全面に 200 箇所ほど設置されており，スマホのアプリを操作して 10 段階の吹出し風量設定ができ

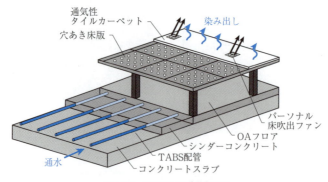

図 6.7　**TABS** の床断面例

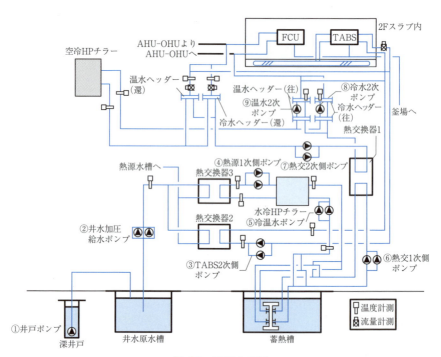

図 6.8　**TABS** の例

るようになっている.

　グリーン水素ビルシステムは,

　　　（太陽光発電）＋（水素製造装置）＋（水素貯蔵タンク）＋（燃料電池）

から構成されるシステムである. 水素製造に太陽光発電の電気を使用することで,

6.2 nZEB の事例と建物運用データに基づくエネルギー性能把握

（1） 水素製造装置

（2） 水素吸蔵合金タンク

（3） 燃料電池

写真 6.2 グリーン水素ビルシステム（清水建設㈱提供）

グリーン水素に分類される．また，これまでの一般的な水素吸蔵合金は，加熱されると着火する特性があり，消防検査を通らないことから建物内に設置できなかったが，当該システムでは，新しい合金素材の開発によって建物内設置を可能としている．写真 6.2 に，構成装置を示す．

また，その他の自然エネルギー活用システムを写真 6.3 に示す．(1)は木虫籠（きむすこ）ルーバー，(2)はアースチューブの地中埋設配管，(3)は自然換気システムの開口時の様子を表している．

図 6.9 は，躯体蓄熱放射・床吹出し空調システムにおける熱源機の運転状況とCOP を，夏期 7 月について **BEMS** データの解析により把握したものである．前日の 22 時台から地下水熱源の水冷ヒートポンプを運転し，朝の 6 時台まで蓄熱槽に蓄冷を行う．TABS が稼働するのは 6 時台，7 時台で，コンクリートスラブに冷水を循環させ，その熱容量を活かした蓄冷を実施している．冷却能力が不足し始める 12 時台以降夕方にかけて，空冷ヒートポンプが追い炊き運転される．水冷ヒートポンプの COP の高さを活用した TABS の運転事例である．

(1) 木虫籠ルーバー

(2) アースチューブ

(3) 自然換気

写真 6.3 自然エネルギー活用システム（(1),(3) 著者撮影，(2) 清水建設㈱提供）

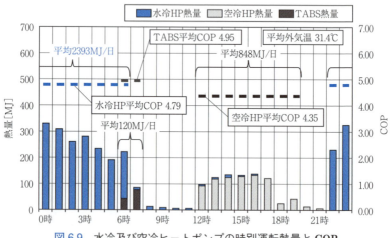

図 6.9 水冷及び空冷ヒートポンプの時別運転熱量と COP

6.3 スマートシティの実現と建築に求められるもの

　人間社会は，狩猟社会（Society 1.0），農耕社会（Society 2.0），工業社会（Society 3.0），そして情報社会（Society 4.0）へと進化を遂げてきたが，情報社会に続く新たな社会が **Society 5.0** と定義されている（図 6.10）．「サイバー空間（仮想空間）とフィジカル空間（現実空間）を高度に融合させたシステムにより，経済発展と社会的課題の解決を両立する，人間中心の社会」と定義（内閣府）されている．

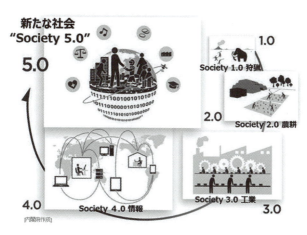

図 6.10　Society 5.0 へ[4]（内閣府ホームページ）

現代の情報社会に関しては，次のような問題点が指摘されている．

(1)　知識や情報が共有されず，分野横断的な連携が不十分である
(2)　多くの情報の中から必要な情報を見つけて分析するのに，人の能力だけでは不十分な場合がある
(3)　年齢や障害などにより，労働・行動範囲が制約を受ける場合がある
(4)　少子高齢化・地方過疎化などの課題に対する対応が不十分である

　Society 5.0 は，IoT（internet of things）で全ての人とモノを繋げ，様々な知識や情報を共有して，今までにない新たな価値を生み出すことにより，これまでの課題や困難を克服して行く社会である．人工知能（AI）の活用により必要な情報がタイムリーに提供されるとともに，ロボットや自動走行車，ドローンなどの技術で，少子高齢化，地方過疎化，人の間の格差などの問題が緩和されていく社会を目指す

図 6.11　**Society 5.0** が目指すもの[4]（内閣府ホームページ，Society 5.0）

（図 6.11）．

　この Society 5.0 を支える都市が，**スマートシティ**である．ICT（information and communication technology，情報通信技術）を活用しつつ，マネジメント（計画，整備，管理・運営等）の高度化により，都市や地域の抱える諸課題を解決に導き，新たな価値を生み出し続ける持続可能な都市や地域と定義される．Society 5.0 を先行して実現する場であり，政府からは図 6.12 が示されている．建築単体として ZEB や ZEH であることはもちろん，エネルギーの地産地消による省エネルギー化や災害時対応など，地域の連携をデジタルで高度化するシステムの構築が求められている．

　このようにビルや住宅のあり方が大きく変わろうとしている．1 棟や 1 軒として物理的に存在するだけでなく，社会との連携を図れる機能を持って初めて，建築として評価される時代を迎えようとしている．建築技術者には，従来の領域を超えて，計画・設計・施工・運用に関する高度で幅広い知識と能力が求められよう．

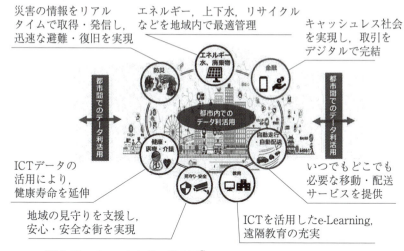

図 6.12　スマートシティ概念図[5]
（内閣府 他, スマートシティガイドブック第 2 版, 2023）

第 6 章の問題

☐ **6.1**　電力 1 kWh の二次エネルギー消費は何 MJ に相当するか, 算定せよ.

☐ **6.2**　火力発電の需要端熱効率が 36 % のとき, 一次エネルギー消費は何 MJ となるか. ただし, 電力の需要端としては, ビルや住宅などが想定される.

【解答例】

6.1　$1 \text{ kWh} = 1000 \text{ W} \times 3600 \text{ s} = 3.6 \text{ MJ}$（∵ $1 \text{ Ws} = 1 \text{ J}$）.

6.2　$3.6 \text{ MJ/kWh} \div 0.36 = 10.0 \text{ MJ/kWh}$

このことは, 火力発電による電力は, 需要家で 1 kWh の電力を消費するとき, 発電所では約 10.0 MJ の熱量を投じる必要があることを示している.

参 考 文 献

1) http://www.mlit.go.jp/common/001204678.pdf, 国土交通省監修, 建築環境・省エネルギー機構発行, 建築物のエネルギー消費性能の向上に関する法律の概要
2) 国土交通省, 令和 4 年度 改正建築物省エネ法
3) 国土技術政策総合研究所, 建築研究所, 平成 28 年省エネルギー基準に準拠した算定・判断の方法及び解説, 建築環境・省エネルギー機構発行, 3-132, 2017
4) 内閣府ホームページ, Society 5.0
5) 内閣府ほか, スマートシティガイドブック第 2 版, 2023
6) 国土交通省ホームページ

第Ⅱ編

空気清浄

第7章

空気清浄と空気汚染

7.1 空気組成と汚染物質

1948 年 **WHO**（世界保健機構）は，「健康とは，身体的にも，精神的にも，また社会的にも健やかな状態にある」としており，病気でない状態だけでは，十分とはいえない．空気の汚れが人の健康に重大な問題となることは容易に理解できるが，許容限界などは個人差などの問題もあり課題である．また，WHO は，2000 年に，"The Right to Healthy Indoor Air"（健康な空気に対する権利）を発表して，我々が清浄な空気を呼吸することができることが基本的人権であることを世界に訴えている．

一般に空気は，窒素と酸素などのガス状のものの混合物として取り扱われることが多いが，実際は，水分の他，微量のガス状物質に加えて，粒子状物質，浮遊微生物などが含まれる混合物である．

7.2 室内空気環境の汚染問題

室内空気環境において問題となる物質は，$CO, CO_2, SO_x, NO_x, O_3$ などのガス状物質と浮遊微生物を含む浮遊粉じんなどが代表的であるが，1990 年代以降では，放射性物質のラドン娘核種，シックハウス・化学物質過敏症などの問題から，ホルムアルデヒド，揮発性有機化合物などの微量化学物資が取り上げられている．表 7.1 に発生源からみた室内汚染物質を示す．

そのうち，エアロゾル粒子である浮遊粉じんは，ハウスダスト，花粉，真菌などアレルギーの原因となるもの，たばこ煙，アスベストなど肺がんの原因物質，ウイルス，病原菌など感染性のものが含まれている．

7.2 室内空気環境の汚染問題　　　**105**

表 7.1　発生源からみた室内汚染物質（文献 1）より作成）

汚染物質	発生源
第 1 グループ：主として戸外に発生源を持つもの	
SO_x（ガス，粒子状物質） O_3 花粉 Ca，Cl，Si，Cd 炭化水素類	燃料の燃焼 光化学反応 戸外の植物 土壌，産業からの排気 有機溶剤，燃料などからの蒸発
第 2 グループ：戸外，屋内に発生源を持つもの	
NO_x（NO_2） CO CO_2 粒子状物質（ミストを含む） 炭化水素類，各種有機物（VOC） 胞子類	燃料の燃焼に伴うもの 燃焼 生物の代謝過程，燃焼 燃焼に伴う粒子，海塩粒子，蒸気の凝縮，砂じん等 溶剤等の揮発，生物の代謝産物，燃焼排気等 菌類，カビ類
第 3 グループ：主として屋内に発生源を持つもの	
ラドン ホルムアルテヒド アスベスト，金属および合成繊維の細片 有機物質類（炭化水素類） アンモニア 粉じん 病原微生物 アレルゲン	建築資材（石材，セメント），土壌 接着剤，断熱材，タバコの煙 断熱材等 接着剤，溶剤等 生物の代謝過程，クリーニングの洗剤 ハウスダスト，カビ，ペットの毛くず等 感染症患者 室内じん，カビ，ペットの毛くず等

（1）　**たばこ煙**　たばこ煙における室内環境の影響は，粉じんや微量のガス物質など 2000 種類以上の汚染質を発生させるため，課題が多い．喫煙粒子の濃度と粒径分布は，凝集と凝縮により急速に変化するが，個数濃度で $10^7 \sim 10^{11}$ 個 /mL，光散乱中央径で $0.1 \sim 1.0\,\mu m$，質量径で $0.2 \sim 0.4\,\mu m$ の報告がある．喫煙による汚染物質の発生量は，43 mm 喫煙として，浮遊粉じんで $7 \sim 30$ mg/本，CO $35 \sim 70$ cm^3/本，NO_x $0.3 \sim 1$ cm^3/本程度である．**表 7.2** にたばこの**主流煙**と**副流煙**からの主な汚染物質排出量の例を示す．たばこの人体影響は，呼吸器系疾患，肺がん，環状動脈疾患などの罹患率での差異として認められているが，人体応答関係はまだ証明されているとはいえない．影響要素としては自主的喫煙による主流煙の影響の

他にも，副流煙による受動喫煙が環境的には問題であり，分煙または禁煙が志向されている．米国における調査結果では，喫煙区域を設定している場合でも，禁煙区域で喫煙区域と同等の汚染が生じている場合も報告されている．喫煙区域と禁煙区域を物理的障壁で分離し，喫煙区域と禁煙区域の空気の混合した状態で循環しないように，喫煙区域の空気を直接外部へ排気する必要がある．

表7.2　たばこ煙の成分（文献2）より作成）

物質名	主流煙 [μg/本]	副流煙 [μg/本]	(副流煙)/(主流煙) の比
PM（粒子状物質）			
総浮遊粒子状物質	36,200	25.800	0.7
タール （クロロホルム排出物）	<500〜29,000	44,100	2.1
ニコチン	100〜2,500	2,700〜6,750	2.7
総フェノール	228	603	2.6
ピレン	50〜200	180〜420	3.6
カドミウム	0.13	0.45	3.6
ヒ素	0.012		−
ガスおよび蒸気			
CO	1,000〜20,000	25,000〜50,000	2.5
CO_2	20,000〜60,000	160,000〜480,000	8.1
アセトアルデヒド	18〜1,400	40〜3,100	2.2
塩化メチル	650	1,300	2.1
アンモニア	10〜150	980〜150,000	98
NO	10〜570	2,300	4
NO_2	0.5〜30	625	20
ホルムアルデヒド	20〜90	1,300	15

　たばこ煙には，様々なガス状及び粒子状の有害物質が含まれており，肺がん，虚血性心疾患，慢性気管支炎，肺気腫などの疾病のリスクを増大させることが報告されている．たばこ煙は吸い口からの主流煙とたばこの燃焼により空気中に放出される副流煙があり，その組成は異なっている．室内などの環境で空気中のたばこ煙を吸わされることを**受動喫煙**といい，肺がんや呼吸器系疾患等のリスクが報告されている．受動喫煙を防止するためには，禁煙や適切な分煙を行うことが重要で，2002年7月に制定された**健康増進法**では多数の人が利用する施設における受動喫

煙防止措置の努力義務が採用された．2018年には改正され，学校等の行政機関，航空機等では禁煙，多数が利用する施設，鉄道，飲食店などについても原則禁煙となった．

(2) **レジオネラ症**　レジオネラ症（legionellosis）は，レジオネラ・ニューモフィラ（*Legionella pneumophila*）を代表とするレジオネラ属菌による細菌感染症で，その病型は劇症型の肺炎と一過性のポンティアック熱がある．1976年の夏，米国フィラデルフィアのホテルで開催された在郷軍人会の参加者やホテル周辺の通行人などに原因不明の重症肺炎が集団発生し，罹患者221名のうちの29名が死亡したことが報告された．米国の疾病管理センター（Centers for Disease Control, CDC）が行った原因調査によって，この肺炎はこれまで報告のなかったレジオネラ属菌による感染症であることが明らかになり，在郷軍人病と名付けられた（現在はレジオネラ症と総称されている）．

(3) **シックビル症候群・シックハウス症候群・化学物質過敏症**　1970年代におけるオイルショックを契機に省エネルギーのため欧米諸国では，換気量の低減と建築物の気密化が進んだ結果，事務所建築物の室内空気が悪化し，不快感を訴える人が増加し，シックビル症候群と呼ばれた．事務所・学校などで見られ，特異的症状はなく，目・鼻・副鼻腔の刺激，胸やけ，吐き気，頭痛，めまい，疲労感などの症状が出現するが，問題のビルを離れると通常は消失する．シックビル症候群の症状とは，表7.3に示すように，眼，鼻，喉の刺激，粘膜・皮膚の乾燥感，紅斑，心理的疲労，頭痛，せき，気道感染を起こしやすくなる．これらの症状は，一般の環境でも普通に起こるもので，アレルギーのように原因が抗原抗体反応で証明されたもの以外は，単独で環境因子と関連付けられるのは難しい．

　シックビル症候群の定義と発生要因しては，表7.4に示す．なお定義は米国環境保護庁（**EPA**）による．原因物質は同定されていないが，共通して，外気の取入れが少なく，再循環空気が多い空調方式となっているため，微量多種類の化学・生物物質が蓄積されやすいと推察される．また，アトピー性などの個人要因，仕事のストレス等も関与していると考えられる．

　シックビル症候群は，我が国では顕在化しなかったが，建築物衛生法により室内環境の環境基準があったため換気量が確保されていたと考えられる．

　シックハウス症候群は，シックビル症候群から派生した日本独自の概念である．1990年代よりシックビル症候群の症状に類似した症状が我が国の住宅で発生し，住居に起因する健康障害として問題となり，シックハウス症候群と呼ばれている．シックハウス症候群は，オイルショック以降の省エネルギー化以降，住宅の高気密

第 7 章　空気清浄と空気汚染

表 7.3　シックビル症候群の主な症状[3]

粘膜刺激	眼，鼻，喉の刺激
中枢神経系症状	頭痛，疲労，倦怠感
精神神経症状	抑うつ，不安，集中力・記憶力の低下
呼吸器症状	胸部圧迫感，息切れ，咳
皮膚刺激	乾燥，掻痒感，紅斑，じんましん，湿疹

（角田正史，新 建築物の環境衛生管理 中巻，p.45，（公財）
日本建築衛生管理教育センター，2022 より許諾を得て転載）

表 7.4　シックビル症候群の定義と発生要因[3]

シックビル症候群の定義
そのビルの居住者の20%以上が不快感に基づく症状の訴えを申し出る． それらの症状の原因（因果関係）は必ずしも明確でない． それらの症状のほとんどは当該ビルを離れると解消する．
発生要因
室内の空気を循環させている． 屋外空気の換気量の低減． 気密性が高すぎる． 室内がテクスタイルやカーペット仕上げになっている．

（角田正史，新 建築物の環境衛生管理 中巻，p.45，（公財）日本建築衛
生管理教育センター，2022 より許諾を得て転載）

化などが進むに従って，建材等から発生する化学物質などによる室内空気汚染等と，
それによる健康影響が指摘されている．その症状は，目がチカチカする，鼻水，の
どの乾燥，吐き気，頭痛，湿疹など人によって差異がある．住宅の高気密化・高断
熱化などが進み，化学物質による空気汚染が起こりやすくなっている他，湿度が高
いと細菌，カビ，ダニが繁殖しやすくなるだけではなく，一般的な石油ストーブや
ガスストーブからの汚染物質，たばこ煙からの有害な化学物質などの放出が，原因
として考えられている．ホルムアルデヒドやトルエンなどの揮発性有機化合物が発
症に関連するとされている．他には，精神的関与，アレルギー等の疾患もシックハ
ウス症候群と扱われる場合もある．シックハウス症候群は，その場所を離れると症
状が消失または改善する特性がある．また，同じ部屋にいるのに，まったく影響を
受けない人もいれば，敏感に反応してしまう人もいる．

7.2 室内空気環境の汚染問題

表 7.5 に厚生労働省の「シックハウス（室内空気汚染）問題に関する検討会中間報告書（2002 年 2 月）」についてまとめた **VOC に関連する指針値**（2019 年一部改定）を示す．ここで示した指針値は，現時点で入手可能な毒性に関わる科学的知見から，ヒトがその濃度の空気を一生涯にわたって摂取しても，健康への有害な影響は受けないであろうと判断される値を算出したものであり，その設定の趣旨はこの値までは良いとするのではなく，指針値以下がより望ましいということである．なお，指針値は，今後集積される新たな知見や，それらに基づく国際的な評価作業の進捗に伴い，将来必要があれば変更され得るものである．指針値の適用範囲については，特殊な発生源がない限り全ての室内空間が対象となる．

この指針値は，**ホルムアルデヒド**の場合は短期間の暴露によって起こる毒性を指標に，それ以外の物質の場合は長期間の暴露によって起こる毒性を指標として，それぞれ策定している．また，総揮発性有機化合物（TVOC）の暫定目標値は，国内家屋の実態調査の結果から，合理的に達成可能な限り低い範囲で決定した値であり，個別物質の指針値とは独立に，室内空気質の状態の目安として利用される．

ホルムアルデヒドの室内環境の基準として，建築物衛生法に $0.1\,\mathrm{mg/m^3}$（0.08 ppm）以下と規定された．

化学物質過敏症は，化学物質の高濃度暴露後に起こる微量の化学物質に再接触した場合に見られる症状という場合もあるが，化学物質の高濃度暴露の有無によらずより広い立場で捉え非常に低いレベルの化学物質によって起こる症状と扱うことが多い．

(4) **アレルギー疾患**　アレルギー疾患の罹患率は増加しており，気管支喘息，アトピー性皮膚炎，花粉症などがあり，増加傾向にある．アレルギー疾患は，アレルギーの原因（**アレルゲン**）によるが，過敏な感受性を持つ人（アレルギー体質者）に喘息・くしゃみ・充血などの顕著な反応（アレルギー反応）を引き起こす．

空気中のアレルゲンの発生は，ダニ・カビ・動物の毛・花粉・ハウスダストなどがあげられる．建築物の衛生環境の管理の点から，建築材料の選定，温湿度の管理・換気，清掃・消毒等の対策が必要である．その原因物質をアレルゲンといい，食品の摂取によるものの他，空気中に浮遊し，皮膚に付着や呼吸によって身体に取り込まれるものもある．気管支喘息の原因となる各種アレルゲンに対し皮膚が陽性反応を示す割合を図 7.1 に示す．家屋じん，ダニ，カビ，花粉，ペット，ハウスダストなどがある．ダニアレルゲンには，チリダニ科ヒョウヒダニ属ヤケヒョウヒダニがあるが，乳幼児，気管支喘息，アトピー性皮膚炎とも第 1 位である．ダニは，夏季に増殖し秋季に減少するが，ダニアレルゲンは夏季に繁殖したダニの糞，死骸がそ

表 7.5　厚生労働省が策定した室内濃度指針値[5]

揮発性有機化合物 （VOC）	毒性指標	室内濃度指針値	指針値の設定日及び改定日等
ホルムアルデヒド	ヒト吸入曝露における鼻咽頭粘膜への刺激	$100\,\mu g/m^3$ （0.08 ppm）	設定日：平成 9 年 6 月 13 日
アセトアルデヒド	ラットの経気道曝露における鼻咽頭嗅覚上皮への影響	$48\,\mu g/m^3$ （0.03 ppm）	設定日：平成 14 年 1 月 22 日
トルエン	ヒト吸入曝露における神経行動機能及び生殖発生への影響	$260\,\mu g/m^3$ （0.07 ppm）	設定日：平成 12 年 6 月 26 日
キシレン	ヒトにおける長期間職業曝露による中枢神経系への影響	$200\,\mu g/m^3$ （0.05 ppm）	設定日：平成 12 年 6 月 26 日 改定日：平成 31 年 1 月 17 日
エチルベンゼン	マウス及びラット吸入曝露における肝臓及び腎臓への影響	$3800\,\mu g/m^3$ （0.88 ppm）	設定日：平成 12 年 12 月 15 日
スチレン	ラット吸入曝露における脳や肝臓への影響	$220\,\mu g/m^3$ （0.05 ppm）	設定日：平成 12 年 12 月 15 日
パラジクロロベンゼン	ビーグル犬経口曝露における肝臓及び腎臓等への影響	$240\,\mu g/m^3$ （0.04 ppm）	設定日：平成 12 年 6 月 26 日
テトラデカン	C_8-C_{16} 混合物のラット経口曝露における肝臓への影響	$330\,\mu g/m^3$ （0.04 ppm）	設定日：平成 13 年 7 月 5 日
クロルピリホス	母ラット経口曝露における新生児の神経発達への影響及び新生児脳への形態学的影響	$1\,\mu g/m^3$ （0.07 ppb） 但し小児の場合は $0.1\,\mu g/m^3$ （0.007 ppb）	設定日：平成 12 年 12 月 15 日
フェノブカルブ	ラットの経口曝露におけるコリンエステラーゼ活性などへの影響	$33\,\mu g/m^3$ （3.8 ppb）	設定日：平成 14 年 1 月 22 日
ダイアジノン	ラット吸入曝露における血漿及び赤血球コリンエステラーゼ活性への影響	$0.29\,\mu g/m^3$ （0.02 ppb）	設定日：平成 13 年 7 月 5 日
フタル酸ジ-n-ブチル	ラットの生殖・発生毒性についての影響	$17\,\mu g/m^3$ （1.5 ppb）	設定日：平成 12 年 12 月 15 日 改定日：平成 31 年 1 月 17 日
フタル酸ジ-2-エチルヘキシル	ラットの雄生殖器系への影響	$100\,\mu g/m^3$ （6.3 ppb）（注 1）	設定日：平成 13 年 7 月 5 日 改定日：平成 31 年 1 月 17 日
総揮発性有機化合物量（TVOC）	国内の室内 VOC 実態調査の結果から，合理的に達成可能な限り低い範囲で決定	暫定目標値 （注 2） $400\,\mu g/m^3$	設定日：平成 12 年 12 月 15 日

注 1：フタル酸ジ-2-エチルヘキシルの蒸気圧については 1.3×10^{-5} Pa（25 ℃）～ 8.6×10^{-4} Pa（20 ℃）など多数の文献値があり，これらの換算濃度はそれぞれ 0.12 ～ 8.5 ppb 相当である．

注 2：この数値は，国内家屋の室内 VOC 実態調査の結果から，合理的に達成可能な限り低い範囲で決定した値である．TVOC 暫定目標値は室内空気質の個別の揮発性有機化合物（VOC）を総合的に考慮した目安として利用されることが期待されるものであるが，毒性学的知見から決定したものではなく，含まれる物質の全てに健康影響が懸念されるわけではない．また，個別の VOC 指針値とは独立に扱われなければならない．

の後風化し微細化して室内のダストと一体となることで空気汚染源となるため，秋季に高濃度（数 10 から 100 pg/m³ 程度）になる．カビは，種類が多いが人体に影響するものは 200 種，住宅で一般的に検出されるものは 10 種程度といわれている．カビアレルゲンとしては，*Alternaria, Aspergillus, Cladosporium* などで，アレルギー性鼻炎，アトピー性皮膚炎の原因になるばかりでなく，生体内で繁殖し肺炎などを合併することもある．花粉は，スギ，ヒノキ，シダ，ブタ草など 40 種類が花粉症のアレルゲンとなる．花粉症は花粉が目や鼻の粘膜に接触することでアレルギー症状を出す他，鼻，のど，気管支，胃腸にもさまざまな症状が現われ，全身の倦怠感や発熱が出る場合もある．

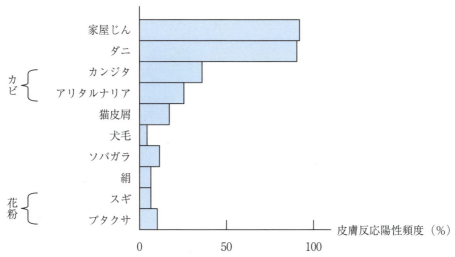

図 7.1　各種アレルゲンに対し皮膚が陽性反応する割合（文献 3) より作成）

7.3 浮遊粒子の特性

　空気中に浮遊している微粒子には数多くの種類がある．例えば，飛散した砂じん，工場などからの排煙，光学的反応により生成した粒子，海水から生成した塩粒子，水または氷粒子からなる大気中の雲などである．それらは影響の度合は大きく異なるが，視程や気候のみならず，われわれの健康や生活環境に少なからず影響を及ぼしている．これらの浮遊粒子は，すべて**エアロゾル**（aerosols）の一種である．エアロゾルの定義は，「気体とその気体中に浮遊する固体もしくは液体の粒子」である．エアロゾルは，粒子及びそれらが浮遊している気体の2つからなる2相系であり，その中には，ダスト（粉じん），フューム，スモーク（煙），ミスト，霧，かすみ，スモッグなどのきわめて広い範囲の現象を含んでいる．エアロゾルという用語は，浮遊粒子状物質または分散系とも呼ばれ，「固体粒子が分散している安定な懸濁液」を意味するハイドロゾルという用語から，1920年ごろ作り出されている．

(1)　エアロゾル粒子と粒径　大気の微粒子の大きさは，一般に**粒径**で表現され，直径で表すことが多い．液体のエアロゾル粒子は，球形であるが，固体のエアロゾル粒子は複雑な形をしているのが普通である．エアロゾルの特性に関する理論を展開する場合には，粒子形状を球形であると仮定する必要が生じることが多い．非球形粒子に対してその理論を通用する場合には，相当径の形で用いられる．

　相当径には，幾何形状から算出される幾何相当径と仮想粒子と同じ測定量を与える物理相当径があり，幾何相当径には定方向径，円等価径などが，物理相当径には空気力学径，ストークス径，光散乱径，電気移動度径などがある．

　粒子濃度は，一般には単位体積あたりの個数，質量などで表された個数濃度，質量濃度で表される．

　図7.2に代表的な**エアロゾル粒子**とその**粒径範囲**を示す．

　エアロゾル粒子の粒径範囲は，$0.001\,\mu m$から$100\,\mu m$にある．一般にダスト，研磨生成物，花粉はミクロン領域もしくはそれ以上である．フュームや煙はサブミクロン領域もしくはそれ以下である．微小エアロゾル粒子は，大きな気体分子とほとんど同程度の大きさであるため，気体分子の性質の多くを有している．粗大粒子は目に見える粒子で，ニュートン物理学によって説明しうるような性質を持っている．可視光の波長は，サブミクロン領域の粒子の大きき程度であり，$0.4 \sim 0.8\,\mu m$である．

　大気の濃度は，清浄な空気の定義は困難であるが700個/cm³（700×10^6個/m³）

7.3 浮遊粒子の特性

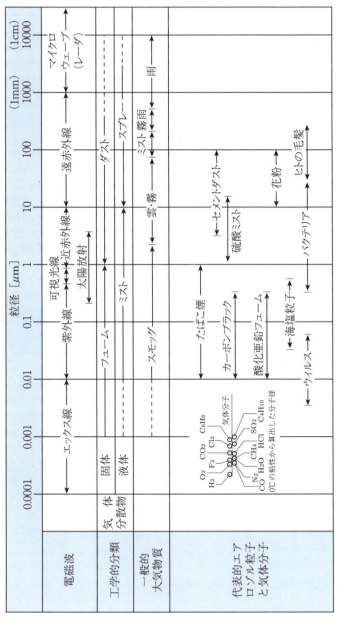

図 7.2 エアロゾル粒子と粒径範囲（文献 8）より作成）

未満の空気とも言われ，高度 2 km 以上の空気がこの状態である．一般的には，清浄空気の 10個/cm³（10⁷個/m³）程度から発生源近傍の 10⁶～10¹⁰個/cm³（10¹²～10¹⁶個/m³）程度まで 7～8 桁にもわたる．クリーンルームなどでは，0.5μm 以上の粒子で 10～10⁹個/m³ の清浄度が利用されている．また，都市の大気は，質量濃度で 0.02～0.30 mg/m³ であるが，室内空気では高濃度を示す場合もある．

他の物理的性質としては，粒子の密度がある．この密度は，粒子自体の単位体積あたりの質量を表したものであり，エアロゾルの密度を表してはいない．液体粒子や破砕あるいは研磨によって生成した固体粒子の密度は，もとの材質と同じである．スモークやフュームの粒子は，見かけ上その化学組成から推定されるものよりはるかに小さい密度を有していることが多い．これは，これらの粒子がぶどうの房に似た凝集構造を有しており，粒子間に大きなすき間が存在するためである．

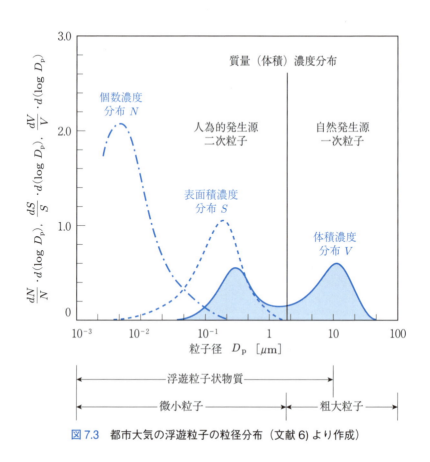

図 7.3　都市大気の浮遊粒子の粒径分布（文献 6) より作成）

7.3 浮遊粒子の特性

(2) **粒径分布** 構成粒子の粒径と濃度の関係を**粒度分布**といい，粒度分布関数や累積粒度分布関数で表される．代表的なものとして対数正規分布があり，粒径を対数で表した頻度分布で形状がガウス分布になる．粒径分布の統計的数値として，粒径に対して平均値，中央値，最頻値があり，分布について標準偏差が利用される．幾何平均径，幾何標準偏差も利用される場合が多い．

図7.3 に，都市大気の浮遊粒子の粒径分布の測定例を示す．単位体積中の個数分布，表面積分布，質量分布で表したものである．個数分布では，粒子径 $0.01\,\mu\text{m}$ より少し小さいところの粒子が最も多いことを示している．表面積分布は，粒子表面での反応の起こりやすさを議論する場合に有効である．粒子の体積または重量の分布は，健康への影響に関係が深く，環境の基準も質量単位で表されている．

多くの場合，質量分布は $1\sim2\,\mu\text{m}$ を谷とした二山型分布として表され，微小粒子と粗大粒子では生成・発生機構や除去機構の違いがあり化学組成も異なっている．

大気の**粒子状物質**や室内の**浮遊粉じん**の基準では $10\,\mu\text{m}$ 以下のものが対象となり，大気の粒子状物質の環境基準 $0.1\,\text{mg/m}^3$ 以下，室内の浮遊粉じんの室内環境基準 $0.15\,\text{mg/m}^3$ 以下となっているが，大気汚染との関連から 2 次生成粒子が多く含まれる $2.5\,\mu\text{m}$ 以下の粒子状物質（PM2.5）が問題となり，大気の環境基準 **PM2.5** として，年平均値 $15\,\mu\text{g/m}^3$，1 日平均値 $35\,\mu\text{g/m}^3$ が規定されている．なお，室内での PM2.5 は研究段階で，基準はまだ規定されていない．

(3) **動力学的性質** 微粒子は，さまざまな力が作用して，空気中を運動する．

粒子が気体中を運動する場合，粒子は気体から流体抵抗力 F_r を受ける．

$$F_\text{r} = \frac{C_\text{D}\, A\, \rho_\text{f}\, v_\text{r}^2}{2} \tag{7.1}$$

C_D：抵抗係数

A ：粒子の投影面積（球形粒子の場合 $\dfrac{\pi d_\text{p}^2}{4}$）$[\text{m}^2]$

ρ_f ：流体密度（20℃の空気の密度 $1.2 \times 10^{-3}\,\text{g/cm}^3$（$1.2\,\text{kg/m}^3$））

v_r ：粒子の流体に対する相対速度 $[\text{m/s}]$

抵抗係数は，球形粒子の場合，粒子径 d_p を代表長さとしてレイノルズ数

$$Re_\text{p} = \frac{\rho_\text{f}\, v_\text{r}\, d_\text{p}}{\mu} = \frac{v_\text{r}\, d_\text{p}}{\nu} \tag{7.2}$$

μ：気体の粘性係数（20℃の空気の粘性係数 $1.81 \times 10^{-4}\,\text{Pa/s}$）

ν：動粘度（20℃の空気の動粘度 $1.56 \times 10^{-4} \, \mathrm{m^2/s}$）

の関数として表される.

・ストークス域（$Re_\mathrm{p} < 2$）の場合，$C_\mathrm{D} = \dfrac{24}{Re_\mathrm{p}}$

・アレン域（遷移域）（$2 < Re_\mathrm{p} < 500$）の場合，$C_\mathrm{D} = \dfrac{10}{\sqrt{Re_\mathrm{p}}}$

・ニュートン域（乱流域）（$Re_\mathrm{p} > 500$）の場合，$C_\mathrm{D} = 0.44$

粒子が小さくなり気体分子の平均自由行程に近くなると，気体の分子運動が影響し，上述の値より抵抗係数は小さくなるため，カニンガムの補正係数 C_c（Davies の値）で補正する．粒子の大きさが常温常圧で $1\,\mu\mathrm{m}$ 程度以下の場合，補正が必要である．

$$C_\mathrm{c} = 1 + K_\mathrm{n} \left(1.257 + 0.400 \; \exp\left(-\frac{1.10}{K_\mathrm{n}} \right) \right) \tag{7.3}$$

K_n：クヌッセン数 $\left(K_\mathrm{n} = \dfrac{2\lambda}{d_\mathrm{p}} \right)$ [−]

λ ：平均自由行程　68×10^{-6} [m]

(1)　**慣性運動・沈降**　流体中の比較的大きな粒子（$0.5\,\mu\mathrm{m}$ 以上）では慣性力が支配的な運動となりニュートンの運動法則に従う.

$$m_\mathrm{p} \frac{dv_\mathrm{r}}{dt} = F \tag{7.4}$$

m_p：粒子の質量 [kg]

F ：粒子にかかる力 [N]

右辺の力 F には，外力 F_e と抵抗力 F_r が支配的となり，定常状態では両者が釣り合っている.

球形粒子の場合（$m_\mathrm{p} = \pi \rho_\mathrm{p} \dfrac{d_\mathrm{p}^3}{6}$），流体の抵抗力 F_r は，**カニンガムの補正係数**を考慮したストークスの抵抗則が適用され，

$$F_\mathrm{r} = \frac{3\pi\mu \, d_\mathrm{p} \, v_\mathrm{r}}{C_\mathrm{c}} \tag{7.5}$$

d_p：粒径 [m]

C_c：カニンガムの補正係数 [−]

外力がない場合（$F_\mathrm{e} = 0$）は，

7.3 浮遊粒子の特性

$$\tau \frac{dv_\mathrm{r}}{dt} = v_\mathrm{r} \tag{7.6}$$

ただし

$$\tau = \frac{\rho_\mathrm{p}\, d_\mathrm{p}^2\, C_\mathrm{c}}{18\mu} \tag{7.7}$$

となる．τ を**緩和時間** [s] といい，時間次元を持つ慣性力の指標となる．

また，球形粒子に重力（$F_\mathrm{e} = \pi\rho_\mathrm{p}\, d_\mathrm{p}^3\, g$）が作用する場合，定常状態では一定速度（$\frac{dv_\mathrm{r}}{dt} = 0$）で沈降し，**終末沈降速度** V_TS は，次式が成り立つ．

$$V_\mathrm{TS} = \frac{\rho_\mathrm{p}\, d_\mathrm{p}^2 g C_\mathrm{c}}{18\mu} \tag{7.8}$$

ただし，g は重力加速度（$9.8\,\mathrm{m/s^2}$）

(2) 静電場における運動　荷電したエアロゾル粒子は，静電場ではクーロン力が働く．

$$F_\mathrm{e} = pe E \tag{7.9}$$

ここで，p は，粒子が持つ荷電数，e は電気素量（$1.602189 \times 10^{-19}\,\mathrm{C}$），$E$ は，電界強度 [V/m] である．

水平方向に電界 E がかけられた空間で，球形粒子が電荷を持っていると，水平方向にクーロン力が働き移動し，定常状態では流体抵抗と釣り合うため，移動速度 [m/s] は次式となる．

$$v_\mathrm{E} = \frac{C_\mathrm{c}\, p\, \mathrm{e}\, E}{3\pi\mu d_\mathrm{p}} \tag{7.10}$$

また，移動速度を電界強度で除した次式は，**電気移動度** $Z_\mathrm{p}\,[\mathrm{m^2/(V{\cdot}s)}]$ と呼ばれ，電界中の粒子移動の尺度である．

$$Z_\mathrm{p} = \frac{v_\mathrm{E}}{E} = \frac{C_\mathrm{c}\, p\, \mathrm{e}}{3\pi\mu d_\mathrm{p}} \tag{7.11}$$

(3) 拡散　エアロゾル粒子は，気体分子の衝突により不規則な運動をしているが，これを**ブラウン運動**という．

図 7.4 に気体分子と粒子の**ブラウン運動**の軌跡を示す．粒子の場合は，気体分子

より質量がはるかに大きいので，分子の多数回の衝突により方向を変えるためスムーズな曲線状の軌跡となる．

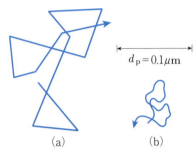

図 7.4 都気体分子と粒子のブラウン運動（(a) ガス分子，(b) 0.1 μm 粒子）

粒子のブラウン拡散は，ガス分子と同様，フィックの第 1 法則に従う．

$$j = D\frac{dC}{dx} \tag{7.12}$$

j：移動フラックス $[\mathrm{s}^{-1}]$
C：粒子濃度 $[\mathrm{m}^{-3}]$

D は粒子の拡散係数 $[\mathrm{m}^2/\mathrm{s}]$ で，ストークス–アインシュタインの式で表される．k はボルツマン定数（1.380649×10^{-23} J/K）である．

$$D = \frac{C_c kT}{3\pi\mu d_p} \tag{7.13}$$

ブラウン運動による時間 t の間の移動量（2 乗平均平方根変位）は，次式で表される．

$$x^2 = 2Dt \tag{7.14}$$

(4) **粒子沈着と再飛散** エアロゾル粒子が気相中を移動し，壁面（固体・液体）に到達し，付着する現象を**粒子沈着**といい，沈着した粒子が壁面から離れて再び気相に取り込まれる現象を**再飛散**という．

粒子の沈着に加わる外力には，重力・慣性力・静電気力・拡散などが挙げられる．複雑な流れ中の粒子の挙動は，まだ十分には解明されていないが，一様流れ中における平板への粒子沈着は，図 7.5，図 7.6 に示される．沈着速度は，単位時間あた

7.3 浮遊粒子の特性

りの沈着量を気中濃度で割ったもので速度の次元となる．流れ場に垂直な面は，重力と慣性力により大粒径の粒子，拡散により小粒径の粒子の沈着速度が大きい．それに対して，流れ場に平行な場合は，当然ながら拡散が支配的で小粒径粒子の沈着速度が大きい．

粒子の表面付着力は，主として，ファンデルワールス力，静電気力，吸着液体の皮膜による表面張力である．粒子の再飛散は，粒子の付着力以上の外力が加えられて初めて表面から分離し気流中に移動し発生する．層流下でストークス領域の粒子の再飛散は静圧条件ではないことが示されている．また，定常状態では気流による外力は一般的には小さいため，振動や気流の脈動などによる非定常な挙動が必要である．表7.6に球形粒子に働く力を示す．

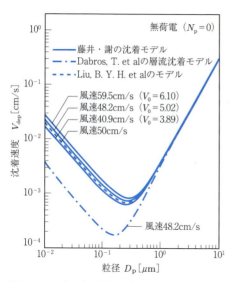 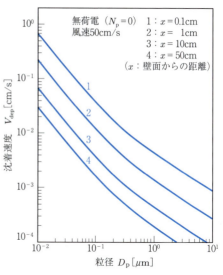

図7.5 下向き気流中の水平面への沈着速度 　図7.6 下向き気流中の気流に平行な垂直面への沈着速度

表7.6 球形粒子に働く力（文献6)より作成）

粒径 [μm]	付着力（相対湿度50%） [N]	重力 [N]	気流（10m/s）による力 [N]
0.1	10^{-8}	5×10^{-18}	2×10^{-10}
1.0	10^{-7}	5×10^{-15}	2×10^{-9}
10	10^{-6}	5×10^{-12}	3×10^{-8}

120　　　第 7 章　空気清浄と空気汚染

7.4　空気清浄の考え方

　室内の空気汚染を防止するためには，空間の汚染物質濃度を低減し，制御する必要がある．汚染物質を「極力発生させない」，「室内に持ち込まない」，「すみやかに除去する」，「蓄積させない」ことが基本となる．室内発生源の対策としては，室内で使用する燃焼機器対策，薬剤・溶剤等の過剰使用，カビ発生の防止，建築材料等からのアウトガス対策などがある．室内に持ち込まない対策としては，外気取入れ口の対策，外気導入時の外気処理，花粉等の持ち込み防止などがある．除去対策としては，必要換気量の確保，局所排気の採用，清掃による除去などがある．

第 7 章の問題

□ **7.1**　直径 $1\,\mu\mathrm{m}$ 及び $0.1\,\mu\mathrm{m}$，密度 $1\,\mathrm{g/cm^3}$ の球形粒子の $20\,℃$，1 気圧における終末沈降速度及び 1 秒間のブラウン運動による移動量を求めよ．

【解答例】
7.1　終末沈降速度は，式 (7.8) より $V_{\mathrm{TS}} = \dfrac{\rho_{\mathrm{p}}\,d_{\mathrm{p}}^2\,g C_{\mathrm{c}}}{18\mu}$

　　　μ：気体の粘度（$20\,℃$ の空気の粘性係数 $1.81 \times 10^{-4}\,\mathrm{Pa\cdot s}$）

　　　$C_{\mathrm{c}} = 1 + K_{\mathrm{n}}\left(1.257 + 0.400\exp\left(-\dfrac{1.10}{K_{\mathrm{n}}}\right)\right)$

　　　$K_{\mathrm{n}} = \dfrac{2\lambda}{d_{\mathrm{p}}}$

　　　λ：平均自由行程 $68 \times 10^{-9}\,[\mathrm{m}]$

　　$1\,\mu\mathrm{m}$ 粒子の場合，$K_{\mathrm{n}} = \dfrac{2 \times 68 \times 10^{-9}}{10^{-6}} = 136 \times 10^{-3}$

　　　$C_{\mathrm{c}} = 1 + 136 \times 10^{-3}\left(1.257 + 0.400\exp\left(-\dfrac{1.1}{136 \times 10^{-3}}\right)\right) = 1.17$

　　　$V_{\mathrm{TS}} = \dfrac{10^3 \times 10^{-12} \times 9.8 \times 1.17}{18 \times 1.81 \times 10^{-4}} = 0.35 \times 10^{-5}\ \ [\mathrm{m/s}]$

　　$0.1\,\mu\mathrm{m}$ 粒子の場合，$K_{\mathrm{n}} = \dfrac{2 \times 68 \times 10^{-9}}{10^{-7}} = 136 \times 10^{-2}$

　　　$C_{\mathrm{c}} = 1 + 136 \times 10^{-2}\left(1.257 + 0.400\exp\left(-\dfrac{1.1}{136 \times 10^{-2}}\right)\right) = 23.11$

　　　$V_{\mathrm{TS}} = \dfrac{10^3 \times 10^{-14} \times 9.8 \times 23.11}{18 \times 1.81 \times 10^{-4}} = 6.95 \times 10^{-7}\ \ [\mathrm{m/s}]$

　　1 秒間のブラウン運動による移動量は，式 (7.14) により $x = \sqrt{2Dt}$

第 7 章の問題

1 μm 粒子の場合 $D = \dfrac{C_c kT}{3\pi\mu d_p} = 2.78 \times 10^{-12}$ より

$\qquad x = 2.36 \times 10^{-6}$ [m]

0.1 μm 粒子の場合 $D = \dfrac{C_c kT}{3\pi\mu d_p} = 7.00 \times 10^{-11}$ より

$\qquad x = 1.18 \times 10^{-5}$ [m]

[補足説明] 20℃，1 気圧における球形粒子の粒径（空気力学径）と終末沈降速度，ブラウン運動による移動量の関係を，表に示す．粒径の大きな粒子は終末沈降速度が大きく，小さな粒子はブラウン運動による移動が大きい．また，1 μm 程度で両者の移動量がほぼ等しくなる．

表 終末沈降速度とブラウン運動による移動量

粒径 [μm]	終末沈降速度 [m/s] 1 秒あたりの重力沈降距離	1 秒間のブラウン運動による移動量 [m]
0.01	7.0×10^{-9}	1.0×10^{-4}
0.1	8.9×10^{-8}	1.2×10^{-5}
1	3.5×10^{-6}	2.4×10^{-6}
10	0.00031	6.9×10^{-7}
100	0.03	―

参 考 文 献

1) 池田耕一，空気調和用ダクト清掃作業監督者講習会テキスト第2版，（公財）日本建築衛生管理教育センター，2015
2) 池田耕一，建築物の環境衛生管理 上巻，（公財）日本建築衛生管理教育センター，2004
3) 日本建築衛生管理教育センター，新建築物の環境衛生管理 中巻，（公財）日本建築衛生管理教育センター，2022
4) 大井田隆，空気調和用ダクト清掃作業監督者講習会テキスト第2版，（公財）日本建築衛生管理教育センター，2015
5) 厚生労働省HP，室内空気中化学物質の室内濃度指針値について（平成31年01月17日薬生発第117001号），https：//www.mhlw.go.jp/web/t'doc?dataId=00tc3866&dataType=1&pageNo=1，2024
6) 藤井修二，空気調和用ダクト清掃作業監督者講習会テキスト第2版，（公財）日本建築衛生管理教育センター，2015
7) 藤井修二編著，建築環境のデザインと設備，市ヶ谷出版，2017
8) William C. Hinds, Aerosol technology , properties, behavior, and measurement of airborne particles, Wiley, 1982

第8章

微生物汚染対策と建築設備

8.1 微生物とは

　人間の肉眼の解像力は 0.2 mm 程度であるといわれている．従って，ごく一部の原虫を除けば一般に肉眼で見えない生物を**微生物**と呼ぶ．表 8.1 に 46 億年の地球歴史を深夜の 0 時から昼の 12 時までの 12 時間に縮めた地球の出来事を示す．地球が 12 時間前に誕生したとすれば，原核生物は 9 時間前，真核生物は約 3 時間前に既にこの地球上に生存していた．これに対して，人類の記録された歴史の始まりはたったの 1 秒前であった．微生物は人類より遥かに昔からこの地球上に生存している．

表 8.1　地球の出来事（文献 1) より作成）

0：00	地球の誕生
3：00	最初の生命の確実な証拠
3：00〜9：15	原核生物
9：15	最初の真核生物
10：45	原始的動物門の進化
10：54	最初の陸上植物
11：00	最初の脊椎動物
11：30	恐竜（類）の時代
11：50	ほ乳類の時代
11：59：00	最初の人類
11：59：40	最初の現生人類
11：59：59	人類の記録された歴史
12：00	現在

第8章 微生物汚染対策と建築設備

微生物の存在が人間によって初めて確認されたのは17世紀に入ってからである．記録によれば1673年にオランダ人Leeuwenhoekが自ら制作した顕微鏡で「小動物（微生物）」を観察したという．その後の1860年にフランス人Pasteurが肉汁ブイヨンを用いて，空気中の微生物の存在を証明し，1881年にドイツ人Kochはジャガイモを主成分とする固形培地を用いて空気中から微生物の分離に成功した．

微生物の分類方法はいろいろあるが，一般環境中の微生物として，細菌，真菌，ウイルスがあげられる．**細菌**は自己複製能力を持つ生物であるが，染色体が核膜で覆われておらず，細胞質にDNAが直接露出していることから**原核生物**と呼ばれている．ほとんどの細菌は単独で存在し，従属栄養生物であるため，必要なエネルギーは他の生物に依存する．細菌は形状によって**球菌**，**杆菌**，**らせん菌**に大別される．また，球菌には**双球菌，四連球菌，八連球菌，連鎖球菌，ブドウ球菌**がある．図8.1 (1)に筆者の実験室から分離された黄色ブドウ球菌の電顕写真を示す．

真菌は核膜に覆われた核を持つ真核生物であり，多細胞の従属栄養生物である．真菌には**カビ**，酵母，キノコが含まれる．細菌は細胞2分裂法によって増殖するが，カビは菌糸を延ばし，菌糸とその先から胞子を生成することによって生育，増殖を成し遂げる．一方，胞子を形成しない真菌を一括りで**マイセリア（菌糸体）**と呼ぶ．図8.1 (2)に筆者らの実験室から分離されたアスペルスニガー（クロコウジカビ）の電顕写真を示す．

ウイルスはウイルスゲノム（DNAまたはRNA）と，それを包み込んで保護し，かつ標的細胞へのウイルス感染を効率よく行わせるタンパク質の外皮から構成される．ウイルスは全て寄生性で，自身のみでは増殖できないため，宿主細胞に依存して増殖する．

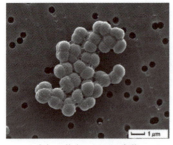 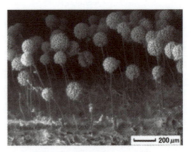

(1) 黄色ブドウ球菌　　　　　　　(2) アスペルギルスニガー

図8.1 (1) 細菌と (2) 真菌の電顕写真（工学院大学建築設備，柳研究室提供）

8.2 微生物の生育条件と増殖特性

　細菌と真菌は，温度，湿度，栄養分，酸素などの条件が揃えば一定の時間を経て増殖する．表 8.2 に細菌と真菌生育の温度範囲，表 8.3 に発育最低湿度条件を示す．地球上には多くの種類の細菌と真菌が生息しているが，室内環境で生息できる細菌と真菌は室内環境条件に適したものに限る．

　細菌の生育から死滅までは誘導期，指数増殖期，定常期，死滅期との 4 段階があることが知られている．真菌の増殖については，柳らの実験結果から細菌と同様に 4 段階あることが分かった（図 8.2）．

　カビの増殖は図 8.3 に示す通り，着生→発芽→菌糸成長→若い胞子形成→胞子増える→旺盛に増殖の段階がある．なお，胞子形成しないマイセリア（菌糸体）を伝統的な形態学では同定することができない．

　ウイルスは増殖・遺伝子複製の際にしばしば変異が起こる．一般に，**DNA ウイ**ルスでは変異発生率は 10^{-8}〜10^{-11}/塩基であるのに対し，**RNA ウイルス**は 10^{-3}〜10^{-4}/塩基と高い．新型コロナ感染症（COVID-19）の病原体である SARS-CoV-2（RNA ウイルス）は頻繁に変異していたことが記憶に新しい．

表 8.2　細菌と真菌の生育温度範囲（文献 2) より作成）

		最低	最適	最高
細菌	高温性菌	30〜45	50〜70	70〜90
	中温性菌	5〜15	30〜45	45〜55
	低温性菌	−5〜5	25〜30	30〜35
	好冷菌	−10〜5	12〜15	15〜25
酵母	高温性菌	12〜31	35〜53	50〜61
	中温性菌	0〜5	20〜35	30〜47
	低温性菌	12.5〜8	−	19〜44
カビ	中温性菌	5〜13	25〜45	30〜52
	低温性菌	−10〜5	5〜25	30〜40

表 8.3 細菌と真菌の発育最低湿度

	微生物	発育最低相対湿度 ［%］
細菌	*Achromobacter*	96
	Pseudomonas aeruginosa	96
	Serratia	96
	Aerobacter aerogenes	95
	Bacillus subtilis	95
	Clostridium sporogenes	95
	Escherichia coli	95
	Salmonella typhimurium	95
	Streptococcus faecalis	94
	Microccus	92
	Staphylococcus aureus	86
酵母	*Candida albicans*	95
	Saccharomyces cerevisiae	90
	Endomyces	89
	Rhodotorula rubra	89
カビ	*Trichoderma*	97
	Alternaria alternata	94
	Aureobasidium pullulans	94
	Cladosporium	94
	Fusarium oxysporum	94
	Mucor racemosus	92
	Aspergillus flavus	85〜87
	Aspergillus fumigatus	85〜87
	Penicillium citrinum	85〜86
	Aspergillus versicolor	84〜85
	Eurotium repens	68〜70
	Wallemia sebi	65〜70
	Aspergillus restrictus	65〜68

8.2 微生物の生育条件と増殖特性

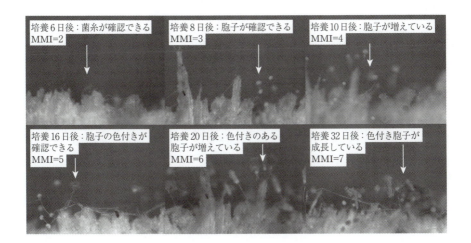

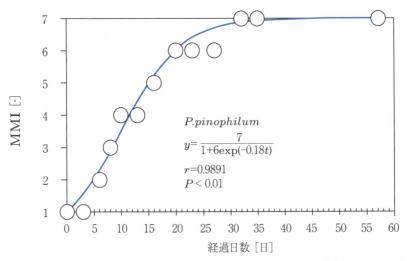

図8.2 木材表面でのアオカビ増殖状態（上）とカビ増殖指数（MMI, 下）（文献 3) より作成）

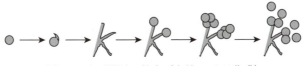

図8.3 カビ増殖の仕方（文献 4) より作成）

8.3　微生物によるヒトの健康への影響

8.3.1　細　菌

　室内空気環境における細菌によるヒトの健康への影響には結核，レジオネラ症などに代表される感染症がある．

　結核菌は 1882 年にドイツの Robert Koch により発見された 0.3～0.6 μm×1～4 μm のグラム陽性桿菌で，抗酸性を示す．その感染経路は咳，くしゃみとともに放出された飛沫を吸い込むことによる飛沫感染と，床，壁などに付着した後に再飛散したものを吸い込んだ塵埃感染がある（現在一般的に**エアロゾル感染**という）．多くの細菌は，血液中の白血球によって死に至るが，結核菌は白血球の中でも生き続けられる．**肺結核**は結核菌による伝染性の細菌感染であり，肺病変で始まるが他の臓器にも広がっていく．その症状は喘息，過度な発汗，関節痛，下痢，胸痛，難聴，呼吸困難などである．

　蓑輪ら[5]は，ある事業所内 4 名の結核患者に対して疫学調査と事務室内空気環境の調査を行った．初発患者は，36 歳男性で接触者 99 名の追跡調査の結果 16 名の二次患者が確認された一方，事務室内空気環境の調査結果より，換気量が不足していることが拍車をかけたものと考察されている．

　レジオネラ症の病原体である**レジオネラ属菌**は，0.3～0.9 μm×2～20 μm の好気性グラム陰性桿菌で，通常は 1～2 本の極毛によって運動し，多数の繊毛を持っている．自然界の土壌中や淡水に生息し，他の細菌や藻類の代謝産物を利用し，またアメーバその他の細菌捕食性原生動物に寄生して増殖する．

　レジオネラ属菌が原因で起こる感染症はレジオネラ症と総称され，その臨床症状から肺炎型とポンティアック熱型に大別される．今まで報告されているのはほとんど肺炎型で，レジオネラ属菌を直接吸い込むことに起因する．とくに，体が弱っている時に発病すると症状が重くなり，一般的な抗生物質では治療が難しいことから，死に至ることもある．

　レジオネラ症としてもっとも有名なのは 1976 年にアメリカのフィラデルフィアで起きた**在郷軍人病**である．それは，冷却塔の水槽に入ったレジオネラ属菌がエアロゾル化して，冷却塔近くの空調機の外気取入口に入り，室内に侵入したものと，近傍街路上の人に被ばくを与えた事件である．

　日本では 1994 年夏にレジオネラ症の集団発生が報告されている．ある企業の研修センターにおいて，研修生が次々に発熱，喉，腰の痛みを訴え病院に運ばれた．

8.3 微生物によるヒトの健康への影響

患者の血液中のレジオネラ属菌抗体の量が，通常の64〜128倍もの値を示すことが確認されたという．感染の原因は冷却塔の水がレジオネラ属菌によって汚染され，エアロゾル化した粒子が窓を開けて換気した際に室内に侵入したとされている．

8.3.2 真 菌

真菌によるヒトの健康への影響は経口，吸入（経気道），経皮によって引き起こされる．また，ヒトの健康に対する真菌の影響は，真菌が病原体となるもの，真菌から生産する毒素（マイコトキシン）が原因となるもの，及び真菌そのものがアレルゲン（アレルギーの原因物質）となるものがある．真菌が原因となる疾患には，①真菌症（真菌性疾患），②マイコトキシン中毒症（かび毒中毒症，または真菌中毒症），及び③真菌過敏症（アレルギー性疾患または過敏性反応）がある．

真菌症には真菌が皮膚から侵入して病変を起こす表在性のものと，呼吸や経口で体内の種々組織，臓器に侵入して障害を及ぼす深在性のものがある．表在性真菌症として皮膚糸状菌（水虫など），スポロトリクム症（皮膚，皮下組織，リンパ管に慢性潰瘍性病変など），カンジタ症などがある．深在性真菌症のアスペルギルス症は呼吸器や外耳道に病変をつくり，クリプトコッカス症は脳や中枢神経，肺にとりつく．健康であれば感染することがないのに，他の病気のための抗生物質の使用，手術後の免疫抑制剤及びステロイドの使用などによる免疫不全や老齢で真菌に対する体の抵抗力が弱まると，真菌の感染症に罹りやすくなる．

マイコトキシンは，真菌が生産する毒素のことをいう．マイコトキシンは，真菌が増殖できる環境，即ち，真菌の生育にとって適温・高湿などの好環境下でかつ炭水化物を多く含む穀物類（米，ナッツなど）があるところで大量生産されることがある．この毒素はタンパク質ではなく，熱に強く，調理しても毒素が分解されないため，注意を要する．マイコトキシンには，アスペルギルス（*Aspergillus flavus, A. fumigatus, A. ochraceus, A. niger* など）のトキシン，ペニシリウム（*Penicillium citreonigrum, P.citrinum, P.islandicum* など）のトキシン，フザリウム（*Fusarium sporotrichioides, F. graminearum* など）のトキシンなどがある．なお，スペルギルス，ペニシリウム，フザリウムそれぞれを俗にコウジカビ，アオカビ，アカカビと呼ぶ．

真菌過敏症は，空中浮遊しているアスペルギルスやペニシリウムなどの胞子が抗原となって，それを吸入することによって，気管支喘息，アレルギー性鼻炎，結膜炎が引き起こされることである．

8.3.3 ウイルス

　ウイルスの増殖には，吸着・侵入・脱殻・遺伝子複製・転写・翻訳・タンパクの修正・粒子の組み立て・出芽・放出の各段階がある[6]．ウイルスの感染症は連続変異によるものと不連続変異によるものがある．毎年起きるインフルエンザは連続変異によるものであり，亜型は前年と同じであるが，抗原構造が僅かに変異する．パンデミックを引き起こすウイルスは不連続変異によるものである．インフルエンザパンデミック（世界大流行）は亜型の異なる2種以上のウイルスが同じ細胞に混合感染したとき，糖タンパク質が置き換わり抗原性のまったく新たな新型ウイルスが作られる（**遺伝子再集合**という．H1N2 + H3N1 → H3N2；H：スパイクタンパクのヘマグルチニン，N：スパイクタンパクのノイラミニダーゼ）．多くの亜型が存在するA型ウイルスに起こるものである．20世紀にはいってから下記のパンデミックが起きている．

- 1918～1919年：スペイン風邪（病原体：インフルエンザウイルスA型H1N1）
- 1957～1958年：アジア風邪（病原体：インフルエンザウイルスA型H2N2）
- 1968～1969年：香港風邪（病原体：インフルエンザウイルスA型H3N2）
- 2009～2010年：新型インフルエンザ（病原体：インフルエンザウイルスA型H1N1）
- 2019～2023年：新型コロナウイルス感染症（病原体：SARS-CoV-2）

　呼吸器感染症の病原体であるインフルエンザウイルスとSARS-CoV-2はコロナウイルスである．**コロナウイルス**の形態が王冠に似ていることから，ギリシャ語で王冠を意味するcoronaと名付けられている．コロナウイルスは多く存在しているが，ヒトに感染するのは多くない．図8.4にこれまで確認されたヒトに感染するコロナウイルス（HCoV）の発生年代を示す．20世紀までは4種類のHCoVし

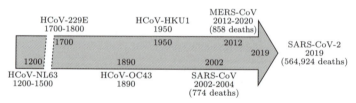

図8.4　ヒトに感染するコロナウイルス発生の歴史（文献7) より作成）

8.5 建築環境における微生物汚染の実態　　　**131**

か確認されていないが，21世紀に入ってからの20年間で既に3種類のHCoVが出現している．病原体のSARS-CoV-2が引き起こす新型コロナウイルス感染症（COVID-19）は終息したとしても，近い将来に新たなHCoVの出現が危惧されている．

8.4 関連規準

表8.4に日本建築学会から出された事務所，住宅，学校の設計と維持管理規準を示す．汚染源の異なる細菌と真菌に分けて規準が決められているのが特徴である．事務所は使用期間中空調されているため，真菌のような粒径の大きい粒子のほとんどがエアフィルタにより除去され，50 cfu/m³以下を達成するのに，空調システム内が汚染源となっていなければさほど難しくない[9]．逆に，室内浮遊真菌の濃度が高く，しかも吹出し気流中の真菌と同種であれば，空調システム内に真菌の汚染源あることが示唆される[10]．

表8.4　日本建築学会規準[8]より抜粋

対象建物	細菌（cfu/m³）		真菌（cfu/m³）	
	設計規準	管理規準	設計規準	管理規準
事務所[1]	200	500	20	50
住宅	–		–	1,000[3]
学校[2]	10,000		2,000	
	落下 10cfu/(5分・皿)		落下 10cfu/(5分・皿)	

［注］1）空調設備有
　　　2）授業中の教室
　　　3）真菌濃度1000以上の場合，I/O比2以下

8.5 建築環境における微生物汚染の実態

8.5.1 室内微生物汚染のメカニズム

図8.5に示しているのは中央方式空調システムの例である．空調機（AHU）は，室内負荷と外気負荷の両方を処理し，外気中の微生物を含めた粒子状物質をエアフィルタによって一部ろ過してから室内に導入する．図8.5に示す空調システムを

第8章 微生物汚染対策と建築設備

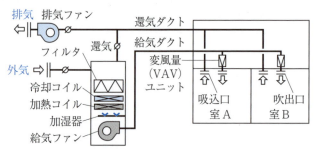

図 8.5 中央方式空調システムの例（文献 11）より作成）

有する定常状態での室内濃度は式 (8.1)～(8.3) より表される（室内完全混合，粒子状物質の室内表面への沈着と落下が無視できるとの仮定条件で）．

住宅のような自然換気のみの場合，式 (8.1) は式 (8.4) になる．また，式 (8.4) を変形すれば，室内屋外濃度比（**I/O 比**）は式 (8.5) になり，室内に主な発生源があるかどうかの判断指標になる．すなわち，I/O 比は 1 より大きければ式 (8.5) 右辺の第 2 項を無視することが出来ず，室内に主な汚染源があることを意味している．

インフルエンザのようなウイルスについては，非発生・流行期間では，式 (8.1) 中の M が 0 になり，外気中もほとんど存在しないため，室内の濃度は 0 になる．

$$C_i = C_s + \frac{M}{Q} \tag{8.1}$$

$$C_s = \frac{Q_o C_o + Q C_i - Q_o C_i}{Q}(1-\eta) \tag{8.2}$$

$$C_i = \frac{M + Q_o C_o (1-\eta)}{Q_o (1-\eta) + Q\eta} \tag{8.3}$$

$$C_i = C_o + \frac{M}{Q} \tag{8.4}$$

$$I/O = 1 + \frac{M}{Q C_o} \tag{8.5}$$

C ：室内微生物濃度 [cfu/m^3, copies/m^3]
C_s ：給気中汚染物質濃度 [cfu/m^3, copies/m^3]
C_o ：外気中汚染物質濃度 [cfu/m^3, copies/m^3]
M ：室内汚染発生量 [cfu/h, copies/h]
Q ：給気量 [m^3/h]

Q_0：取入れ外気量　$[\mathrm{m^3/h}]$

V　：室容積　$[\mathrm{m^3}]$

t　：経過時間　$[\mathrm{h}]$

η　：エアフィルタの捕集率　$[-]$

8.5.2　諸環境における微生物汚染の実態

　ここでは，諸環境中の浮遊細菌と浮遊真菌濃度，中央方式を有するオフィスビルの執務室，空気清浄度要求の高いバイオロジカルクリーンルーム（BCR）の測定結果について述べる．

（1）**諸環境濃度範囲**　8.5.1 項の諸式に示されている通り，室内の細菌と真菌濃度は室内での発生，外気からの侵入，空調システム内での発生，エアフィルタの捕集率，換気量などによって異なる．Prussin らは，学校，病院，住宅，商用ビルの真菌濃度は平均で $80\,\mathrm{cfu/m^3}$ であるが，$10^4\,\mathrm{cfu/m^3}$ といった高濃度が検出されるケースもあると報告している．また，柳[13]がまとめた国内の室内浮遊細菌と浮遊真菌濃度の範囲を**表 8.5** に示す．主な発生源が室内にある細菌については，人の変動の激しい病院外来待合室，社会福祉施設，地下街の濃度範囲が広く，主な発生源が外気中にある真菌については外気影響を受けやすい（自然換気）住宅，社会福祉施設で広い範囲を示す．

表 8.5　諸環境中の浮遊細菌と浮遊真菌濃度（文献 13) より作成）

対象空間	浮遊細菌 $[\mathrm{cfu/m^3}]$	浮遊真菌 $[\mathrm{cfu/m^3}]$
住宅	50〜700	30〜2000
オフィス	100〜1500	10〜200
病院・外来待合室	50〜2000	10〜500
病院・病室	10〜600	10〜500
社会福祉施設	100〜2000	50〜3000
地下街	100〜1500	100〜500

（2）**オフィスビル**　**図 8.6** に前述した**図 8.5** の空調システムを有するオフィスビル執務室内，空調吹出し口，外気中の浮遊細菌と浮遊真菌濃度を示す．外気濃度に比べ，吹出し空気中の細菌と真菌濃度が低くなっていることから，外気及び還気中の多くの微生物粒子がフィルタによって除去されることが分かる．また，室内浮遊真菌濃度は給気中と同程度であるのに対して，室内浮遊細菌濃度が給気中より高く

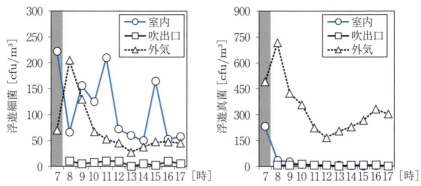

図 8.6 オフィスビル執務室内の浮遊細菌濃度（左）と浮遊真菌濃度（右）の測定例[13]
（柳宇，室内環境学概論，東京電機大学出版局，p.65，p.74，2010 より許諾を得て転載）

なっていることから，オフィスビルの室内浮遊細菌の主な発生源は室内にあることが分かる．このことは前述した式 (8.1) からも解釈できる．

(3) **BCR** 図 8.7 に某化粧品工場のバイオロジカルクリーンルーム（BCR）における室内浮遊粒子濃度と浮遊微生物濃度の測定結果を示す．浮遊粒子と浮遊細菌，浮遊真菌濃度は時々刻々変動するが，浮遊細菌に比べ，浮遊真菌がほとんど検出されなかった．これは，前述した BCR 内浮遊細菌と浮遊真菌の主な発生源の違いによるものと推察される．ヒトのいない昼休み時間帯に生菌（細菌，真菌）は検出されなかったが，操業時では細菌が検出された．

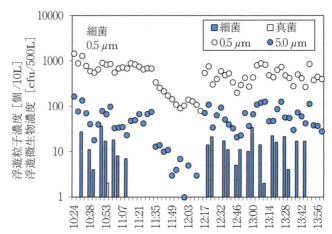

図 8.7 化粧品工場バイオクリーン浮遊粒子と微生物濃度の測定例（文献 14) より作成）

8.6 建築環境における微生物汚染の対策方法

　室内環境における微生物汚染の制御は，室内濃度を低減することである．そのために，物理的な方法，生物的な方法，化学的な方法が用いられている．物理的な方法には，式 (8.1) ～ (8.3) に示す換気（Q），エアフィルタによる捕集（η），及び汚染発生量（M）の抑制による方法がある．生物的な方法には紫外線による殺菌の方法がある．化学的な方法は薬剤による抗菌などの方法がある．以下に，それぞれについて述べる．

8.6.1 物理的な方法

（1）**換気による希釈・除去**　主な発生源が室内にある微生物（細菌，ウイルス）においては，換気が有効な方法である．これまでの研究では，細菌の主な発生源は室内にあることが分かっている．従って，細菌に対しては換気が有効な対策となる．一方，室内に顕著な発生源がなければ，真菌の主な発生源は屋外になるため，換気を行う際に外気中の真菌をろ過してから取り入れることが重要である．

（2）**フィルタによるろ過**　前記の式 (8.2) からも分かるように，取入れ外気と還気中の微生物をエアフィルタにより捕集することは室内濃度の低減になる．そのエアフィルタの捕集率が高ければ高いほど，取入れ外気中の微生物が多く除去される．

　医療施設のバイオクリーンルームなどでは，高性能フィルタ（HEPA フィルタ，$0.3\,\mu\mathrm{m}$ の粒子に対し 99.97% の捕集率を有する）が設置されている．HEPA フィルタが設置されれば，そこを通過する空気中の浮遊細菌と真菌がほぼ 100% 捕集される．即ち，式 (8.3) はその中の η が 1（100%）になるため，次の式 (8.6) が得られる．式 (8.6) は給気による微生物の侵入がない（ほぼ全部除去された）場合の室内濃度を表している．実際にバイオクリーンルームの給気中に浮遊細菌，真菌が検出されないことが多く報告されている[15]．式 (8.6) に示しているように，この場合室内濃度が発生量と給気量のみによって決まるため，給気量を多くすればするほど，室内濃度が低くなる．バイオクリーンルームの給気量 Q を多くするのはこのためである．

$$C_\mathrm{i} = \frac{M}{Q} \tag{8.6}$$

　図 8.8 に中性能フィルタによる浮遊細菌と真菌の捕集率を示す．浮遊細菌と真菌に対する捕集率はそれぞれ 80% と 70% 以上に維持され，エアフィルタによる浮遊

微生物粒子の捕集が有効であることが示された.

(3) **汚染源の対策** 前記の式 (8.1) に示している通り,発生量 M を抑えることは室内濃度の低減になる.室内環境においては,環境の衛生と居住者自身の清潔を保つことは重要である.また,適切な管理を怠っていると,空調システム内は微生物汚染の温床になることが広く知られている.図 8.9 に冷房時におけるパッケージ型空調機内の温度と相対湿度の変化を示す.冷房運転時にエアコンの吹出温度(空調機内)が 15℃ ほど下がり,相対湿度は 90% 以上に上昇し,高湿度環境にあることが分かる.

図 8.10 にエアコン洗浄前と洗浄後のドレンパン,細菌と真菌のコロニーを示す.洗浄効果は一目瞭然である.また,細菌のメチロバクテリウムとシュードモナスが増殖すると,コイルでバイオフィルムを形成することが知られており,洗浄は微生物汚染の除去だけではなく,熱交換効率の向上にも寄与する.

(4) **温湿度制御** 微生物は生き物であるゆえに,その環境によって生育し増殖する場合がある.微生物の生育に栄養源,温湿度などの環境条件が必要であり,生活環境は不適切な管理によって,微生物の汚染の助長要因となる.生活環境内に結露しやすい場所,言い換えれば,湿度が高くなりやすい場所は微生物の生育,増殖にとって好環境となる.温湿度の適正な管理,微生物の栄養源をなくす(クリーニング)ことは,微生物汚染の制御において重要である.

8.6.2 生物的な方法

紫外線照射による殺菌 紫外線が 1801 年にドイツの物理学者 Johann Wilhelm Ritter によって発見され,19 世紀に太陽光による空気と表面の殺菌作用が知られていた.Wells は最初に感染拡大の抑制に **UVGI**(ultraviolet germicidal irradiation,紫外線殺菌照射)による空気殺菌を試みた.1941 年アメリカの学校で起きた麻疹の集団感染流行期間中に,紫外線殺菌照射による空気殺菌の学校と対照区(紫外線殺菌照射なしの学校)の間に麻疹ウイルスに関する感作の閾値が異なることが明らかになった[18].

紫外線(UV, ultraviolet)は波長によって UV-A(400〜315 nm),UV-B(315〜280 nm),UV-C(280〜100 nm)に分類される.生物の DNA(デオキシリボ核酸)の吸収スペクトルは 250 nm(UVC 波長領域)近辺に存在しており,ウイルスや細菌などに紫外線(UVC)を照射すると,DNA の損傷が起き複製ができなくなる.UVC による殺菌作用はこの原理を利用している.なお,SARS-CoV-2 のような RNA(リボ核酸)ウイルスの場合,紫外線にばく露されると塩基配列の中のウラ

8.6 建築環境における微生物汚染の対策方法

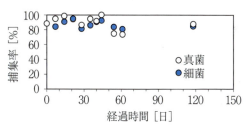

図 8.8 中性能エアフィルタによる微生物捕集率の実測値（文献 16) より作成）

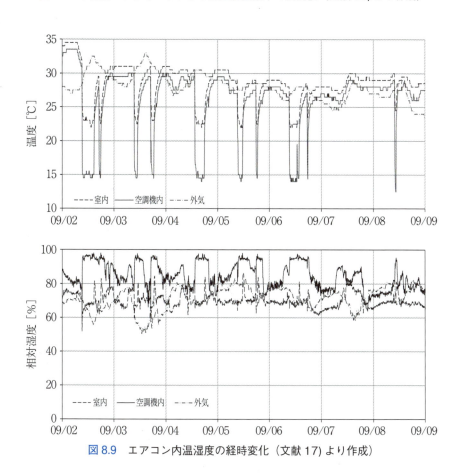

図 8.9 エアコン内温湿度の経時変化（文献 17) より作成）

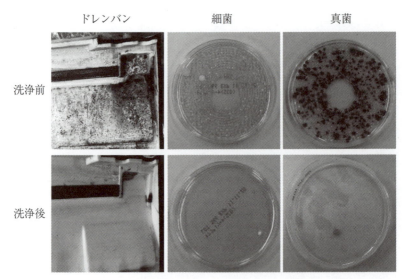

図 8.10 空調機ドレンパン洗浄前後の比較（工学院大学建築設備，柳研究室提供）

シルニ量体が形成され，複製機能が喪失する．紫外線殺菌はこの原理を利用している．

実際に紫外線の殺菌効果は紫外線の強度 I [W/m^2] と照射時間 t [s] の積（線量）によって決まる．紫外線殺菌によるウイルスの生存率を下記の式に示す．

$$S_t = e^{-KIt} \tag{8.7}$$

S_t：生存率 [−]
k ：殺菌係数 [m^2/J]
I ：紫外線強度 [W/m^2]
t ：照射時間 [s]

ウイルスに対して紫外線照射による殺菌は特に有効であることから，世界保健機構(WHO)，米国感染予防対策センター(CDC)などが推奨している．特に結核菌（細菌）に対して有効であることが知られている．ハーバード大学医学部の Nardell はアップルーム方式の紫外線照射による結核菌を 80% 低減でき，24 回/h の換気効果があるとしている[19]．Menzies らは紫外線照射殺菌によって空調機内のドレンパンと熱交換コイル微生物汚染を低減することで，業務関連症状（work-related symptoms）の低減に寄与すると報告している[20]．

8.6.3 化学的な方法

　生活環境における細菌，真菌，ウイルスを制御する場合，抗菌，殺菌，消毒など
いろいろな言葉が混同されて使用される場合がある．ここでは，参考として，社団
法人全国家庭電気製品公正取引協議会より出された菌等の抑制に関する用語使用基
準を示す[21]．

> ・抗菌：微生物の発生・生育・増殖を抑制することをいい，細菌のみを対象．
> ・除菌：ある物質または限られた空間より微生物を除去すること．
> ・殺菌：微生物を死滅させること．
> ・滅菌：微生物を完全に死滅させること
> ・防カビ：カビの発生・生育・増殖を抑制することをいい，カビのみを対象．
> ・消毒：微生物の内，病原性のあるものを全て殺滅・除去してしまうこと．
> ・抗ウイルス：ウイルスの活動を抑制することをいい，ウイルスのみを対象．

　抗菌には，物理的な方法（加熱・冷凍・光線・超音波・ろ過・電気），生物的な方法（抗
生物質）もあるが，生活環境において化学的な方法が最も多く用いられている．実

表 8.6　室内環境に用いられる抗菌剤の例（文献 22）より作成）

抗菌剤	抗菌メカニズム	物質代表例
金属	湿式条件で金属から生成される金属イオンが菌の核酸合成やタンパク合成を阻害するか（静菌性能），または細菌の細胞膜や細胞壁の機能障害を引き起こして細菌を死滅させる（殺菌性能）かの 2 通りによる	銀 Ag^+，銅 Cu^{2+}
フェノール	細胞壁の破壊及び酵素タンパク質の変換	アルキルフェノール
塩素	酵素タンパク質中の -SH 基の破壊及びタンパク質中の -S- 架橋結合の破壊	次亜塩素酸（HClO）次亜塩素酸ナトリウム（NaClO）
アルコール	細菌の脱水，タンパク質の凝固，細胞壁の破壊	エチルアルコール（エタノール，$C_2H_5\text{-}OH$）
第 4 級アンモニウム塩	細胞壁の破壊及び酵素タンパク質の変質	カチオン及びアニオン界面活性剤

際に使用されている化学的な方法は数万種類あると言われているが，表8.6に生活環境でよく用いられている抗菌剤とその抗菌メカニズムを示す．

抗菌剤には重金属イオンを含有する無機系物，フェノール系化合物，塩素系化合物，アルコール，第4級アンモニウム塩に代表される界面活性剤など多種多様なものが開発され，使用目的に応じて選択されている．また，最近では，光触媒などのような新しい抗菌剤に注目が集まっている．

第8章の問題

☐ **8.1** 微生物に関する次の記述のうち，正しいものに○，誤っているものに×をつけよ．
①ウイルスによる感染症には，連続変異によるものと不連続変異によるものがある．
②細菌と真菌の増殖の仕方は同じである．
③真菌の有害性にはアレルギーの他，中毒があげられる．
④栄養源，温湿度条件などが満たされれば，ウイルスは建築環境中で増殖することがある．
⑤オフィスビルの室内浮遊細菌濃度は外気中の細菌濃度より低いケースが多い．

☐ **8.2** 微生物の制御に関する次の記述のうち，正しいものに○，誤っているものに×をつけよ．
①細菌，真菌，ウイルスの対策方法には，エアフィルタによるろ過の方法がある．
②BCRの空気循環の換気回数はオフィスビルと同程度である．
③生物のDNA（デオキシリボ核酸）の吸収スペクトルはUV-A領域にある．
④殺菌とは全ての微生物を死滅させることである．
⑤抗菌とは，微生物の発生・生育・増殖を抑制することをいい，細菌のみを対象とする．

【解答例】
8.1 ①○ ②× ③○ ④× ⑤×
8.2 ①○ ②× ③× ④× ⑤○

参 考 文 献

1) ウォーレス，現代生物学，東京化学同人，1991
2) 柳宇，室内環境と微生物，空気清浄，52（1），45-54，2014
3) 柳宇，鍵直樹，大澤元毅，木材表面におけるかび増殖特性の評価方法，日本建築学会環境系論文集，78（689），593，2013
4) Yanagi U. Microbial Contamination in the Indoor Environment. *Air pollution and pollutants*. 2013, 187-206, Academy Publish

参 考 文 献

5) 蓑輪真澄，その他，一事業所内における結核の集団発生，日本公衆衛生雑誌，30（2），77-86，1983

6) 光山正雄編，微生物感染学―新しい感染の科学，南山堂，2006

7) Zhou P, Yand XL et al., A pneumonia outbreak associated with a new coronavirus of probable bat origin. *Nature* 579: 270-273, 2020

8) 柳宇，日本建築学会環境基準 AIJES-A002-2013―微生物による室内空気汚染に関する設計・維持管理規準・同解説，丸善，2013

9) 柳宇，鍵直樹，池田耕一，齋藤秀樹，齋藤敬子，鎌倉良太，室内環境中における微生物汚染の実態とその対策方法，平成20年度空気調和・衛生工学会大会論文集，pp.2039-2042，2008

10) 柳宇，空調システム内微生物の汚染とカビ臭の対策，におい・かおり環境学会誌，Vol.43，No.3，pp.191-198，2012

11) 日本建築衛生管理教育センター，新 建築物の環境衛生管理 中巻，2022

12) Prussin AJ and Marr LC. Sources of airborne microorganisms in the built environment. *Microbiome*. 2015. 3:78

13) 柳宇，室内環境学概論，東京電機大学出版局，2010

14) 柳宇，バイオクリーンルームにおける微生物汚染防止対策，ファームステージ，Vol.7(2)，31-4，2007

15) 柳宇，山崎省二，塩津弥佳，池田耕一．医療施設における室内浮遊微生物に関する研究．空気調和衛生工学会学術講演会講演論文集，1917-1920，2003

16) 柳宇，山田花菜，鍵直樹，池田耕一，エアフィルタによる細菌と真菌の捕集特性に関する研究（その1）捕集率の経時変化．第24回 JACA 研究大会，2006

17) 柳宇，鍵直樹，大澤元毅，池田耕一，個別方式空調機内におけるカビ増殖特性に関する研究，空気調和・衛生工学会論文集，pp.31-38，2015

18) Wells, W.F.; Wells, M.W.; Wilder, T.S. The environmental control of epidemic contagion I: an epidemiologic study of radiant disinfection of air in day schools. *Am J Hyg* 1942; 35:97-121

19) Nardell, E.A.; Nathavitharana, R.R. AirborneSpreadofSARS-CoV-2andaPotentialRole for Air Disinfection. *JAMA*. 2020; 324(2):141-142

20) Menzies, D.; Popa, J.; Hanley, J.A.; Rand, T.; Milton, D.K. Effect of ultraviolet germicidal lights installed in office ventilation systems on workers' health and wellbeing: double-blind multiple crossover trial. *The Lancet*. 2003; 362(9398):1785-1791

21) （社）全国家庭電気製品公正取引協議会，家庭電気製品製造業における表示に関する公正規約（解説），2000

22) 三浦邦夫，高塚威，柳宇，山崎省二，抗菌処理を施した空調機器の抗菌性能の評価方法と評価結果，空気清浄，41（6），424-431，2004

第 9 章

空気汚染物質の制御

9.1 自 然 換 気

　室内における室内空気質の維持には，室内に発生源を持ち込まない，室内で発生させない，汚染物質を堆積させない，発生したときには速やかに除去することとなる．除去する方法としては，外気と入れ替えて汚染物質を除去，希釈する換気，空気清浄装置を用いた汚染物質の除去がある．ここでは，汚染物質の除去対策として，1 章の知見をもとに自然換気と機械換気の基本とともに，発生源の特徴，空気清浄装置の評価方法について述べる．

　建物において窓の開放や開口部を通じて，自然に通風換気を行うことができる．**自然換気**は，屋外との温度差による温度差換気や部屋の窓を開けるなどの屋外の風による風力換気がある．換気量については，開口部の条件が重要である．

　換気量の算定には，1 章で示した相当開口面積については，空気の通過する開口部の形状だけではなく，給気と排気の位置関係，複数ある場合などを考慮に入れる必要がある．複数の開口部がある居室の換気量を求めるためには，多数の開口を合計した**総合開口面積**を算出する．

　並列開口については，**図 9.1** のように前面にかかる圧力を p_0 とし，その下流側の圧力を p_i とすれば，各開口部の換気量 Q_1, Q_2, Q_3 は，下記のようになる．

$$Q_1 = \alpha_1 A_1 \sqrt{\frac{2}{\rho}(p_0 - p_i)}$$

$$Q_2 = \alpha_2 A_2 \sqrt{\frac{2}{\rho}(p_0 - p_i)} \qquad (9.1)$$

$$Q_3 = \alpha_3 A_3 \sqrt{\frac{2}{\rho}(p_0 - p_i)}$$

換気量の合計は，$Q_1 + Q_2 + Q_3$ であるので，

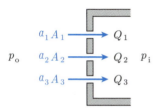 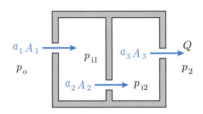

図 9.1 並列開口の設定条件　　　**図 9.2** 直列開口の設定条件

$$Q_1 + Q_2 + Q_3 = (\alpha_1 A_1 + \alpha_2 A_2 + \alpha_3 A_3)\sqrt{\frac{2}{\rho}(p_o - p_i)} \tag{9.2}$$

となる．開口面が複数並列する場合の総合開口面積は，各開口の流量係数と面積を乗じたものを足し合わせたものとなる．

$$\alpha A = \alpha_1 A_1 + \alpha_2 A_2 + \alpha_3 A_3 \tag{9.3}$$

図 9.2 のような 2 部屋ある直列開口については，風上開口面にかかる圧力を p_o，風上側より 1 つ目の部屋と 2 つ目の部屋の圧力を p_{i1}, p_{i2}，下流側の圧力を p_2 とすると，流量は各開口で同じであるから，換気量 Q は次式のようになる．

$$Q = \alpha_1 A_1 \sqrt{\frac{2}{\rho}(p_o - p_{i1})} = \alpha_2 A_2 \sqrt{\frac{2}{\rho}(p_{i1} - p_{i2})} = \alpha_3 A_3 \sqrt{\frac{2}{\rho}(p_{i2} - p_2)} \tag{9.4}$$

全ての辺を二乗すると，

$$Q^2 = (\alpha_1 A_1)^2 \frac{2}{\rho}(p_o - p_{i1}) = (\alpha_2 A_2)^2 \frac{2}{\rho}(p_{o1} - p_{i2}) = (\alpha_3 A_3)^2 \frac{2}{\rho}(p_{i2} - p_2) \tag{9.5}$$

となることから，各式を分離すると，

$$\begin{aligned}\frac{2}{\rho}(p_o - p_{i1}) &= \frac{Q^2}{(\alpha_1 A_1)^2} \\ \frac{2}{\rho}(p_{i1} - p_{i2}) &= \frac{Q^2}{(\alpha_2 A_2)^2} \\ \frac{2}{\rho}(p_{i2} - p_2) &= \frac{Q^2}{(\alpha_3 A_3)^2}\end{aligned} \tag{9.6}$$

となる．全ての式の両辺を足すと，

$$\frac{2}{\rho}(p_\text{o}-p_2) = \left\{ \frac{1}{(\alpha_1 A_1)^2} + \frac{1}{(\alpha_2 A_2)^2} + \frac{1}{(\alpha_3 A_3)^2} \right\} Q^2 \tag{9.7}$$

変形すると,

$$Q = \frac{1}{\sqrt{\dfrac{1}{(\alpha_1 A_1)^2} + \dfrac{1}{(\alpha_2 A_2)^2} + \dfrac{1}{(\alpha_3 A_3)^2}}} \sqrt{\frac{2}{\rho}(p_\text{o}-p_2)} \tag{9.8}$$

となる.よって,総合開口面積は,次のようになる.

$$\alpha A = \frac{1}{\sqrt{\dfrac{1}{(\alpha_1 A_1)^2} + \dfrac{1}{(\alpha_2 A_2)^2} + \dfrac{1}{(\alpha_3 A_3)^2}}} \tag{9.9}$$

同様に直列する開口面が複数並列する場合の総合開口面積は,次式になる.

$$\alpha A = \frac{1}{\sqrt{\dfrac{1}{(\alpha_1 A_1)^2} + \dfrac{1}{(\alpha_2 A_2)^2} + \dfrac{1}{(\alpha_3 A_3)^2} + \cdots}} \tag{9.10}$$

図 9.3 のように直列開口と並列開口の混在する場合には,換気量 $Q = Q_1 = Q_2 + Q_3$ になることから,次式となる.

$$Q = \alpha_1 A_1 \sqrt{\frac{2}{\rho}(p_\text{o}-p_\text{i})} = (\alpha_2 A_2 + \alpha_3 A_3) \sqrt{\frac{2}{\rho}(p_\text{i}-p_2)} \tag{9.11}$$

$\alpha_2 A_2 + \alpha_3 A_3 = \alpha_n A_n$ とすると,

$$Q = \alpha_1 A_1 \sqrt{\frac{2}{\rho}(p_\text{o}-p_\text{i})} = \alpha_n A_n \sqrt{\frac{2}{\rho}(p_\text{i}-p_2)} \tag{9.12}$$

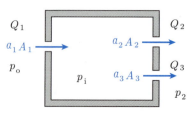

図 9.3 直列開口と並列開口の条件

9.1 自然換気

となり，総合開口面積 αA は，直列の式と同様にして，

$$\alpha A = \frac{1}{\sqrt{\dfrac{1}{(\alpha_1 A_1)^2} + \dfrac{1}{(\alpha_n A_n)^2}}} = \frac{1}{\sqrt{\dfrac{1}{(\alpha_1 A_1)^2} + \dfrac{1}{(\alpha_2 A_2 + \alpha_3 A_3)^2}}} \qquad (9.13)$$

となり，換気量は次式となる．

$$Q = \frac{1}{\sqrt{\dfrac{1}{(\alpha_1 A_1)^2} + \dfrac{1}{(\alpha_2 A_2 + \alpha_3 A_3)^2}}} \sqrt{\frac{2}{\rho}(p_\text{o} - p_2)} \qquad (9.14)$$

室内が外気よりも暖かい場合には，室内外の空気の密度差により下部開口部から外気が入り，上部開口部から室内空気が出る．これを**温度差換気**と呼ぶ．

図 9.4 に温度差換気の状態について示す．

下の開口部では室圧は外部よりも低く，上の開口部では外部より高い．これらの開口部の間に内外圧力差が 0 となる**中性帯**ができる．室内の空気密度を ρ_i [kg/m^3]，外部の空気密度を ρ_o [kg/m^3] とし，中性帯を基準に圧力差を求めると，下部開口圧力 p_L，上部開口圧力 p_U は下記のようになる．

$$p_\text{L} = p_\text{o1} - p_\text{i1} = \rho_\text{o} g h_1 - \rho_\text{i} g h_1 \qquad (9.15)$$

$$p_\text{U} = p_\text{i2} - p_\text{o2} = \rho_\text{i} g h_2 - \rho_\text{o} g h_2 \qquad (9.16)$$

上下の圧力差 Δp が温度差換気の圧力差となる．

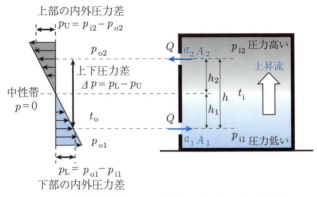

図 9.4　温度差換気による状態（文献 1）より作成）

$$\Delta p = p_L - p_U = (\rho_0 g - \rho_i g)(h_1 + h_2) = (\rho_0 - \rho_i)gh \tag{9.17}$$

換気量 Q は，総合開口面積を直列開口とすると，次式となる．

$$Q = \alpha A \sqrt{\frac{2}{\rho}\Delta p} = \frac{1}{\sqrt{\dfrac{1}{\left(\alpha_1 A_1\right)^2} + \dfrac{1}{\left(\alpha_2 A_2\right)^2}}}\sqrt{\frac{2}{\rho}\left(\rho_0 - \rho_i\right)gh} \tag{9.18}$$

外気の絶対温度 $T_0 : t_0 + 273$，室内の絶対温度 $T_i : t_i + 273$ とすると，空気密度と絶対温度には，$\rho_0 T_0 = \rho_i T_i$ の関係があることから，次式のようになる．

$$Q = \frac{1}{\sqrt{\dfrac{1}{\left(\alpha_1 A_1\right)^2} + \dfrac{1}{\left(\alpha_2 A_2\right)^2}}}\sqrt{\frac{2g\left(t_i - t_0\right)h}{t_i + 273}} \tag{9.19}$$

　この式から分かることは，温度差及び開口部高さの平方根に比例して換気量が増加することである．冬期の暖房時には温度差が大きくなるため，冷気が開口部から多く流入することになる．一方，夏期の冷房時にはこの逆の現象が起こり，上部から下部への流れが形成される．ただし，温度差が小さいことからさほど問題とならない．また，開口部高さが影響することから，温度差換気の顕著な影響があるのは，吹き抜けのある高層建物になる．室内外温度差がわずかであっても，開口部の高さの差が大きくなるため，大きな圧力差が生まれる．

　また，開口部の大きさが等しい場合には，中性帯は上下開口部の中間となり，開口部に作用する内外圧力差も等しくなる．上部の開口部の αA が小さくなる場合には，開口部を流出入する流量は等しくなるため，内外圧力は大きくなり，大きい開口部の方に中性帯が移動し，風速が変わる．高層建物において自然換気設計を行う際には，下層フロアでは外気の流入，建物最上階にボイドを通して空気が流れるように開口部を設けるが，中性帯よりも上のフロアでは下層フロアから空気が逆流するので，開口部の条件が重要となる

　建物に風が吹き付けると，図 9.5 に示すような圧力分布が生じ，建物外壁と室内の圧力差によって，隙間や開口があれば風力による換気が起きる．これを**風力換気**と呼ぶ．一般に，風上側面では正圧に，風下側面では負圧になる．

　図 9.6 に示すように，壁面圧力 p_w [Pa] を風速 v [m/s] と風圧係数 C を用いると，

$$p_w = C\frac{1}{2}\rho v^2 \tag{9.20}$$

と表せる．風力換気による換気量 Q_w は，総合開口面積 αA を用いて次式により求める．

$$Q_w = \alpha A v \sqrt{C_1 - C_2} \tag{9.21}$$

ここで，C_1 は風上側の風圧係数，C_2 は風下側の風圧係数である．

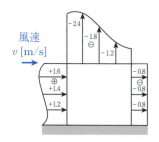

図 9.5 風圧係数の例（文献 1）より改変）

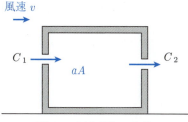

図 9.6 風力換気の条件

9.2 機械換気

機械換気については送風機などの機械力を用いる換気であり，表 9.1 のように第 1 種〜第 3 種換気に分類される．機械換気量は，自然換気に比べて換気量が安定していることが利点としてある．

第 1 種換気は給気及び排気を送風機などによって換気する方法である．室内の圧力バランスが取りやすく，外部に対して室内を正圧・負圧のどちらにも対応できる換気方式（強制給排気）であり，空気調和設備を含む場合が多い．住宅で使用する場合には，全熱交換器を用いることができる．

第 2 種換気は，給気に送風機などを用い，排気口から自然に排気される換気方式（強制給気）である．排気口を適切に設置すれば，室内は正圧に保たれる．汚染空気などの流入を防止する場合に用いられるため，室内を正圧として汚染空気の流入が許されない室に利用される場合もある．また，ボイラー室など酸素の必要な室に対しても用いられる．ただし住宅においては，室内の水蒸気が壁体内に流入し，壁体内結露を生じる危険がある．

第 3 種換気は，排気に送風機などを用い，給気は，給気口から自然に流入する換気方式（強制排気）である．給気口を適切に設置すれば，室内は負圧に保たれる．

表 9.1 機械換気の種類

換気方式	第1種換気	第2種換気	第3種換気
系統図	送風機／排風機、(+/−)	送風機、(+)、排気口	給気口、(−)、排風機
室圧	正圧または負圧	正圧	負圧
特徴と適用	・吸排気で熱交換が可能 ・各室の換気のバランス ・大規模空気調和装置	・汚染空気の流入を許さない ・給気の加湿が可能 ・壁・天井からの漏洩が少ない ・清浄室（手術室等） ・ボイラー室	・他に汚染空気を漏らしてはならない ・汚染室（感染症室, WC） ・風呂などの換気扇と併用 ・換気口からの冷風

駐車場・工場・作業場等の他に小規模建築, 住宅に多い. 住宅の全般換気を第3種換気で行う場合, 各居室の給気口から確実に給気されていることに注意を要する. 各室の気密性を高め, 各部屋の給気口の設置, 排気までの流路を確実に確保することが必要である. 給気が確保されなければ, 送風機はその能力を発揮できない. また, 住宅に使用する場合に, 給気口から外気が直接入ってくるため, 冬季においては室に冷気が侵入してくることになる.

換気方式は, 図9.7に示すように, **全般換気**と**局所換気**に分けられる. 全般換気は, 部屋全体を換気し, 室内の汚染物質を低く保つために用いられる. 汚染物質が一様に分布する場合に, 居室の一般的な換気に用いられるものである. 一方, 局所換気は室全体でなく, 汚染物質が発生する場所を局所的に換気する方法で, 汚染物質の発生個所が特定されている場合, 室内の汚染物質, 臭気, 水蒸気, 熱などを効

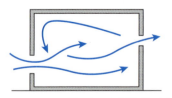 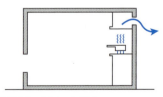

図9.7 全般換気（左）と局所換気（右）の概念

率良く排出するために適用される．具体的にはちゅう房，トイレ，浴室，喫煙所や工場などとなる．

9.3 汚染物質の発生源

　室内空気汚染の少ない空間を作り出すためには，換気による汚染物質の除去とともに，汚染物質の発生の極力少ないものを室内に導入することが重要である．よって，内装材から発生する場合には適切な建材を選定し，家具，建具などは汚染物質の発生の少ないものを選択する，また室内での燃焼器具や喫煙など活動によっても汚染物質が排出されるため，考慮が必要である．

　室内における**浮遊粉じん**の発生源については，室内に堆積・付着しているものの再飛散，たばこ煙，ガス・石油系燃料の室内燃焼，そして大気の侵入などがある．従来の浮遊粉じん（粒径が $10\,\mu m$ 以下のもの）の主な室内の発生源は喫煙であったが，分煙，禁煙が進んだことにより粉じんの発生が少なくなり，粉じん濃度が低下の傾向となっている．一方大気においては，近年ディーゼル排ガスなどの**微小粒子状物質**（**PM$_{2.5}$**）について，基準が設けられている．室内における PM$_{2.5}$ を含む微粒子の発生源については，大気からの侵入に加え，大気と同様に室内での燃焼物によって発生することが知られている．従来から粉じんの発生源として注目されているものではあるが，調理，ろうそく，アロマ，ヘアースプレー・ドライヤー，たばこ煙，ガスストーブなどが，室内空気中の実測，またはチャンバーを用いた発生試験により確認されている[2,3]．

　揮発性有機化合物（VOC）の室内の発生源としては，新築の建物で用いられる内装材料，施工において機能性を高めるための化学物質の使用，接着剤がある．例えば，木質系材料の合板の接着剤に含まれているホルムアルデヒド及び有機溶媒，木質材料に使用されている防カビ，防虫剤，防蟻剤，ビニールクロスに含まれる可塑剤，ペンキ，ラッカー，ワックスの有機溶媒がそれである．その他にもストーブなどの燃焼器具，家庭用品の中で芳香剤，スプレー剤など，建物以外の発生源もある．一般に建材からの化学物質発生には，**図 9.8** のようなメカニズムが考えられている．材料が新品，初期の時には，材料表面及び内部の化学物質濃度は高濃度で均一となっており，表面から多くの量が発生する．時間と共に表面から揮発性有機化合物が発生することで，表面の濃度が薄くなることによって，発生する量も急激に低下する．ある程度表面の濃度が低下すると，建材内部の化学物質が固体内の拡散により表面へ向かってゆっくりと移動し，表面から発生していく．この際の発生す

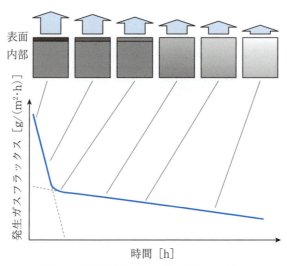

図 9.8　建材表面からのガス発生のモデル

る量は，初期に比べて少ないものの，長期間に渡り減衰も緩やかとなる．よって，新築，新品の建材を使用していると，この減衰カーブの初期に対応し，期間は短いものの大量に発生し，室内の空気中の濃度が非常に高くなる．しかし，建築材料及び発生物質にもよるが，時間が経過し，1, 2 年経過後には劇的に発生が低下することが一般的である．もちろん，室内に持ち込む家具などからの発生，室内の温度・換気状態などにより，ここで示した理想状態とは異なる．環境の温度による影響については，図 9.9 に示す発生量の経時変化の実験結果がある．これは，建材の発生量を計測するためのチャンバー試験による塩化ビニールシートからのキシレン発生量の経時変化である．温度 23 ℃ と 50 ℃ の時の発生量の経時変化を示したものであるが，温度が高い方が，初期の発生量が多くなっている．これは，温度の上昇により表面及び内部の化学物質の発生及び拡散が促進され，空気中に多く出てきていることによる．よって，夏期と冬期では，夏期の方が発生量が多く，室内の濃度が高くなる傾向になる．また，減衰も大きく，時間が経過するにつれ，23 ℃ よりも発生量が低くなる場合がある．これは，内部に含まれていた化学物質が温度の上昇と共に放出され，内部の濃度が低くなったことによるものである．また，環境中の湿度によっても発生量は異なり，一般に湿度が高い方が多いと言われ，建材内部での加水分解の促進による揮発性有機化合物の生成，内部拡散の上昇などが原因であるが，温度の上昇と比較すれば，その変化は小さいものである．

9.3 汚染物質の発生源

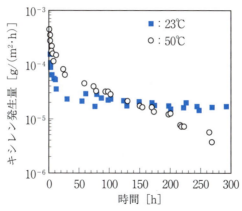

図 9.9 塩化ビニールシートからのキシレン発生量の温度別経時変化（文献 4）より作成）

　発生源の対策として，各内装材料については日本工業規格（JIS）及び日本農林規格（JAS）により，表 9.2，表 9.3 のようにホルムアルデヒド放散量の**等級表示**がされている．F☆☆☆☆のように表示され，星の数が多いほどホルムアルデヒドの発生量が少ない建材であることを示している．この等級をもとに，建築基準法では，内装仕上げの制限を設けており，F☆☆☆☆よりも発生の多い内装材料については，使用面積を制限している．しかしながら，近年市場に存在する内装材料は，F☆☆☆☆となっており，内装仕上げの制限を考慮する必要は事実上なくなっている．また，この規格はホルムアルデヒドのみを対象としており，その他の揮発性有機化合物についての等級表示は行われていない．各材料については，**安全データシート**（SDS: safety data sheet）を参考とすることが可能である．SDS は，化学物質及びそれらを含有する製品（指定化学物質など）の組成・成分，危険有害性，物理及び化学的性状，取り扱い上の注意などについての情報を記載したものである．これ

表 9.2 日本工業規格（JIS）におけるホルムアルデヒド放散量規程

種類	規格名	等級・放散量	
ボード	繊維版（MDF） パーティクルボード 火山性ガラス質複層版	F☆☆☆☆ F☆☆☆ F☆☆	0.3 mg/L 以下 0.5 mg/L 以下 1.5 mg/L 以下
インテリア材	壁紙	F☆☆☆☆	0.2 mg/L 以下
接着剤	壁紙施工用でん粉系接着剤	F☆☆☆☆	0.1 mg/L 以下

により建材中に含有する揮発性有機化合物などの成分と量についてこのシートから読み取ることができるが，表示がなくとも微量含まれている場合があり，これが室内汚染の原因となる可能性があることが考えられる．

表 9.3　日本農林規格（JAS）におけるホルムアルデヒド放散量規程

種類	規格名	等級・放散量（平均値）
合板・構造用パネル	普通合板 特殊合板 構造用合板 コンクリート型枠用合板 難燃合板 防炎合板 構造用パネル	F ☆☆☆☆　0.3 mg/L 以下 F ☆☆☆　0.5 mg/L 以下 F ☆☆　1.5 mg/L 以下 F ☆　5.0 mg/L 以下
フローリング	複合フローリング	
集成材	集成材	
	構造用集成材	
単板積層材	単板積層材	
	構造用単板積層材	

表 9.4　内装仕上げへの使用が制限される建材

ホルムアルデヒドの放散速度	告示で定める建築材料		大臣認定を受けた建築材料	内装の仕上げ制限
	名称	対応する規格		
$5\,\mu g/(m^2 \cdot h)$ 以下	規制対象外建材	JAS, JIS の F ☆☆☆☆	第 20 条の 5 第 4 項の認定	制限なし
$5\,\mu g/(m^2 \cdot h)$ 超 $20\,\mu g/(m^2 \cdot h)$ 以下	第 3 種ホルムアルデヒド発散建築材料	JAS, JIS の F ☆☆☆ （旧 E_0, Fc_0）	第 20 条の 5 第 3 項の認定	仕様面積を制限
$20\,\mu g/(m^2 \cdot h)$ 超 $120\,\mu g/(m^2 \cdot h)$ 以下	第 2 種ホルムアルデヒド発散建築材料	JAS, JIS の F ☆☆ （旧）	第 20 条の 5 第 2 項の認定	
$120\,\mu g/(m^2 \cdot h)$ 超	第 1 種ホルムアルデヒド発散建築材料	無等級 （JAS, JIS の旧 E_2, Fc_2）		使用禁止

9.4 室内濃度の予測

図 9.10 のように，室内の汚染濃度が常に一様である（このような条件状態を**瞬時一様拡散**という）と仮定すると，汚染物質が発生し始めてから t 時間後における室内の汚染物質の濃度は次式によって表される．

$$C = C_\text{o} + (C_1 - C_\text{o})e^{-\frac{Q}{V}t} + \frac{M}{Q}\left(1 - e^{-\frac{Q}{V}t}\right) \tag{9.22}$$

C：室内の汚染濃度 [kg/m^3]
C_1：汚染発生前の室内濃度 [kg/m^3]
C_o：外気濃度 [kg/m^3]
M：汚染物質の発生量 [kg/h]
Q：換気量 [m^3/h]
V：室容積 [m^3]

なお，汚染物質の種類により，表示する単位は異なるため，それぞれの汚染物質の単位を当てはめる必要がある．

室内の汚染物質濃度 C は，図 9.11 に示すように，時間とともに増大し（これを**過渡状態**という），$t = \infty$ では，次式のように一定値となる．これを**定常状態**という．

$$C = C_\text{o} + \frac{M}{Q} \tag{9.23}$$

定常状態における室内の汚染許容値を C_p [kg/m^3]，そのときの換気量を Q_R [m^3/h] とすると，式 (9.23) は

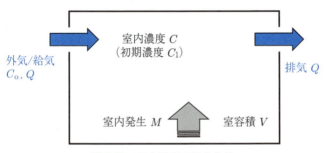

図 9.10　室内濃度の算定条件

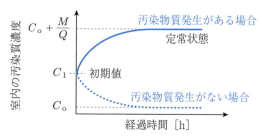

図9.11 室内汚染物質濃度の経時変化（文献1）より作成）

$$C_p = C_o + \frac{M}{Q_R} \quad (9.24)$$

と記述することができ，Q_R は次式のようになる．

$$Q_R = \frac{M}{C_p - C_o} \quad (9.25)$$

この Q_R が**必要換気量**であり，ある汚染物質の室内濃度を，その許容値に維持するために必要な換気量である．

換気回数［回/h］は，室内の換気設計上の目安となるもので，1時間あたりの換気量を室内空間の容積で割った値として定義される．

$$n = \frac{Q}{V} \quad (9.26)$$

換気回数の測定方法としては，トレーサーガスの濃度を測定し，その測定値から求める方法がある．トレーサーガスの濃度が室内で一様であると仮定するならば，その濃度は先の式 (9.22) で表せる．そのトレーサーをいったん放出後，その発生がない（$M = 0$）とすれば，次式のようになる．

$$C - C_o = (C_1 - C_o)e^{-nt} \quad (9.27)$$

図9.12 のように測定したデータを縦軸に室内濃度を外気濃度で引いたもの，横軸に時間でプロットすると，この減衰の係数が換気回数（n）となるので，簡便に求めることができる．これを**トレーサーガスステップダウン法**と呼ぶ．また，室内のある特定のポイントで計測したもので，完全に室内が混合されていない場合には，**局所換気回数**とも呼ばれる．

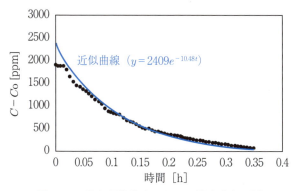

図9.12 換気回数算出のための濃度減衰の例

9.5 換気の効率

　実際の空間では瞬時一様拡散の仮定が成り立たないことが多く，換気の効果を空間の場所毎に評価する必要が生じることがある．換気効率の尺度はさまざまな指標が提案されているが，前述の局所換気回数もその一つであるが，空気齢を用いた換気効率の指標について示す．図9.13 に示すように流入口から汚染質発生点 P に到達するまでの時間を年齢にたとえて**空気齢**という．室内の任意の点に移動するのにかかる平均時間（**平均空気齢**）により，室内における場所別の換気の良し悪しを判断することが可能となる．空気齢が小さいほど新鮮な空気であることになる．また，流出口までの時間を**空気余命**という．さらに，空気齢と空気余命の和を**空気の寿命**といい，流入口から流出口までたどり着くのに要する時間のことで，換気回数の逆数となる．空気齢の測定について，その測定ポイントの局所平均空気齢 τ_P を求める場合には，図9.12 のようなステップダウン法で得られたデータを用いて，下記の式により算出することが可能である．

$$\tau_P = \int_0^\infty \frac{C(t) - C_0}{C_1 - C_0} dt \tag{9.28}$$

　$C(t)$：時刻 t における室内の汚染濃度 [kg/m³]

　これにより，空気が給気口から室内の任意の点に移動するのにかかる平均時間が求められる．室内全般に新鮮空気を行き渡らせたい場合には，均一の空気齢が望ましい．大空間の居住域のみを対象とする場合や床付近のみの置換換気の場合には，対象とする空間内で空気齢を小さな値にすれば良い．

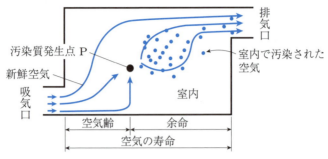

図 9.13　空気齢と空気余命の概念（文献 1）より作成）

9.6　汚染物質の除去

　建築室内における空気清浄化の基本的な要素として，室内において汚染を発生させない「発生を抑える」，汚染物質を室内に入れないよう「入れない，持ち込まない」，汚染が発生したとしても速やかに除去する「室内に留めない」，新鮮な空気により希釈する「速やかに排出」がある．発生源の制御には，「発生を抑える」，「入れない，持ち込まない」ことになる．「室内に留めない」には，**空気清浄機**や**エアフィルタ**などによる除去もあるが，換気については，「汚染物質の室内からの除去」及び「速やかに排出」の両方の効果がある．

　表 9.5 に示すように汚染物質の種類によって，その室内における挙動と除去対策は異なる．室内で発生する粉じん，ガス状物質，臭気，水蒸気等の様々な汚染物質を室外に排出し，室外から新鮮な空気を供給することが，空気清浄化において換気の重要な役割となっている．ただし，屋外の空気が十分に清浄であることが条件となる．室内における粒子状物質の清浄化は，空調機に設置されているエアフィルタや空気清浄機により行うことができる．一方，ガス状汚染物質については，ケミカルエアフィルタや化学物質に対応した空気清浄機を使用する以外には，基本的には新鮮空気で入れ替えて，室内の汚染物質を希釈することになるため，特に換気が重要となる．事務所ビルなどに用いられる一般の空調機には，粒子用のエアフィルタのみが使用されているため，一酸化炭素やホルムアルデヒドなどのガス状物質を除去することができないため，換気が必須となる．また，家庭などで使用される脱臭フィルタなどケミカルフィルタを装着している空気清浄機については，初期の性能は確保されていたとしても，フィルタが破過（捕集しなくなる）することにより除去能力が著しく低下することがある．

9.7 空気清浄機の特徴

表 9.5 対象物質による空気清浄の基本

制御対象物質	特徴	方法	効果
粒子状物質	気流影響	換気・フィルタろ過・局所排気	希釈・除去
ガス状物質	拡散大	換気	希釈

9.7 空気清浄機の特徴

　空気の清浄化には，換気があるが，過剰な換気は空調負荷の増加にもつながり，省エネルギー，脱炭素の目標から課題がある．室内の空気を排出せずに清浄化するものとして，**空気清浄機**がある．可搬型の空気清浄機については，粒子状物質だけではなく，ガス状物質についても除去の対象となっている．**表 9.6** に捕集原理による空気清浄機の構成例を示す[5]．基本的に浄化部とファンから構成され，浄化部は除去対象物質によって様々なものがある．機械式では空気をファンによって吸引し，空気中にある粒子状物質をフィルタにより捕集した後，室内に送風する．電気式では，プレフィルタの後部にイオン荷電部を設置し，それを通った粒子に電荷を与え，電荷を持った粒子が荷電部後方にある集じん部に捕集される．物理吸着式では，プレフィルタの後流側に活性炭などのガス除去用のフィルタがあり，ガス状汚染物質を吸着除去する．化学吸着式では，活性炭などの表面に添着剤を塗布し，ガス状物質を化学的に吸着・反応させ除去するものである．複合式は，物理的，化学的な原理から，粒子状・ガス状物質を広範囲に除去し，清浄空気を室内に供給するもので，上述の方式を組み合わせたものとなる．

　空気清浄機の性能試験については，日本電機工業会から JEM1467 家庭用空気清浄機により，たばこ煙を対象にして，30 分で清浄できる部屋の広さを表す指標として適用床面積が用いられている．また，空気清浄機が処理した清浄空気の量として表す **CADR** (clean air delivery rate)，**相当換気量** $[\mathrm{m^3/min}]$[6] などがある．これは換気量と同じ表現となるので，換気量と空気清浄機の処理する空気の量の両者を比較しやすい．

　空気清浄機の評価方法として，チャンバーなど密閉性の良い空間に空気清浄機を設置し，その中に除去対象とする物質を発生させ，チャンバー内部の濃度をある程度空間中で一定にし，その後空気清浄機を動作させ，対象物質の濃度を計測するものである．前述の換気回数の測定と同様である．相当換気量は，次のような式で算出する．

158 第 9 章 空気汚染物質の制御

表 9.6 空気清浄機の構成例（文献 5) より作成）

方式	構成例	備考
機械式	① ② ③	①プレフィルタ ②主フィルタ
電気式	① ④ ⑤ ③	③ファン ④イオン荷電部 ⑤静電フィルタ
物理吸着式	① ⑥ ③	⑥活性炭または多孔 　質無機物吸着剤
化学吸着式	① ⑦ ③	⑦ケミカルフィルタ ⑧光触媒フィルタ
複合式	① ④ ⑤ ⑧⑨③	⑨バイオフィルタ

$$Q'_{eq} = -\frac{V}{t}\left(\ln\frac{C(t)_{AC}}{C(0)_{AC}} - \ln\frac{C(t)_{BL}}{C(0)_{BL}}\right) \tag{9.29}$$

Q'_{eq} ：相当換気量 [m³/min]

$C(0)_{BL}$：自然減衰の測定開始時の対象物質濃度 [mg/m³] または [個/m³]

$C(0)_{AC}$：空気清浄機運転時の測定開始時の対象物質濃度 [mg/m³] または [個/m³]

$C(t)_{BL}$：自然減衰の t 分後の対象物質濃度 [mg/m³] または [個/m³]

$C(t)_{AC}$：空気清浄機運転時の t 分後の対象物質濃度 [mg/m³] または [個/m³]

V ：試験チャンバの気積 [m³]

t ：評価時間 [min]

　ある程度大きなチャンバーを用いることで，局所換気回数のように，空気清浄機の吹き出し角度や室内の設置位置による性能の違いも把握できることに特徴がある．

参 考 文 献　　　**159**

第 9 章の問題

☐ **9.1** 温度差と風力の両方による自然換気の換気量について計算式を示せ.

☐ **9.2** 二酸化炭素濃度 1000 ppm の基準値に対し, 外気濃度を 400 ppm とすると, 人一人あたりの必要換気量はいくらになるか. なお, 人一人あたりの二酸化炭素の発生量は, $0.018\,\mathrm{m^3/h}$ とする.

【解答例】

9.1 自然換気の換気量は, 温度差と風力による合力によって生じる. 暖房時においては同じ方向に, 冷房時においては打ち消しあう効果となる. よって, 暖房時には, それぞれの圧力差を足し合わせれば良い.

$$Q = \alpha A \sqrt{\frac{2}{\rho_\mathrm{o}}(\rho_\mathrm{o} - \rho_\mathrm{i})gh + v^2(C_1 - C_2)}$$

9.2 $Q_\mathrm{R} = \dfrac{0.018}{(1000 - 400) \times 10^{-6}} = 30\,\mathrm{m^3/h}$

参 考 文 献

1) 空気調和・衛生工学会, 建築環境工学・建築設備工学入門（デジタル教材）

2) T. Hussein, T. Glytsos, J. Ondracek, P. Dohanyosova, V. Zdimal, K. Hameri, M. Lazaridis, J. Smolik, M. Kulmala. Particle size characterization and emission rates during indoor activities in a house. Atmospheric Environment. 2006; 40: 4285-4307.

3) A, Afshari, U. Matson and L.E. Ekberg. Characterization of indoor sources of fine and ultrafine particles: a study conducted in a full-scale chamber. Indoor Air. 2005; 15: 141-50.

4) 鍵直樹, 田村一, 田中貴織, 藤井修二, 環境温度を考慮に入れた発生ガスフラックスのモデル化　建材における揮発性有機化合物の発生機構, 日本建築学会計画系論文集, 日本建築学会, No.539, pp. 45-49, 2001

5) 日本空気清浄協会, 室内空気清浄便覧, オーム社, 2000

6) 日本空気清浄協会, JACA No. 50 空気清浄機の性能評価指針, 2016

第10章

エアフィルタ類

10.1　エアフィルタの種類

　空調設備において，エアフィルタは重要な構成部材の一つである．取入れ外気あるいは循環空気中の汚染物質を除去する他，建物内で発生した汚染物質を除害して建物外へ放出する目的で使用される．汚染物質のうち，浮遊粉じん（砂じん，黄砂，ばい煙など）を除去するものを**粒子除去エアフィルタ**（単にエアフィルタ，フィルタと呼ばれる場合もある），有害ガス（ホルムアルデヒド，VOC，アンモニア，SO_x など）や悪臭（トイレ臭，厨房臭など）を除去するものを**ガス除去フィルタ**（ケミカルフィルタ）・脱臭フィルタなどと呼ぶ．これらエアフィルタの**捕集原理**による分類一覧を表 10.1 に示す．

10.2　粒子除去エアフィルタ

　空調設備では，一般的に外気系統・循環空気系統に用いられているが，放射性物質を取り扱う施設や高活性薬を取り扱う医薬品工場などでは，排気系統にも用いられる．表 10.2 に粗じん・中性能フィルタの分類，表 10.3 に高性能フィルタの分類を示す．

　粗じん・中性能フィルタは JIS B 9908 規格群によって試験が行われ，3つの粒径範囲 PM1（$0.3 \leqq X \leqq 1\,\mu\mathrm{m}$）・PM2.5（$0.3 \leqq X \leqq 2.5$）・PM10（$0.3 \leqq X \leqq 10$）において要求性能が提示され，その内容によって4つのグループに分類される．JIS Coarse は粗じんフィルタに相当し，それ以外は中性能フィルタに相当する．なお本試験では除電処理したフィルタで試験が行われるため，帯電効果を用いたフィルタでは除電処理により捕集率が低下する．そのため表記グレードが下がる可能性があるが，実力性能としてはこれまでと変わるものではないことに留意する必要がある．なお 10.4 節に海外規格との比較などまとめており，参照すること．

10.2 粒子除去エアフィルタ

表 10.1 エアフィルタの捕集原理による分類

	原理	概要
粒子除去エアフィルタ	ろ過式	・金属の線材を金網状にしたり，メリヤス編みして交互に重ねたりして成形したフィルタ．オイルミスト除去として厨房など排気系の他，粗じん除去として外気取入ガラリなどに使用される．定期的な清掃が必須． ・ガラス製繊維などを不織布加工し，プリーツ成形などでフィルタにしたもの．上記記載のタイプと異なり，粉じんが通過する際に慣性・拡散・さえぎり・静電気などの相互作用により粉じんを除去する．粗じん除去用から微粒子除去用まで幅広いタイプが上市されており，外気取入から循環系，排気系などで使用される．一般空調からクリーンルームなど，様々な分野で多用されている．
	衝突粘着式	オイルを塗布した金網等に粉じんを慣性衝突させて除去する．粗じん除去用として外気取入系統に使用される．
ガス除去フィルタ	物理吸着式	活性炭やゼオライトなど，多孔質物質表面との間に働く分子間力(ファンデルワールス力) により対象とするガス状物質の分子を吸着除去する．主にトルエンなど有機物質を吸着除去するのに適している．
	化学吸着式	対象とするガス状物質と吸着剤の固体表面との間で化学反応による化学結合を形成させ，吸着除去する．活性炭等の吸着剤表面に薬剤を担持するタイプと吸着剤表面に官能基を形成したタイプがある．除去対象物質ごとに適切な薬剤・官能基を有しているフィルタを選択する必要がある．
	触媒式	光触媒（酸化チタン）を担持させた基材にガス状物質を供給し，対象物質を酸化分解する．紫外線が必要となるため，触媒点へ紫外線を届かせる設計が必要．また被毒による触媒の劣化などに注意を要する．臭気除去や低濃度の有機物質除去用として製品化されている．

表 10.2 粗じん・中性能フィルタの分類[1]

グループ名称	要求性能			クラス報告値
	J-ePM1.min	J-ePM2.5.min	J-ePM10	
JIS Coarse	—	—	<50%	初期質量法捕集率
JIS ePM10	—	—	$\geqq 50\%$	J-ePM10
JIS ePM2.5	—	$\geqq 50\%$	—	J-ePM2.5
JIS ePM1	$\geqq 50\%$	—	—	J-ePM1

（JIS B 9908-1：2019，表 5 を許諾を得て転載）

162　　　　　　　　　　第 10 章　エアフィルタ類

表 10.3　高性能フィルタの分類[2]

フィルタの クラス	総合値		局所値	
	捕集率 [%]	透過率 [%]	捕集率 [%]	透過率 [%]
ISO 15E	95 以上	5 以下	—	—
ISO 25E	99.5 以上	0.5 以下	—	—
ISO 35H	99.95 以上	0.05 以下	99.75 以上	0.25 以下
ISO 45H	99.995 以上	0.005 以下	99.975 以上	0.025 以下
ISO 55U	99.9995 以上	0.0005 以下	99.9975 以上	0.0025 以下
ISO 65U	99.99995 以上	0.00005 以下	99.99975 以上	0.00025 以下
ISO 75U	99.999995 以上	0.000005 以下	99.9999 以上	0.0001 以下

（JIS B 9927-1，表 1 を許諾を得て転載）

　高性能フィルタは JIS B 9927 規格群によって試験が行われ，**最大透過粒径**
（**MPPS**：most penetrating particle size）で評価される．従来は**総合捕集率試験**と
走査漏れ試験は別々の評価項目であったが，両方（総合及び局所捕集率）の結果を
組み合わせたクラス分類となっている．なお，クラス分類は ISO 29463 規格群の
表記をそのまま採用している．グループ E は **EPA** フィルタ（efficient particulate
air filter）に相当し，一般に**準 HEPA** と呼ばれる．JIS B 9927-5 に基づいた抜取
り捕集率試験（漏れ試験は不要）が行われる．グループ H は **HEPA** フィルタ（high
efficiency particulate air filter）に相当し，全フィルタに対し捕集率試験及び漏れ
試験が行われる．なお漏れ試験には，代替試験方法が用意されている．グループ U
は **ULPA** フィルタ（ultra low penetration air filter）に相当し，グループ H と同
様に全フィルタに対して捕集率試験と漏れ試験が行われる．基本的には標準試験法
で実施される．

（1）　**捕集原理**　粗じん用フィルタなど，一部ふるい効果によるものもあるが，基
本的には「さえぎり」「慣性」「拡散」「静電気力」が複合的に作用し，粒子はろ材
を構成する繊維に付着される．表 10.4 に微粒子の捕集機構を示す．

（2）　**フィルタの構造**　ろ過式のフィルタには自動型とユニット交換型がある．以
下に概要を示す．

（a）　**自動型**　自動型はろ材を巻き取っていくタイプと，ろ材表面の粉じんを集じ
ん機で吸引除去して再生するタイプがある．いずれのタイプも空気調和機内組込型
もしくはダクト接続型があり，対象とする粒子は粗大粒子（粒径 5 μm 以上，メー

10.2　粒子除去エアフィルタ

表 10.4　捕集機構

	さえぎり	慣性	拡散 (ブラウン拡散)	静電気力	重力
概略図	流線 粒子 繊維	流線 慣性力→	流線	流線	重力↓ 流線
概要	粒子がある程度の大きさを有することから，粒子が気流と同じ運動をしていても粒子が繊維に接触し，繊維上にとどまる．	粒子の持つ慣性力により粒子が気流の流線から外れた運動をして繊維へ接触（衝突）する．粒径が大きく速度が速い場合に有効性が増す．	微小粒子はガス分子と同様にブラウン運動により拡散し，流線から外れて繊維へ接触する．粒径が小さく速度が遅い場合に有効性が増す．	電解中の粒子や帯電粒子に静電気力が作用し流線から外れて繊維へ接触する．移動度は帯電量に比例し粒径に反比例する．	重力により粒子が沈降して繊維へ接触する．粒径が大きく速度が小さい場合に有効性が増す．

カーカタログでは $1\,\mu\text{m}$ 以上としていることが多い）である．

(i) **巻取方式**　巻取式の外観を写真 10.1 に示す．ロール状のろ材を自動的に巻取していく方式で横型と縦型がある．さらに写真 10.2 のようにろ材をジグザグにセットしてろ過面積を拡大しているタイプもある．ろ材の更新方式としては，タイマー式と差圧式がある．

(ii) **再生方式**　再生方式の概要図を図 10.1 に示す．真空掃除機に接続された吸込みノズルで自動的にろ材表面に堆積している粒子を吸引除去する．システムの起動はタイマーもしくは差圧による．

(b) **ユニット交換型**　ユニット交換型は粗じん用エアフィルタ・中性能エアフィルタ・HEPA フィルタ・ULPA フィルタなど，多数の種類が存在する．

(i) **粗じん用フィルタ**　フィルタ構造はパネル構造が主流であり，ろ材として繊維類（ガラス繊維，化学繊維など），金属ウールなどを金属枠や紙枠に充填し，金網やラス網などの押さえ金物でろ材を保持させた平型のフィルタである．写真 10.3 ①にパネル型の外観を示す．

(ii) **中性能フィルタ**[3]　粗じん用フィルタと比較して，繊維径は数 $\mu\text{m} \sim 10\,\mu\text{m}$ 程で細い他充填密度が大きく，通風抵抗は大きい．そのため，ろ材面積を増やして

第 10 章　エアフィルタ類

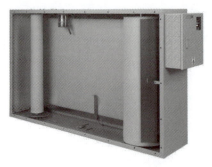

写真 10.1　自動巻取型エアフィルタ（横型）エアフィルタ外観（日本バイリーン(株)ホームページ）

写真 10.2　自動巻取型エアフィルタ（縦型・多風量処理型）エアフィルタ外観（日本バイリーン(株)ホームページ）

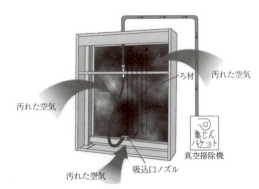

図 10.1　再生方式の概要図（(株)忍足研究所ホームページ）

①パネル型プレフィルタ

バグ型　　②中性能フィルタ　　折込型

写真 10.3　プレフィルタと中性能フィルタ（日本バイリーン(株)ホームページ）

ろ材面風速を小さくし，圧力損失を抑える工夫がなされている．

　フィルタ構造は袋型（バグ型）と折込型があり，袋型はマット状のガラス繊維または不織布を袋状に縫製したものをフィルタ枠に複数個取り付けたものである[2]．近年，使用後の分別を容易にできるものや，外枠に木材を使用してそのまま焼却できるものもある．

　折込型は $150 \sim 300$ mm のフィルタ枠内にろ紙を折り込んで，アルミニウムやクラフト紙などで波型加工されたセパレータをろ材間に入れたものである．このセパレータを使用せずに，ろ紙の折込を $25 \sim 75$ mm 程度にして，リボン状のろ紙や樹脂製のひもをろ材間に挟んだり，ろ材の山を樹脂で固めたりするミニプリーツ型も使用されている．写真 10.3 ②に袋型（バグ型）と折込型の外観を示す．

（iii）　**HEPA フィルタ**　通常ろ材部の構造は中性能フィルタと同じであるが，図 10.2 に示したようにセパレータに傾斜を持たせた大風量型やミニプリーツ型もある[2]．写真 10.4 に HEPA フィルタの外観を示す．HEPA フィルタの繊維径は最も細く 1μm 未満である．写真 10.5 に使用前及び使用後の拡大写真を示す．非常に細かい繊維が密集していることが分かる．また使用後の拡大写真では，繊維と繊維

	外観	部品形状		セパレーター材質
		ろ材	セパレーター	
標準型	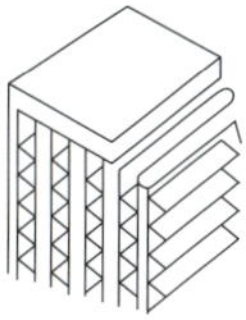	U字型ひだ折り 	山型平行型 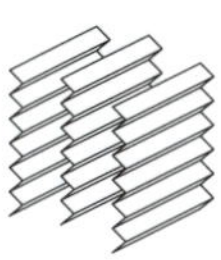	アルミニウム 無機繊維紙 紙 樹脂 ステンレス板
大風量型	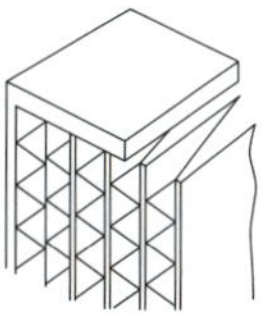	V字型ひだ折り 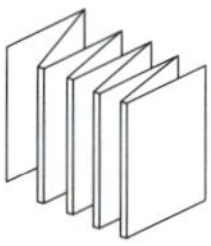	山型傾斜型 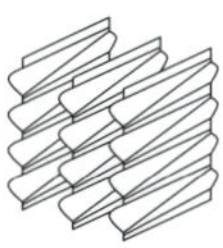	アルミニウム 無機繊維紙
（ミニプリーツ型）セパレータレス型	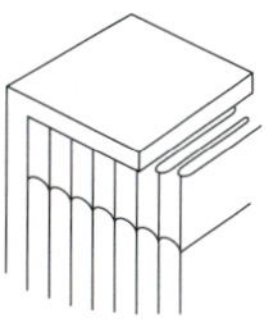	V字型ひだ折り 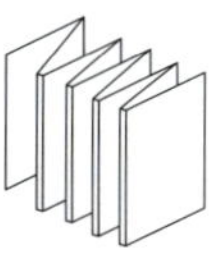	リボン状または帯状 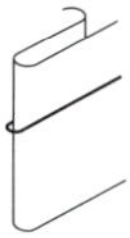	樹脂 紙

図 10.2　HEPA フィルタのろ材とセパレータの構造（文献 3）より作成）

間の空隙を通れない微粒子がとどまるのではなく，表 10.3 に示した捕集機構により，繊維 1 本 1 本の表面に非常に小さい微粒子が捕集されていることが分かる．

　　　標準型　　　　　　　低圧損多風量型　　　　　ミニプリーツ型

写真 10.4　HEPA フィルタ（日本無機(株)カタログ）

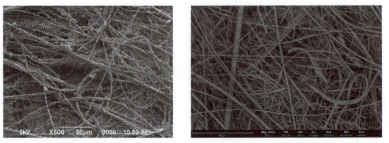

写真 10.5　HEPA フィルタ拡大写真（500 倍）※観測点は異なる（(株)テクノ菱和技術資料）

10.3　ガス除去フィルタ

　ガス除去フィルタは主に博物館や美術館などの他，工場や研究所などで使用されている．主として有機物質の除去に用いられるが，一部無機物質の除去も可能であることから，広く利用されている．ガス除去フィルタの種類と用途を表 10.5 に示す．

10.3 ガス除去フィルタ

表 10.5 ガス除去フィルタの種類と用途（文献 1）より抜粋，一部加筆）

分類	形式	対象粒子／対象物質	圧力損失 [Pa]	捕集効率(参考)	用途
ケミカルフィルタ	吸着剤	酸，アルカリ，有機物	25〜200	初期効率：〜99%	一般ビル，事務所，美術館，病院，半導体工場など
脱臭フィルタ	吸着剤	臭気物質	80〜270	初期効率：〜90%	

10.3.1 捕集原理

(1) 物理吸着式 ガス除去フィルタはケミカルエアフィルタともいわれ，**物理吸着型**と**化学吸着**型がある．物理吸着型は，活性炭やゼオライトなどの固体表面と対象とするガス成分の分子との間にファンデルワールス力が働き，対象ガス成分が吸着する．吸着速度は速く，可逆性（真空状態などにすると元の物性を保持した状態で脱着）があるのが特徴である．

吸着材としてはコストと性能の両面から活性炭がよく使われている．原料としてはヤシ殻・石炭・木質などが使用され，粒状（粒状破砕炭・成型炭・粉末炭）と繊維状炭などの形状に加工されている[2]．一般的に吸着容量が大きい粒状は高濃度環境，繊維状は比較的低濃度環境で使用されている．図 10.3 に粒状活性炭の構造を示す．ポーラスな構造をしており，マクロポア・メソポア・ミクロポアからなっており，非常に大きな**比表面積**を有している．ただし同じ比表面積を有していても，賦活化（炭素質原料を多孔質原料に変える反応操作）の条件が異なると，細孔の構造・大きさ・分布が異なってくるため，捕集性能や寿命等の特性に差異を生じることに留意する必要がある．図 10.4 に原料ごとの細孔分布測定例を示す．

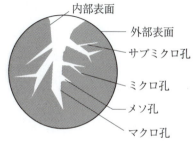

図 10.3 吸着剤表面と細孔の概要（文献 2）より作成）

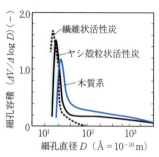

図 10.4 活性炭の細孔分布（文献 2）より作成）

使用上の留意点としては，飽和点近くになるとガス温度や他混合ガス成分との関係から吸着物質が再放出される現象が生じる．つまりフィルタ下流側のガス濃度が高くなることがある[2]．また，全てのガス成分を吸着することはできない点についても留意する必要がある．

(2) **化学吸着方式** 活性炭などの表面に薬剤を担持させ，対象ガスとの中和化学反応により吸着捕集する．対象ガスが**酸性ガス**（塩酸，硝酸，硫酸など）の場合，水酸化カルシウムや炭酸カルシウムなどの無機塩，**アルカリ性ガス**（アンモニア，アミン類など）の場合，リン酸などの無機酸が使用されている場合が多い．

イオン交換式では，幹ポリマーに枝ポリマーを継ぎ木（グラフト）することで，化学吸着機構を有したフィルタ基材にする化学的グラフト重合法や放射線グラフト重合法によるフィルタの他，アクリル等の有機系樹脂基材にスルホン酸や四級アンモニウム等のイオン交換基を付与してイオン交換樹脂素材を作製するフィルタがある．

化学吸着型フィルタでは，処理風量や除去対象ガスの濃度に応じて最適なフィルタを選定する必要がある．図 10.5 に選定概要を示す．

使用上の留意点としては，低濃度ガスの場合，素材や添着剤の選定が合わないと，フィルタ自身からの脱ガスをはじめ，他ガスや微粒子等の再飛散を伴うことがあり，クリーン度の高い環境では注意が必要である[2]．また，処理ガス中に粉じんが存在するとフィルタの圧力損失上昇と性能低下を招くため，前段に除じん用プレフィルタの設置が望ましい．

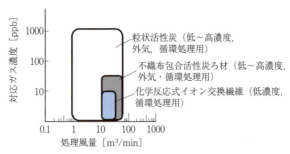

図 10.5　化学吸着型フィルタの選定（文献 2) より作成）

10.3.2　フィルタの構造

波型に折り曲げた 2 枚の多孔板の間，または多孔板のパネル内に吸着材（活性炭，添着活性炭，イオン交換樹脂など）を充填し，充填したユニット（トレイ）をジグザグ状に配置してユニット内に格納する．ジグザグ状に配置することで，吸着材と

の接触面積を大きくしている他，トレイ内の通過風速を遅く（接触時間を長く）している．

その他に，ハニカム形状・パネル型・微細活性炭の不織布含合型等で，アルミ等のメタル枠に収められた構造でも使用される．写真 10.6 にトレイ型，写真 10.7 に不織布含合型（粒状活性炭またはイオン交換樹脂を使用）を示す．

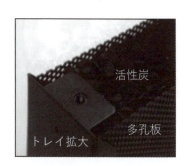

写真 10.6　トレイ型（ケンブリッジフィルターコーポレーション(株)カタログ）

写真 10.7　不織布含合型（ケンブリッジフィルターコーポレーション(株)カタログ）

10.4　一般換気用エアフィルタに関する各国のフィルタ規格と ISO 規格

産業界では，従来から米国・欧州・日本などの各国において，規格が制定，運用されてきた．しかし，互換性・生産効率の向上・インターフェースの整合性などに加え，安全安心の確保・環境対策・産業競争力の強化・競争環境整備・貿易促進などを目的として，様々な分野で標準化（ISO 規格化）が図られてきている．一般換気用エアフィルタについても同様に ISO 規格が制定されており，各国の規格も

ISO 規格内容を反映すべく改定されている[4].

　フィルタクラス数の最も多い ASHRA52.2 の MERV（minimum efficiency reporting value）を基準にして，EN77・ISO16890 との比較を表 10.6，JIS B 9908 との比較を表 10.7 に示す.

10.4.1　ASHRAE52.2 と EN779

　ASHRAE52.2 は米国暖房冷凍空調学会（ASHRAE）により制定された規格である．粒径区分は 12 区分あり，各粒径範囲での捕集率を 3 種類の粒径グループ（E1,E2,E3）に分類し，平均捕集率を求めている．また，フィルタクラスとしては MERV において元々 20 クラスに分類されていたが現在 17 ～ 20 は削除されて 16 クラスになっている.

表 10.6　海外規格の捕集率比較表（文献 3) より作成）
（数値はクラスにおける捕集率下限を表す）

単位：%

MERV	E1 (0.3-1.0) 0.55 μm	E2 (1.0-3.0) 1.73 μm	E3 (3.0-10) 5.48 μm	E（質量）平均	クラス	E (0.4) 平均	E (0.4) 最小	E（質量）平均	ePM1, min 除電後	ePM2.5, min 除電後	ePM10 初期除電後平均	グループ
1				<65	G1			50				
2				65	G2			65				
3				70				65				
4				75				65				
5			20		G3			80				ISO Coarse
6			35					80				
7			50		G4			90				
8		20	70					90				
9		35	75		M5	40					46	
10		50	80			40				20	53	ISO ePM10
11	20	65	85		M6	60				33	63	
12	35	80	90			60				46	73	ISO ePM2.5
13	50	85	90		F7	80	35		47	58	78	
14	75	90	95		F8	90	55		71	77	88	ISO ePM1
15	85	90	95		F9	95	70		80	83	90	
16	95	95	95		−	−			92	93	94	

10.4 一般換気用エアフィルタに関する各国のフィルタ規格と ISO 規格 171

表 10.7 ASHRAE と JIS 規格の捕集率比較表（数値はクラスにおける捕集率下限を表す）（文献 4)を一部修正）

単位：%

ASHRAE 52.2	JIS B 9908：2019				JIS B 9908：2011（非エレクトレット）						同：2001
	ePM1,min	ePM2.5,min	ePM10	グループ	E (0.4)	E (0.7)	E (2.5)	E (4.0)	E (質量)	E (比色)	E (比色)
MERV	除電後	除電後	初期除電後平均		初期	初期	初期	初期	平均	平均	平均
1				初期質量捕集率					<65		
2									65		
3									70		
4									75		
5								10	80		
6								25	80		
7								40	90		40
8							20	60	90		40
9							35	65			50
10			45	PM10 捕集率			60	75			50
11		36	55			30	70	80			60
12		49	65	PM2.5 捕集率	20	50	85	90			75
13	49	61	73		40	60	88	90			90
14	72	78	85	PM1 捕集率	65	80	92	95			95
15	81	84	88		80	85	92	95			98
16	92	93	94		90	95	95	95			-

EN779 は欧州標準化委員会（CEN）によって，2012 年に粒径別捕集率とフィルタクラスが規定された．フィルタクラスは 0.4 μm 捕集率と質量捕集率により 9 クラスで表示されている．EN779 は 2017 年に ISO16890 に置き換えられ，翌 2018 年に完全移行した．

10.4.2 ISO16890

ISO16890:2016 は Part1 ～ Part4 に分かれており，各パートでは「PM 基準によるフィルタ分類」「初期捕集率試験」「ダスト負荷試験」「除電試験」が規定されている．捕集率は ASHRAE52.2 と同様の粒径区分で求められ，フィルタクラスは PMx（$x = 1, 2.5, 10$）に基づく捕集率により分類される．なお，捕集率試験は同

じフィルタを用いて 2 回（静電気を除去する前と後）行い，その平均値を ePMx,
除電後を ePMx,min として表記している.

10.4.3　JIS B 9908

　JIS B 9908：2019 は 6 部から構成されており，1～4 部はそれぞれ
ISO16890:2016 の Part1～Part4 に対応している．5～6 部は「換気用電気集じ
ん器」「超高性能フィルタ」が規定されており，この 2 つは JIS B 9908：2011 の
形式 4 及び 1 をほぼ同一の内容で移行させている．グループ表示は単に PMx で表
示され，捕集率は ePMx と ePMx,min で表記される.

第 10 章の問題

□ **10.1**　粒子除去フィルタの説明として，誤っているものを選択せよ.
　　①粗じん・中性能フィルタは JIS B9908 規格群によって試験され，PM1・
　　　PM2.5・PM10 において要求性能が提示されている.
　　②JIS B9908 規格群の試験において，帯電効果を用いたフィルタは捕集率が
　　　高い傾向になる.
　　③高性能フィルタにおいて，空気中の微粒子は主にふるい効果で捕集される.
　　④ガス除去フィルタは物理吸着式，化学吸着式，触媒式があり，このうち物
　　　理吸着式は吸着速度が速く，可逆性があるのが特徴である.
　　⑤化学吸着型フィルタの吸着材はゼオライトを使用しており，コストメリッ
　　　トが大きい.

□ **10.2**　化学吸着式フィルタの使用上の注意事項を述べよ.

【解答例】

10.1　誤っているのは②, ③, ⑤
　　① JIS B9908 で行われる試験では，帯電効果を付与したフィルタは除電処理さ
　　　れるため，捕集率が低下する（10.2 節参照）.
　　③捕集機構としては，微粒子とフィルタ繊維との関係において，「さえぎり」「慣
　　　性」「拡散」「静電気力」「重力」が複合的に作用し，ろ材を構成する繊維に捕
　　　集される（10.2 節 (1) 捕集原理参照）.
　　⑤化学吸着型フィルタでは，活性炭に薬剤を担持させたものや，イオン交換繊維
　　　などを利用している．ゼオライトは物理吸着型の吸着材（活性炭の方がコスト
　　　メリットは大きい）.

10.2　基本的に 10.3.1 項 (2) 化学吸着方式の内容が記載されていれば良い.
　　例：低濃度ガスの場合，素材や添着剤の選定が合わないと，フィルタ自身から
　　　の脱ガスをはじめ，他ガスや微粒子等の再飛散を伴うことがあり，クリー
　　　ン度の高い環境では注意が必要である．また，処理ガス中に粉じんが存在

するとフィルタの圧力損失上昇と性能低下を招くため，前段に除じん用プレフィルタの設置が望ましい．

参 考 文 献

1) 中性能フィルタ・粗じん用フィルタの試験方法の解説（JIS B 9908-1 ～ 4）
2) HEPA フィルタの試験方法の解説（JIS B 9927-1 ～ 5:2022）
3) 空気調和・衛生工学会，空気調和・衛生工学便覧第 14 版，2 機器・材料編，2010
4) 各国の一般換気用エアフィルタの規格における捕集率の比較に関する指針（JACA No.53）

第11章

クリーンルーム概論

11.1 産業分野における コンタミネーションコントロール

　我が国における情報産業の基盤となる半導体・液晶などのエレクトロニクス，精密工業，バイオテクノロジーなどの基盤技術として，クリーンルームに代表される空気清浄技術の役割は大きい．

　半導体・液晶を始めとする先端産業では，製品の歩留まりや品質，信頼性を確保するため，クリーンルーム内の空気や製品表面の厳密な汚染制御が重要となっており，その汚染質も時代とともに対象が変化しつつある．特に半導体産業分野では，製品の高集積度化が進むにつれ，粒子はもちろん分子状汚染物質，水分，金属などが汚染制御の対象となっている．

　コンタミネーションコントロール（contamination control）は，直訳すると「汚染制御」であり，大気汚染（air pollution）や水質汚染（water pollution）を含めてもおかしくないが，通常は大気や水環境汚染の問題とは区別して扱われる．コンタミネーションコントロールは，もともと航空宇宙の分野で宇宙船やそれに搭載される機器の信頼性や精度を維持するために必要とされた技術であり，初期の資料として，NASA（米国航空宇宙局）が1967年に発行した特別出版物 Contamination Control Principles（SP5045）や Clean Room Technology（SP5074）がある．この技術は，汚染物質（contaminants）のない空気，水，表面を実現するための技術と理解され，それぞれの産業分野でそれを必要とする生産工程における問題の一つとして考えられていた．

　現在，コンタミネーションコントロールは，先端産業である半導体・液晶などのエレクトロニクス，精密工業，製薬工業，病院，バイオテクノロジーなどの基盤技術として重要であり，そのなかでもクリーンルームに代表されるクリーン化技術の役割は大きい．製品・材料・薬液・製造ガスの不純物などが汚染の対象であり，制

11.1 産業分野におけるコンタミネーションコントロール

御すべき対象として，気体，液体，表面（固体）に大別できる．

図11.1に**表面汚染**のメカニズムを示す．汚染物質の発生過程から，空間における表面近傍への移送と空間中での反応過程，表面近傍における沈着の過程がある．

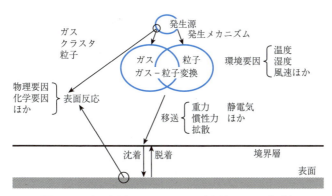

図11.1　表面汚染のメカニズム（文献1）より作成）

汚染物質を制御するために，空間の汚染物質濃度を低減するクリーンルームと，汚染物質の発生・生成過程，移送過程，沈着過程での制御技術が必要である．最適な清浄度を確保した上で，汚染物質を「極力発生させない」「制御対象空間に持ち込まない」「すみやかに除去する」「堆積させない」ことが基本となる．

図11.2に**汚染制御**の概念の例を示す．この概念図では，**クリーンゾーン**をクリーンルームで最も厳しい制御ゾーンと考えている．クリーンゾーンは，より低い清浄度クラスのゾーンで取り囲まれていることが多く，これによって，最も高い清浄度が要求されるゾーンを最小のサイズにすることができる．隣接するクリーンゾーン間での資材及び要員の移動にともなって汚染が伝わる危険性があるので，詳細なレイアウト並びに資材及び要員の流れの管理などに特に注意を払うことが望ましい．

クリーンルーム全体は，汚染制御の要求事項が異なる多数の部屋で構成される．それぞれの空間の清浄度を区分するには，以下の3種がある．

①隔壁等による通気性のない**物理的分離**を行う
②差圧を設けることにより開口部からの汚染流入を防止する
　（差圧による分離）
③開口部の気流を制御することにより空間の清浄度を区分する
　（気流による制御）

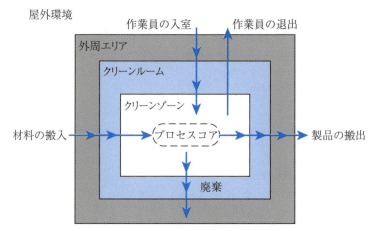

図 11.2　汚染制御ゾーンの考え方（文献 1) より作成）

差圧による分離は，隣り合う異なる清浄度のクリーンルームまたはクリーンゾーン間の差圧を，扉を開けることができるように，かつ乱れによる意図しない交差流れが生じないように，一般に 7.5 Pa 〜 15 Pa にすることが望ましい．

気流による制御は，清浄度の高いゾーンから低いゾーンへの置換気流の速度を，一般に 0.2 m/s 以上とすることが望ましい．また，異なる清浄度の空間の相互の影響を把握して領域を区分することも可能である．

11.2　空気清浄度

クリーンルームは，空気中における浮遊微粒子，浮遊微生物が限定された清浄度レベル以下に管理され，汚染制御が行われている室内空間である．浮遊微粒子を主な対象とする場合をインダストリアルクリーンルーム（ICR），浮遊微生物を主な対象とする場合をバイオロジカルクリーンルーム（BCR）という．1990 年代以降では，ガス状の化学物質についても汚染制御される場合もある．図 11.3 に一般的に必要となる浮遊微粒子の**空気清浄度**を示す．

クリーンルームの清浄度は，ISO 及び JIS により規定されている．1963 年米国基準 FS209（1999 年廃止）により 1 ft^3 あたりの 0.5 μm 以上の浮遊粒子数を用いて空気清浄度クラスは表示されていたが，1999 年の ISO14644-1 の制定により，1 m^3 あたりの 0.1 μm 以上の浮遊粒子数の対数値で表現されることとなった．

浮遊粒子によるクリーンルームの清浄度クラスは，ISO14644-1 及び JIS9920-1

産業分類			清浄度クラス（ISO）							
			1	2	3	4	5	6	7	8
ICR	ウエハ製造						■	■	■	
	半導体	前工程		■	■	■	■			
		後工程					■	■		
	液晶						■	■		
	ディスク						■	■		
	精密機械						■	■	■	
	ホトマスク						■	■		
	プリント基板							■	■	■
BCR	医薬品	注射液充てん					■			
		製剤包装ライン							■	
	病院	無菌病室						■	■	
		無菌手術室						■	■	
	食品	ロングライフ牛乳						■	■	
		そうざい，弁当，製パン								■
	動物実験	無菌動物						■	■	
		SPF動物							■	■

図 11.3　必要となる浮遊粒子による空気清浄度（文献 1) より作成）

により，粒径以上の個数濃度によって，クラス 1 ～ 9 が規定されている．

表 11.1 に浮遊微粒子による清浄度クラスの粒径別上限濃度を示す．2015 年 ISO14644-1 の改正で表を使用することにより，個々のクラスに対する適切な粒径範囲をより正確に定義付けることになった．クラスへの適合条件は，全ての測定点における平均粒子数濃度（1 m³ あたり粒子数）が，表 11.1 から求めた上限粒子数濃度を超えない場合，クリーンルームまたはクリーンゾーンは空気清浄度クラスに適合しているとされている．

浮遊粒子濃度による清浄度クラスの他，表面における粒子濃度，空気及び表面における化学物質濃度，微生物濃度による清浄度レベルが検討されている．

（1）　インダストリアルクリーンルーム　インダストリアルクリーンルーム（ICR）は，先端産業である半導体・液晶などのエレクトロニクス，精密工業など工業用に利用されている．汚染物質としては，空気中の微粒子が対象であったが，1990 年代からガス状の化学物質も対象となってきた．

クリーンルームの使用目的により必要とする空気清浄度は異なるが，半導体製造

表 11.1　空気清浄度クラスの上限粒子数濃度[2]

清浄度クラス (N)	下記の対象粒径以上[a] の微粒子に対する上限粒子数濃度（個/m³）					
	$0.1\,\mu m$	$0.2\,\mu m$	$0.3\,\mu m$	$0.5\,\mu m$	$1\,\mu m$	$5\,\mu m$
1	10	(c)	(c)	(c)	(c)	(d)
2	100	24	10	(c)	(c)	(d)
3	1000	237	102	35	(c)	(d)
4	10000	2370	1020	352	83	(d)
5	100000	23700	10200	3520	832	(e),[(c),(d)]
6	1000000	237000	102000	35200	8320	293
7	(b)	(b)	(b)	352000	83200	2930
8	(b)	(b)	(b)	3520000	832000	29300
9[f]	(b)	(b)	(b)	35200000	8320000	293000

注(a)　本表の最大許容粒子数は，対象粒径以上の粒子数の累積値を示す．例えば，清浄度クラス 5，$0.3\,\mu m$ に示す 10200 個の粒子は，同粒径及びその粒径以上の全ての粒子を含む．

(b)　非常に粒子濃度が高いため，表のこの領域に濃度限界は適用しない．

(c)　低濃度のため粒子のサンプリング及び統計処理はクラス分類に不適切である．

(d)　粒子サンプリング経路における計数損失を考慮し，低濃度の粒子，及び $1\,\mu m$ 以上の粒径双方の最大許容粒子測定は，クラス分類に不適切である．

(e)　クラス 5 に関連し対象とする粒径として $5\,\mu m$ は指定しない．併記が必要な場合は，粗大粒子M表示を採用してもよい．

(f)　このクラスは通常運転状態に適用可能．

（JIS B 9920-1：2019，表 1 を許諾を得て転載）

の前工程では特に高い清浄度を必要としている．**表 11.2** にマイクロエレクトロニクスのクリーンルーム例を示す．

（2）　**バイオロジカルクリーンルーム**　バイオロジカルクリーンルーム（BCR）は，薬品工場，食品工場，病院，食品，醸造などで利用されている．汚染物質としては，空気中の微生物が対象であり，細菌（バクテリア），真菌，ウイルスが含まれる．微生物は，空気中で通常エアロゾルとして，あるいは浮遊微粒子に付着して存在し，細菌，真菌は，$0.5\,\mu m$ 以上と比較的大きく，ウイルスは $0.3\,\mu m$ 以下と小さいが，ウイルス単体で浮遊していることはほとんどない．いずれにしても HEPA フィルタまたは ULPA フィルタにより除去される．

11.2　空気清浄度　　**179**

　また，生物研究においては，無菌動物や，病原菌に感染していない実験用動物（SPF, specific pathogen free）が必要になってきたために，その飼育室は，手術室，更に生物工学の研究室（主に遺伝子組み換えなど）とともに高度の清浄度を有する無菌に近い状態が要求される．表 11.3 にヘルスケア製品用無菌プロセスのクリーンルーム例を示す．

表 11.2　マイクロエレクトロニクスのクリーンルーム例 [3)]

清浄度クラス (a) （ISO クラス） 通常運転時	気流形式 (b)	平均気流速度 (c) m/s	換気回数 (d) -/h	適用例
2	U	0.3〜0.5	適用外	フォトリソグラフィ工程, 半導体処理ゾーン (e)
3	U	0.3〜0.5	適用外	作業域, 半導体処理ゾーン
4	U	0.3〜0.5	適用外	作業域, 多層マスク処理, コンパクトディスク製造, 半導体サービスゾーン, ユーティリティゾーン
5	U	0.2〜0.5	適用外	
6	N or M (f)	適用外	70〜160	ユーティリティゾーン, 多層処理, 半導体サービスゾーン
7	N or M	適用外	30〜70	サービスゾーン, 表面加工
8	N or M	適用外	10〜20	サービスゾーン

注 (a)　最適な設計条件を設定する前に，JIS の清浄度クラスに対応する操業状態を定義し，合意しておくことが望ましい．
　(b)　気流形式を列挙する場合，各清浄度クラスに対応させる．
　　　　U＝一方向流，N＝非一方向流，M＝混合・併用（U と N）
　(c)　平均気流速度は，通常，一方向流のクリーンルームに適用される．一方向流に必要な速度は，製造装置の配置状況や発熱体のような局所条件に依存する．その平均気流速度は，必ずしもフィルタ面風速を示すものではない．
　(d)　（気流形式が）非一方向流と混合方式の場合，換気回数を適用する．
　(e)　隔離技術を検討することが望ましい．
　(f)　汚染源と保護域を，物理的または気流により，適切に隔離すること．

（JIS B 9919 : 2004，表 B.2 を許諾を得て転載）

第11章 クリーンルーム概論

表11.3 ヘルスケア製品用無菌プロセスのクリーンルーム例[3]

清浄度クラス (ISO クラス) 通常運転時 (a)	気流形式 (b)	平均気流速度 (c) m/s	適用例
5 （粒径0.5 μm 以上を対象）	U	> 0.2	無菌プロセス (d)
7 （粒径0.5 μm 以上を対象）	N or M	適用外	無菌プロセスを直接支援する他のプロセスゾーン
8 （粒径0.5 μm 以上を対象）	N or M	適用外	無菌プロセスを支援するゾーン（制御された準備のためのゾーンを含む）

備考 用途に特有の清浄度の要求値については，他の関連規格を参照することが望ましい．

注 (a) 最適な設計条件を設定する前に，ISO クラスに関連した占有状態（施工完了時，製造装置設置時及び／又は通常運転時）を定義し，合意しておくことが望ましい．

(b) 気流形式を列挙する場合，そのクラスのクリーンルームの気流特性を対応させる．

U＝一方向流，N＝非一方向流，M＝併用方式（U と N）

(c) 平均気流速度は，通常，一方向流のクリーンルームに適用される．一方向流に必要な速度は，温度，制御空間や保護されるべき項目の構成などのように，特定の適用条件によって異なる．置換気流を目的とした気流速度は，0.2 m/s 超とすることが望ましい．

(d) 危険物質を安全に取り扱うため，オペレーターを保護する必要がある場合，隔離の概念（附属書 A を参照）又は適切な安全キャビネットや装置の使用を検討することが望ましい．

（JIS B 9919：2004，表 B.1 を許諾を得て転載）

11.3 クリーンルームの汚染物質

　一般に空気には窒素，酸素，水分の他，微量のガス状・分子状化学物質，粒子状物質，浮遊微生物などが含まれ，これらがクリーンルームにおいては製品に対して汚染の原因となっている．

　半導体・液晶を始めとする先端産業では，製品の歩留まりや品質，信頼性を確保するため，クリーンルーム内の空気や製品表面の厳密な汚染制御が重要となっており，その汚染質も時代とともに対象が変化しつつある．特に半導体産業分野では，製品の高集積度化が進むにつれ，粒子はもちろん化学汚染物質，水分，金属などが汚染制御の対象となっている．**表 11.4** に半導体製造前工程におけるシリコンウエハにおける汚染物質を示す．

表 11.4　シリコンウエハにおける汚染物質（文献 1）より作成）

汚染源となる環境要素	空気，人，水，薬液，ガス機器
表面汚染物質	粒子，イオン，金属，水分，VOC, 酸化, マイクロラフネス, ESD/EMI

　粒子状物質の製品への影響として，不良の多くは，生産過程で微粒子の製品への付着による不良である．LSI プロセスでの不良の原因としては，マスク効果，粒子組成元素の基盤への拡散，体積幕品質劣化，電極間短絡，基板上の突起物や結晶欠陥などがある．浮遊粒子による汚染は，半導体工場のクリーンルームでは，ウエハ上に作り込む線幅の $\frac{1}{2}$ 程度の粒径の粒子といわれている．装置，オペレータからの汚染を避けるため，局所清浄化技術などにより清浄化をより確実なものにすることが重要である．

　クリーンルームにおける**化学物質**の汚染物質の対象は，空気，表面，純水などの対象で異なるが，気中の対象物質は，酸性ガス，塩基性ガス，有機物質などがある．**表 11.5** にガス状汚染物質の半導体製造への影響について示す．

182   第 11 章　クリーンルーム概論

表 11.5　ガス状汚染物質の影響（文献 11) より作成）

汚染物質	主な発生源	不良現象の例
酸性ガス　Acids (HF, HCl, Cl_2, NO_x　他)	プロセス薬品，外気，排気ガス	メタル配線腐食　他
塩基性ガス　Bases (NH_3, RNH_2, N_2NH, HMDS 他)	プロセス薬品，人体，コンクリート，塗料，外気　他	化学増幅型レジストの解像度不良　他
凝縮性有機物質　Condensables （低分子シロキサン，可塑剤 (DBP, DOP)，酸化防止剤 (BHT)　他)	プロセス薬品，塗料，シーリング材，接着剤，外気　他	酸化膜信頼性低下，CVD 成膜異常，ウエハ表面汚染，接点不良　他
ドーパント　Dopants (B, P, リン酸エステル　他)	フィルタ，プロセス薬品　他	MOS　トランジスタのしきい値電圧シフト　他
金属　Metals (Na, K, Ca, Mg, Fe, Al, Cu, Zn, Cr　他)	製造装置，プロセス薬品，外気	接合リーク電流増加，酸化膜耐圧劣化　他

11.4　クリーンルームの形式

　一般的な**クリーンルーム**は，室内を正圧とし外部から汚染物質の侵入を抑えているが，室内から外部に有害物質を出さないため室内を負圧にしたハザード対策施設もある．また，クリーンルームでは，一般的に，温度，湿度，差圧などの環境条件についても管理されるが，静電気，振動なども考慮される場合がある．また，そこで使用される材料，薬品，水などについても要求される清浄度が保持される必要性がある．

　クリーンルームにおける浮遊微粒子及び浮遊微生物の制御は，一般に**HEPA**(high efficiency particulate air）フィルタまたは**ULPA**（ultra low penetration air）フィルタを通した空気を供給して行っている．分子状汚染物質の制御を行う場合には，ケミカルエアフィルタ等による除去設備が必要となる．

　クリーンルーム環境の性能を計画する際にクリーンルームの状態について，次の3種類に定義している．クリーンルーム施工完了後の検収試験は，この定義によって行われる．

① **as-built**（施工完了時）
全てのクリーンルーム設備機器が可動状態であるが，室内に製造装置，材料，オペレータがいない状態のクリーンルーム
② **at-rest**（製造装置設置時）
全てのクリーンルーム設備機器が稼働状態で，製造装置が搬入され作動状態であるが，室内にオペレータがいないクリーンルーム
③ **operational**（通常運転時）
全てのクリーンルーム設備機器，製造装置，オペレータが通常の製造状態であるクリーンルーム

気流形式による分類では，図 11.4 に示すように**一方向流方式**（unidirectional airflow）及び**非一方向流方式**（non-unidirectional airflow）あるいはこれらを混合した**併用方式**（mixed airflow）に分類できる[1]．方式の選定には要求される清浄度，運転管理，設備費などの検討により，上記の方式を組み合わせて用いることが多い．

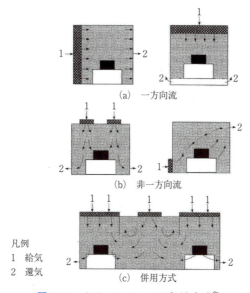

図 11.4　クリーンルームの気流方式[3]
（JIS B 9919：2004，図 A.2 を許諾を得て転載）

また，半導体製造業において，デバイスの微細化，高集積化に伴い，歩留まりの改善に加えて，コストの低減が求められ，増大する設備投資を抑え，人間やロボッ

トからの汚染影響を極力低減するために，1990年代より米国を中心に**局所清浄化**の研究開発が進められてきた．装置周辺や製品の搬送経路などをエンクロージャなどで分離し，清浄空気を供給することにより，要員及び室内空間から隔離して汚染の侵入を抑える局所清浄化技術として**ミニエンバイロメント**（minienvironments）システムが開発された．

2010年代以降，我が国では，クリーンルームの省エネ化・コスト低減などの目的で，クリーンルーム壁面等を建築躯体と一体化することなどが提案され，新たなシステムが開発されている．

(1)　**一方向流方式**　一方向流は，一般的に鉛直流（垂直流）または水平流である．どちらのタイプの一方向流も，気流を出来る限り真っ直ぐな形状に維持するためには，最終フィルタ付き吹出し口及びほぼ対向した吸込み口に依存する．両方式とも設計上の重要点は，プロセスコアで気流の乱れを最少にすることである．

清浄気流に垂直な作業面では，全ての位置で清浄度レベルは同じである．そのため，プロセスが平面的に統合または分散されている場合は鉛直流が，立体的に統合されているプロセスには水平流が必要となる．清浄な給気近傍の作業位置では，最適な汚染制御状態になる．要員の位置は，清浄なプロセスの下流にすることが望ましい．

(2)　**非一方向流方式**　非一方向流クリーンルームでは，空気は，給気面の様々な位置に設けられたフィルタ付き吹出し口から流入し，離れた位置から還気される．フィルタ付き吹出し口は，クリーンルームまたはクリーンゾーンに等間隔に分散配置する場合と，プロセスコア上に集合させて配置する場合がある．フィルタ付き吹出し口の位置は，クリーンルームの性能にとって重要である．最終フィルタの位置を離してもよいが，フィルタとクリーンルームの間で汚染が侵入しないよう特に注意することが望ましい．非一方向流システムにおける吸込み口の位置は一方向流ほど重要ではないが，吹出し口と同じように吸込み口を分散して，クリーンルーム内のデッドゾーンが最小になるように注意を払うことが望ましい．

(3)　**併用方式**　併用方式クリーンルームは，1つのクリーンルームに一方向流と非一方向流を組み合わせたものである．

(4)　**ミニエンバイロメント**　ミニエンバイロメントシステムは，IESTの推奨基準 RP-CC012.1「クリーンルーム設計における検討項目」には，局所制御環境の項目としてミニエンバイロメントの他マイクロエンバイロメント，クリーンアイランドの規定がある．部分的に高清浄度の空間を構築する方式として，セパレーションシステム，スルーザウォール方式，SMIFシステム，FOUPシステムなどの方式

は局所的な清浄空間を形成する代表的な方式であり，工程間にセパレーションを設置し，気流制御による局所空間の清浄化を達成する工夫も行われている．

図 11.5 にミニエンバイロメント方式の例を従来方式のクリーンルームと比較して示す．清浄化エリアの上部には，ファンフィルターユニットを有し，清浄空気の供給を装置で行っている．クリーンルーム全体の清浄度を均一に高めるのではなく，プロセス装置内，ウエハ近傍などにおいてより狭い隔離された空間をより高い清浄度に保ち，全体としてランニングコストの削減に寄与する．

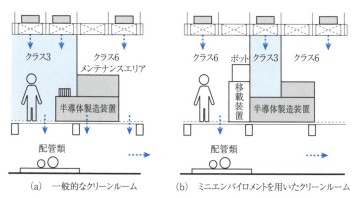

図 11.5　ミニエンバイロメント方式（文献 1）より作成）

(5) **新たなクリーンルーム方式**　新たなクリーンルームとして，クリーンルームの床・天井・等を建築躯体と一体化させた方式，温湿度と空気清浄化を別システムとする方式，必要な高さまでを温湿度・清浄度の制御対象とする方式などが開発されている．図 11.6 にアンビエントクリーン空調システムを，図 11.7 に旋回流誘引型成層空調システムのクリーンルーム適用の例を示す．

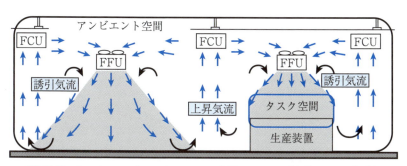

図 11.6　タスクアンビエントクリーン空調システム（文献 4）より作成）

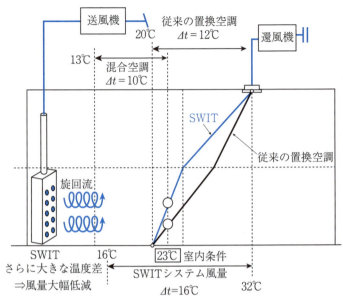

図 11.7 旋回流誘引型成層空調システムのクリーンルーム適用（SWIT クリーンルーム）（文献 6) より作成）

第 11 章の問題

☐ **11.1** クリーンルームの清浄度クラスを説明せよ．

【解答例】
11.1 クリーンルームの清浄度クラスは，ISO14644-1 及び JIS9920-1 により，粒径以上の個数濃度によって，クラス 1 〜 9 が規定されている．
　表 11.1 に示されている浮遊微粒子による清浄度クラスの粒径別上限濃度によってクラスへの適合が判断される．すなわち，全ての測定点における平均粒子数濃度（1 m³ あたり粒子数）が，表 11.1 から求めた上限粒子数濃度を超えない場合，クリーンルームまたはクリーンゾーンは空気清浄度クラスに適合しているとされている．評価に必要な測定点数は，床面積によって表により求められ，測定粒径は協議により決められる．

参 考 文 献

1) 日本空気清浄協会，クリーンルーム環境の計画と設計第 3 版，オーム社，2013
2) JIS B9920-1，クリーンルーム及び関連する制御環境　第 1 部：浮遊粒子数濃度による空気清浄度の分類，2022
3) JIS B9919，クリーンルームの設計・施工及びスタートアップ，2004
4) 長谷部弥他，クリーンルームシステムにおける環境負荷低減に関する研究，第 1 報―新クリーンルームシステムの提案と建設段階の環境負荷，空気調和・衛生工学会論文集 143，12-20，2009
5) 熊谷博英,旋回流誘引型成層空調システムによる省エネルギー型クリーンルームの構築，（公社）日本空気清浄協会シンポジウム：最近のクリーンルーム技術，2023
6) 松岡慎他，旋回流誘引型成層空調システム―最先端半導体工場への展開，空気清浄第 55 巻 3 号，3-8，2017
7) ISO 14644-1 Cleanrooms and associated controlled environments- Part 1: Classification of air cleanliness by particle concentration, 2015
8) ISO 14644-3 Cleanrooms and associated controlled environments- Part 3: Test methods, 2019
9) ISO 14644-4 Cleanrooms and associated controlled environments- Part 4: Design, construction and start-up, 2022
10) 日本空気清浄協会，クリーンルームの性能試験方法指針，JACA No. 40-2005
11) 日本空気清浄協会，必ず知っておきたいクリーンルーム環境の維持管理，オーム社，2021

第12章

屋内気流の数値シミュレーション

12.1 気流シミュレーションの必要性

　屋内の空気調和及び空気質環境には気流が密接に関わっている．しかし，建物の計画段階や設計段階では，対象となる実際の部屋がないため，気流状態を可視化したり，計測したりして確認することができない．このような場合に屋内気流を予測する手法として，コンピュータを用いた気流シミュレーション（**CFD**：computational fluid dynamics）が応用されている．気流シミュレーションを用いると，想定した給排気口の位置や吹出し条件等に対してどのような気流分布が得られるのかを検討したり，設計条件を最適化したりすることができる．

　従来，気流シミュレーションを実行するには，大型の科学技術計算用コンピュータが必要であったが，パーソナルコンピュータの容量や演算能力の大幅な向上や，さまざまな汎用ソフトウェアの普及に伴い，設計者が気流シミュレーションソフトウェアを利用して屋内気流の検討を行えるようになった．汎用の気流シミュレーションソフトウェアには，オープンソースのOpenFOAM[1]の他，各社からリリースされているさまざまな商用ソフト[2],[3]がある．

　気流シミュレーションソフトウェアを使用する際に，方程式の解法に関するさまざまな項目を選択する必要があるが，これらを正しく設定するためには，ソフトウェアがどのような仕組みで気流分布を計算しているのかについて，基礎的な知識を持っておく必要がある．また，気流シミュレーションは反復計算（12.2.3項）を基本としているが，しばしば解が正しく収束せず，発散してしまう場合がある．このような場合に適切な対処を行うにも，基礎方程式の解法に関する知識が大きな助けとなる．本章では，設計者が気流シミュレーションを実施するにあたり知っておくべき基礎的な事項を示した後，気流シミュレーションの具体的な実施手順について述べる．

12.2 気流シミュレーションの概要

屋内の熱や換気を対象としたコンピュータシミュレーションには，EnergyPlus[4]に代表される動的熱負荷シミュレーションや，CONTAM[5]に代表される多数室換気シミュレーションソフトなどがあるが，これらのソフトウェアでは，一つの室を一つの接点として扱っている．これに対して，CFDをベースとした気流シミュレーションでは，室内全体の細部にわたる気流分布を結果として得ることができる．そのため，気流シミュレーションソフトウェアでは，基礎方程式である流体の**運動量方程式**（ナビエ–ストークス方程式）を解く必要がある．以下にこの方程式の意味を簡単に説明し，気流シミュレーションにおける運動量方程式の解法について概説する．

12.2.1 運動量方程式の各項の意味

静止した水の中に一滴のインクの壺を落とした場合，インクは同心円状に広がっていくであろう．このような現象を**拡散**と呼ぶ．では，一方向に流れる水中にインクを落とした場合はどうであろう．インクは流れによって下流側に流れていくであろう．これを流体力学の分野では**移流**と呼ぶ．全ての流体現象は，この移流と拡散を足し合わせたもので表される（図12.1）．

一方，流体の運動量方程式は次のような形をしている．

$$\frac{\partial(\rho u_i)}{\partial t} + \frac{\partial u_i(\rho u_j)}{\partial x_j} = -\frac{\partial p}{\partial x_i} + \frac{\partial}{\partial x_j}\left\{v_t\left(\frac{\partial(\rho u_i)}{\partial x_j} + \frac{\partial(\rho u_j)}{\partial x_i}\right)\right\} \quad (12.1)$$

ρ：密度　u：速度　p：圧力　t：時間
x：座標　v_t：渦動粘性係数
i, jはアインシュタイン縮約表記の添え字
※ただし乱流の時間平均モデル（12.2.5項）を想定した．

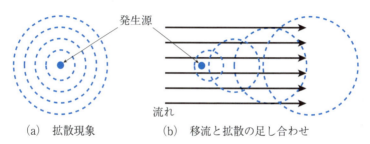

(a) 拡散現象　　　(b) 移流と拡散の足し合わせ

図12.1　流体現象における移流と拡散

190 第12章 屋内気流の数値シミュレーション

ここでは式の詳細を考える必要はない. 各項の意味のみを理解していただきたい. 一般的な物理では, 物体の質量 m, 速度 v として運動量は mv である. 流体では明確な質量が定義できないので, 単位体積中の質量, すなわち密度 ρ を用いて運動量を ρu と表す (u は流体の速度). 流体の運動量方程式は, 運動量 ρu の時間変化(時間項:左辺第一項)が, 移流項 (左辺第二項), 粘性項 (右辺第二項:運動量の拡散を表す), 及び圧力勾配項の足し合わせによって表される輸送方程式である. ここで, 圧力勾配項 (右辺第一項) は, 運動量が圧力勾配によって増えたり減ったりすることを表す, いわば追加的な生成・消滅項なので, これを除く運動量方程式の構成は, 先に述べた「流体現象が移流と拡散の足し合わせで表される」ことと一致することが理解できる. 対象とする変数 ρu を一般変数 ϕ とすると, 運動量方程式は次のような**移流拡散方程式** (12.2) となる.

$$\frac{\partial \phi}{\partial t} + u_i \frac{\partial \phi}{\partial x_i} = D \frac{\partial^2 \phi}{\partial x_i^2} + \dot{\phi} \tag{12.2}$$

D:拡散係数　$\dot{\phi}$:ϕ の生成・消滅項

簡単のため, 以降ではこの移流拡散方程式についての解法を説明していく.

12.2.2 方程式の離散化

実際の空間は連続的につながっているが, 数値シミュレーションの世界では図12.2 に示すように, 空間をとびとびの点の列として表し, 点と点との間隔を Δx, 着目する点を i として, その左の点を $i-1$, 右の点を $i+1$ とする. これらの値を用いて, 着目点 i における一階及び二階の微分項を以下のように表すことができる.

一階の微分項:$u\left(\frac{\partial \phi}{\partial x}\right)_i = u \frac{\phi_{i+1} - \phi_{i-1}}{2\Delta x} - |u| \frac{\phi_{i+1} + \phi_{i-1} - 2\phi_i}{2\Delta x}$ (12.3)

二階の微分項:$\left(\frac{\partial^2 \phi}{\partial x^2}\right)_i = \frac{\phi_{i+1} + \phi_{i-1} - 2\phi_i}{\Delta x^2}$ (12.4)

これらの式は, 一階及び二階の微分項を四則演算で表した式となっており, この処理を**離散化**と呼ぶ.

なお, 式 (12.4) には一次精度の風上化という処理を加えてある. **風上法**には, 情報伝達が上流から下流に向かって生じることを式の上に反映させるという物理的な意味の他, 反復計算を安定化させる効果がある. なお, 式 (12.3) の導出の際にテイラー展開の高次の項を用いると, 離散化式の精度を向上できる. 気流シミュレー

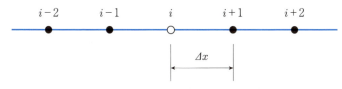

図 12.2　離散的な空間（一次元の場合）

ションソフトウェアでは，「差分スキームの選択」として，どのような離散化式を用いるかを設定する場合がある．高次風上差分法の **QUICK**（quadratic upstream interpolation for convective kinematics）[6]，**MUSCL**（monotonic upstream-centered scheme for conservation laws）[7] などのスキームを適用することが多い．

12.2.3　反復計算（収束計算）

コンピュータは，基本的に四則演算しかできないので，微分方程式で表された運動量方程式を解くことができない．離散化をすることで初めてコンピュータが扱える式となる．ただし，離散化式を一回計算しただけでは，方程式を解いたことにはならない．離散化式は両隣の点との関係を表しているだけで，領域全体の分布を表してはいないからである．

例えば，図 12.1 の点列が表す一次元領域が，一端を壁表面とする境界層の流れであったとすると，壁表面では速度 0，他の端部では速度 U の**境界条件**を与えることができる．図 12.3 に示すように，$i-1, i, i+1$ の 3 点で表される離散化式を端

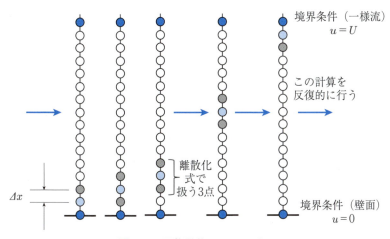

図 12.3　反復計算のイメージ

部から順に計算していくということを何度も行えば，やがて各点の値は離散化式と境界条件とを満足する値に近づいていく．この操作を**反復計算**または**収束計算**と呼び，反復前後の値の変化が所定の判定値以内となったとき，各点の値は近似的に基礎方程式を満足した（基礎方程式を数値的に解いた）ことになる．

例題 1

時間項 $\dfrac{\partial \phi}{\partial t}$ は $\dfrac{\phi_i^{n+1} - \phi_i^n}{\Delta t}$（肩付きの n は反復 n 回目；n ステップ目の値を表す）と離散化でき，他の項が全て n ステップ目の値であるとしたとき，式 (12.2) を図 12.4 のような二次元空間について離散化せよ．

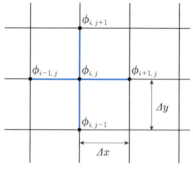

図 12.4 二次元の離散的な空間

[解答] 式 (12.2) を二次元空間について離散化した式は以下のようになる．

$$\frac{\phi_{i,j}^{i+1} - \phi_{i,j}^n}{\Delta t} = -\left(u_{i,j} \frac{\phi_{i+1,j}^n - \phi_{i-1,j}^n}{\Delta x} - |u_{i,j}| \frac{\phi_{i+1,j}^n + \phi_{i-1,j}^n - 2\phi_{i,j}^n}{2\Delta x} \right)$$

$$-\left(v_{i,j} \frac{\phi_{i,j+1}^n - \phi_{i,j-1}^n}{\Delta y} - |v_{i,j}| \frac{\phi_{i,j+1}^n + \phi_{i,j-1}^n - 2\phi_{i,j}^n}{2\Delta y} \right)$$

$$+ D\left(v_{i,j} \frac{\phi_{i+1,j}^n + \phi_{i-1,j}^n - 2\phi_{i,j}^n}{\Delta x^2} + \frac{\phi_{i+1,j}^n + \phi_{i-1,j}^n - 2\phi_{i,j}^n}{\Delta y^2} \right) \quad (12.5)$$

この式を次のように変形すると，右辺は全て反復前の値となり，代入するだけで次の時刻の値，$\phi_{i,j}^{n+1}$ が計算できる．これを**オイラーの陽解法**と呼ぶ．

$$\phi_i^{n+1} = \phi_i^n + \Delta t f(\phi_{i-1}^n, \phi_i^n, \phi_{i+1}^n) \quad (12.6)$$

ただし，式 (12.5) の右辺をまとめて関数 f とした．

12.2 気流シミュレーションの概要

図 12.4 のような空間に式 (12.6) を適用すれば，ϕ_{ij}^{n+1} をその点の n ステップ目の値 ϕ_{ij}^n 及びその周囲 4 点の値（$\phi_{i-1,j}^n$, $\phi_{i+1,j}^n$, $\phi_{i,j-1}^n$, $\phi_{i,j+1}^n$）から計算できる．適当な境界条件のもとで，この式を i 方向，j 方向にずらして計算していくことを繰り返すことで，スカラー量（先の例におけるインクの濃度など）の分布について，非定常な時間変化をシミュレーションすることもできる．ただしこのとき，時間ステップ幅 $\varDelta t$ を十分に小さく設定しなければ，反復計算が安定せず，解が発散する．時間ステップ幅を設定するための指標が**クーラン数**（Courant number）であり，この値を 1.0 以下に設定すると計算が安定する．時間項の離散化にオイラー法以外の方法を採用している場合であっても，クーラン数は反復計算を安定化させる指標として有効である．計算が不安定な場合には，クーラン数をさらに小さな値とすることで，計算を安定化させることができる．

例題 2

左から右に一様速度 u の流体中に濃度 1.0 の汚染物質発生源がある．この問題を解く表計算シートを例題 1 の離散化式を使用して作成せよ．

[解答]　表計算シートで離散化式 (12.6) を表現するには，例えば中心セル ϕ_{ij} を I 19 としたとき，$\phi_{i-1,j}$, $\phi_{i+1,j}$, $\phi_{i,j-1}$, $\phi_{i,j+1}$ をそれぞれ H 19, J 19, I 18, I 20 に置き換えればよい．この式を書き込むとかなり長い記述となるが，一つのセルにこの式を書込んだ後解析対象領域内の全セルにコピー・ペーストすればよい．表計算ソフトでは，他のセルを参照したセル自身を再度参照することは**循環参照**と呼び，禁止されている．Microsoft Excel では，メニューから「ファイル」→「オプション」→「数式」で開いたウインドウの「反復計算を行う」にチェックし，最大反復回数を設定することができる．図 12.5 に，計算の手順とシミュレーション結果を示す．

12.2.4　運動量方程式の解法

流体の運動量方程式の解法も，基本的にはここまでに示した方法と同じであるが，式 (12.1) に示したように運動量方程式には圧力勾配項がある．運動量はベクトル量なので，三次元であれば $\rho u, \rho v, \rho w$ の三方向成分について運動量方程式が成り立つ．しかし，解くべき変数は各方向の速度成分 u, v, w に加え，圧力 p の 4 つがある．連立方程式の解法では変数の数に等しい方程式が必要なので，このままでは運動量方程式を解くことができない．この問題を解決する方法として，適当な圧力を想定して運動量方程式を解いた後，得られた速度 u, v, w を仮の値として圧力補正式に代入して解き，連続の式を満足する u, v, w, p の組み合わせを求めていく方法があ

第 12 章　屋内気流の数値シミュレーション

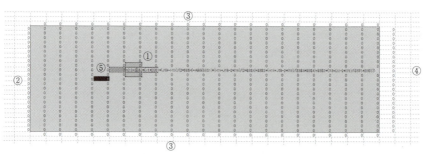

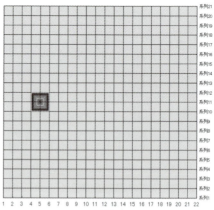

初期状態

① この例では解析領域を C10：X32 としている．解析領域内のセルに離散化方程式を書き込み，領域内の全セルにその内容をコピー・ペーストする．このとき，循環参照を警告されるが，無視して「×」をクリックする．

② 流入側境界条件を流入濃度 0 とするため，B10：B32 に 0 を記入する．

③ 上側壁面境界条件を濃度勾配 0 とするため，C9 に =C10 を記入し，C9：X9 にコピー・ペーストする．下側境界も同様に，C33 に =C32 を記入し，C33：X33 にコピー・ペーストする．

④ 流出側境界条件を濃度勾配 0 とするため，Y9 に =X10 を記入し，Y9：Y32 にコピー・ペーストする．

⑤ 汚染物質発生源を G21 とし，G21 に =1.0 を記入する．

⑥ メニューから「ファイル」→「オプション」→「数式」で設定用ウインドウを開き，「反復計算を行う」をチェックし，例えば「最大反復回数」を 600，「変化の最大値」を 0.0001 として，「OK」をクリックすると，反復計算が始まる．

⑦ 計算結果を「挿入」→「グラフ」→「等高線」で表示すると，右のような濃度分布が得られる．

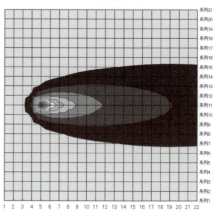

600ステップ
反復計算後の濃度分布

図 12.5　表計算ソフトによるカラー量の分布のシミュレーション

る．気流シミュレーションソフトウェアでは，この解法の選択も重要な設定事項である．**SIMPLE 法**（semi-implicit method for pressure linked equations）[8]，**PISO 法**（pressure-implicit with splitting of operators）[9] などの解法がよく用いられる．

12.2.5 乱流モデル

ほとんどの場合，屋内気流は乱流である．屋内環境の検討を目的とした場合，非定常な乱流の詳細な乱れは興味の対象ではなく，全体的な流れがどうなっているのかを知りたい場合が多い．そのような場合，時間平均した流れの場を想定すると都合がよい．気流シミュレーションでも，乱流に対しては，さまざまな時間平均モデル（**RANS モデル**：reynolds averaged navier-stokes model）[10] を適用することができる．時間平均モデルは，乱流による気流変動の影響を渦粘性係数としてモデル化したもので，渦粘性係数のモデル化に乱流エネルギー k とその消散率 ε の方程式を連立して解く，**k-ε 型二方程式モデル**[11] が多く利用されている．しかし，オリジナルの k-ε モデル（**標準 k-ε モデル**と呼ぶ）には，吹出し噴流の拡散幅を過大評価することや，壁付近での現象の再現精度が低いことなどの問題点も指摘されており，さまざまな改良モデルが提案されている．**表 12.1** に代表的な乱流モデルとその特徴を示す．これら乱流モデルの選択も，気流シミュレーションソフトウェアを使用する場合の重要な設定項目である．

運動量方程式の計算により，室内の気流分布（速度ベクトルの分布）が求まる．屋内環境の問題では，気流によってどのような温度分布が形成されるのか，汚染物質がどのように除去されるのかなどを検討することが必要となるので，温度分布，濃度分布を気流と同時にシミュレーションする．これらの量の分布状態も，**図 12.1** に示したように移流と拡散の足し合わせとして表せ，方程式としては式 (12.2) の変数 ϕ を濃度 c に置き換えたものが濃度輸送方程式，ϕ を温度 T に，拡散係数 D を温度伝導係数 $\alpha = \dfrac{\lambda}{\rho c_{\mathrm{p}}}$ に置き換えたものが**熱輸送方程式**となる（λ：熱伝導係数，c_{p}：定圧比熱）．

ここで，濃度の分布は流れに影響しないため，濃度輸送方程式は定常な気流分布が求まってから計算することができる．しかし，温度分布は浮力の形で気流分布に影響を与える．このような場合，運動量方程式 (12.1) に線形化した浮力の項を加えた次式を熱輸送方程式と連成して反復計算する．

$$\frac{\partial(\rho u_i)}{\partial t} + \frac{\partial u_i(\rho u_j)}{\partial x_j} = -\frac{\partial p}{\partial x_i} + \frac{\partial}{\partial x_j}\left\{v_t\left(\frac{\partial(\rho u_i)}{\partial x_j} + \frac{\partial(\rho u_j)}{\partial x_i}\right)\right\} - \rho g\beta\varDelta T \ (12.7)$$

β：体積膨張率，　g：重力加速度，　$\varDelta T$：基準温度との差

第 12 章　屋内気流の数値シミュレーション

表 12.1　$k-\varepsilon$ モデルを改良した代表的な乱流モデルとその特徴

モデル名	特徴
低レイノルズ数型 $k-\varepsilon$ モデル[12]	壁付近での低レイノルズ数効果を扱えるように改良されたモデル. 熱伝達問題等の解析制度が改良されている. ただし，壁付近には境界層を解像可能な計算格子が必要となる.
RNG $k-\varepsilon$ モデル[13]	旋回流など曲がりが大きな問題に対応した改良モデル. 衝突域での乱流エネルギー，風圧係数の過大評価が緩和される.
SST $k-\omega$ モデル[14]	風圧係数の過大評価を緩和した改良モデル. 衝突噴流における熱伝達予測精度が向上している.
Realizable $k-\varepsilon$ モデル[15]	平面噴流，軸対象噴流の広がり幅を改善したモデル.

このように，運動量方程式に浮力の項を加えて解く方法をブシネ近似（Boussinesq approximation）と呼び，気流シミュレーションソフトウェアでは，鉛直方向下向きに重力加速度を与えることで，浮力効果を考慮することができる.

12.3　気流シミュレーションの実施手順

　気流シミュレーションを実施するにあたり，上記以外にも，**格子分割**や**境界条件**の設定など考慮すべき事項がある. 以下では，これらの事項についても触れながら，具体的な例についての気流シミュレーション実施手順を示していく.

12.3.1　問題及び対象モデルの設定

　まず解くべき問題を設定し，解析対象領域をモデル化する. ここでは図 12.6 に示すような室内を想定し，解析対象領域とする. ここで注意すべき点は，屋内気流の問題であっても解析対象領域が室内と必ずしも一致しない場合があるということである. 対称性が想定される場合や，パーティションで区切られた領域がある場合は，室内の一部を解析対象とすることも可能である. 一方，自然換気開口を有する室内を対象とする場合などは，開口部の境界条件が設定できないため，外部領域まで含めた広い領域を解析対象とする場合もある[16]. このような例を図 12.7 に示した.

12.3 気流シミュレーションの実施手順

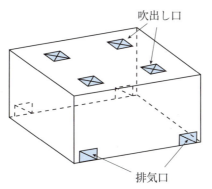

図 12.6 解析対象とした屋内

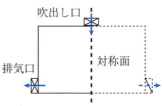

(a) 対象とする屋内と解析対象領域が一致する場合

(b) 対象とする屋内の一部（対象面で二分割した領域）を解析対象領域とする場合

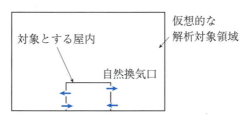

(c) 対象とする屋内を含む仮想的な広い領域を解析対象領域とすべき場合

図 12.7 解析対象領域のモデル化の例

12.3.2 格子分割

解析対象領域内の空間を計算格子に分割する．この計算格子は，12.2.2項で述べた離散化を行うための変数定義点となる．計算格子が細かいほどシミュレーションの精度は向上するが，格子点数の増加は，計算容量，計算時間の大幅な増加につながる．流れが大きく変化する部分では格子を細かくする必要があるため，大きな速度差を生じることが予測される吹出し口近傍，壁近傍については細かい格子で分割し，それ以外の領域では格子間隔を大きくするなどして，全体の格子点数が多くなりすぎないよう工夫する（図12.8）．ただし隣接する格子間隔が大きく異なると，計算が不安定となる要因となる．気流シミュレーションソフトウェアの多くは，格子間隔を等比級数によって徐々に変化させる機能を備えているので，これらを利用するとよい．

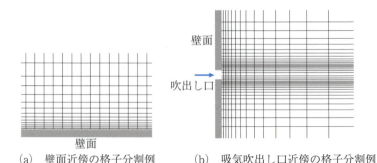

(a) 壁面近傍の格子分割例　　(b) 吸気吹出し口近傍の格子分割例

図12.8　格子分割の例

12.3.3 境界条件，初期条件の設定

境界条件，初期条件の設定は，気流シミュレーションを成功させる重要な要素の一つである．壁面の存在，吹出し口，排気口等の条件や，汚染物質の発生源，発熱源など，問題を特徴付ける条件は，境界条件により設定される．図12.5のモデルに設定する境界条件，初期条件の例を表12.2に示す．吹出し口に拡散ノズルがあるような場合や，対象領域が屋外の影響を受ける窓などの熱に関する境界条件の設定は複雑となることが多い．詳細については他書[17]など参照いただきたい．

12.3.4 反復計算と収束判定

気流シミュレーションでは，運動量方程式その他の輸送方程式を解く手段として反復的な収束計算を行うことを12.2.3項で既に述べた．計算の結果，解が所定の収束条件を満足しなければ，正しい解が得られたとは言えない．解の収束に要する

表 12.2　図 12.5 のモデルに設定する境界条件，初期条件の例

	壁面	吹出し口	排気口
速度	壁面に垂直な方向の速度成分 0 壁面に沿った方向の速度に壁関数を適用	吹出し方向の速度固定	自由流出条件（全ての速度成分について出口方向に勾配 0）
圧力	壁面に直交する方向に勾配 0	吹出し口に直交する方向に勾配 0	出口に直交する方向に勾配 0
k	1.0e−5 など小さな値を設定	−	−
ε	1.0e−5 など小さな値を設定	−	−

＊使用する流体シミュレーションソフトウエアによって推奨される境界条件が異なる場合があるので注意

　反復回数は問題によって異なるため，反復回数のみで収束を判定することはできない．反復回数ごとの残差履歴をグラフ表示するなどして，安定した状態で残差が収束判定値以内に収まったことを確認することを勧める．

12.3.5　データの集計・グラフィック処理

　反復計算が終了した後，出力データを集計し，気流分布や温度分布を検討するため，グラフィック処理を行う．気流シミュレーションソフトウェアの多くは高精細なグラフィック処理機能を備えている．しかし，設計者が気流シミュレーションの結果を有効に活用するためには，現象を理解しやすい出力画像の作成を心掛けるべ

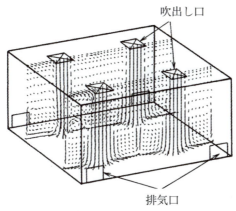

図 12.9　ベクトル図によるシミュレーション結果の表示例

きである．例えば，屋内の気流分布を検討する場合には，図12.9に示すような各断面におけるシンプルなベクトル図の方が理解しやすい場合がある．

図12.10は，吹出し気流条件の異なる2種類のクリーンルームについて，汚染空気が除去される様子を比較したものである．ここでは,現象を理解しやすくするため，初期条件として室内を汚染空気で満たしておき，吹出し気流をクリーンエアとした計算を行っている．このように，グラフィック処理までを考慮して，気流シミュレーションの実施手順を設計しておくと，解析結果をより有効に活用することができる．

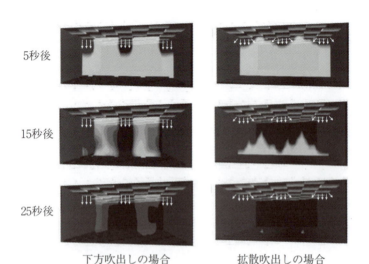

白く示した古い空気が，吹出しから供給された空気で置換される様子を表している．どちらの場合も給気風量は同じだが、吹出し条件により，空気交換の性能が異なることがわかる．

図12.10　濃度分布の時間変化によるシミュレーション結果の表示例

12.4　反復計算が発散した場合の対処法

ここまで述べてきたように，気流シミュレーションは反復計算を基本としているが，解が収束しない，あるいは発散して解が得られないということもよくある．このような場合，まず問題の設定とモデル化，境界条件の設定に矛盾はないか，計算格子は適正に作成できているか，などを確認する．解が発散する原因として最も多いのが，これらの設定に問題がある場合である．解が発散する直前のデータが得られている場合は,その時点のデータで気流分布や圧力分布を図形表示して確認する．

解が発散する直前には，物理的にあり得ない乱れを生じることが多い．これらの乱れが発見されたならば，その周辺箇所の境界条件等に問題がある可能性が高い．

また，乱流モデルを外して**レイノルズ数**を下げて計算してみる，高精度の離散化スキーム等を設定している場合は低次のスキームに変更する，なども効果的な対処方法である．乱流モデルや高精度スキームは，しばしば計算の安定性を低下させる．最も安定した状態の計算から試すことにより，発散の原因を見つけやすくなる．

第 12 章の問題

☐ **12.1** 各自が気流分布や温度分布を検討したい室内を想定し，対象モデルの設定や境界条件として何を設定すべきかを整理してみよ．

参 考 文 献

1) https://www.openfoam.com/
2) https://www.ansys.com/products/fluids/ansys-fluent/
3) https://www.akl.co.jp/products/flowdesigner/
4) https://energyplus.net/
5) https://www.nist.gov/services-resources/software/contam
6) Leonard, B.P., Computer Methods in Applied Mechanics and Engineering, 19(1, pp.59-98, 1979
7) Kurganov, Alexander and Eitan Tadmor, Journal of Computational Physics, 160, pp.241-282, 2000
8) Patankar, S. V. and Spalding, D.B., International Journal of Heat and Mass Transfer, 15(10), pp.1787-1806, 1972
9) Issa,R.I.：Journal of Computational Physics, 62, pp.40-65, 1985
10) 小林敏雄，池川昌弘ほか，数値流体力学ハンドブック（2003），丸善
11) Launder, B.E., Spalding, D.B., Computer Methods in Applied Mechanics and Engineering, 3(2), pp.269-289, 1974
12) Ignat, L., Pelletier, D., and Ilinca, F., Computer Methods in Applied Mechanics and Engineering, 189, pp.1119-1139, 2000
13) Yakhot, V., Orszag, S.A., Thangam, S., Gatski, T.B. & Speziale, C.G.：Physics of Fluids Journal, 4(7), pp.1510-1520, 1992
14) Menter, F. R.：AIAA Journal, 32(8), pp.1598-1605, 1994
15) T.H. Shih, W.W. Liou, A. Shabir, Z. Yang and J. Zhu：NASA Technical Memorandum 10672, 1994
16) 諏訪好英，和田貴子，大林組技術研究所報，No.63，pp.97-102，2001
17) 空気調和・衛生工学会，はじめての環境・設備設計シミュレーション CFD ガイドブック，オーム社，2017

第13章

建築設備の信頼性・保全性解析

13.1 信頼性・保全性について

13.1.1 信頼性の意義と尺度

あるシステムや機器が「信頼できる」,「高信頼性である」といった場合には,どういうことを意味するか. それは,「そのシステムや機器が使用されているとき,規定の時間使用者の満足し得る状態にすること」[1] といえる.

さて,そこで「満足し得る状態」にあるためには,まず,そのシステム,機器に「故障を起こさせない」ことが大切であり,これを信頼性と呼ぶ.

ただ,信頼性といっても,これを具体的な数字で取り扱えるようにしなければ,実際の設計,生産,維持管理に活かすことはできない. そこで,信頼性を測るための数値(これを尺度または指標という)に統計,確率を用いる.

信頼性も信頼度も,ともに英語では,reliability(リライアビリティ)という. これは rely(信頼する)+ ability(能力)からきたものである. 信頼性の種類には,そのシステム,機器が新品の状態での固有信頼性と,使用状態での使用信頼性があり,その2つの積が運用信頼性となる[2]. ここでいう信頼性とは,運用信頼性のことである.

一方,信頼性に対して,システムや機器などが故障または劣化したとき,なるべく早くこれを見つけ出し,修復させ,正常に維持できる能力を保全性という.

保全性においては,固有の保全技術(スペアへの交換,修復など)ばかりではなく,設計段階から故障や劣化が発見しやすく,また修理しやすい機構にしておくことが何よりも大切である. つまり,人間が操作し,保全を行いながら使用するシステムや機器(これを修復系という)では,信頼性を高くして故障させないとともに,修理やサービスといった保全性を,信頼性と結びついた形で最初からシステム,機器に盛り込んでおく必要がある.

信頼度と同様,保全性を表す度合を保全度という. また保全性,保全度とも英語

では，maintainability（メインテナビリティ）という．語源は，maintain（正常に保つ）+ability（能力）である．

これまで述べてきたように，修理が可能なシステムや機器にとっては，信頼性と保全性は絶対に切り離して考えることはできない．いわば，車の両輪，コインの裏表であって一組といったものである．そこでこの両者を含めて，広い意味（広義）での信頼性あるいは**信頼性工学**ということがよくある．

この場合，前述したように故障しないようにするという信頼性は，狭い意味での信頼性（狭義の信頼性）として区別されている．

単に信頼性といった場合には狭義の信頼性，つまり，故障特性をさすことにする．従って，両者を一緒にして広義の信頼性を表す場合には，「信頼性・保全性」ときちんと記すようにする．

さらに，信頼性，保全性と似た概念に**安全性**（safety）がある．これは，「人命・資産が損なわれないこと」を意図するもので，信頼性，保全性とは異なった概念である．しかし，信頼性・保全性は対象（システムや機器）の機能喪失を防止するためのもので，安全性とは密接な関係にあることには違いない．一般に信頼性・保全性が高ければ，安全性も高いと考えられる．

13.1.2　システムにおける信頼性・保全性

我々が対象とするシステム，機器ならびにフィールドデータ，その他の諸現象などを何らかの形で数理的に捉えたいという場合に，統計的手法を活用する．そのような統計的手法のうち，現象（フィールドデータ，クレームデータ，寿命データ）をいくつかの代表的な確率分布として捉え（モデル化し），パラメータを図式的グラフ法によって推定する諸方法を適用する．つまり，建築設備では，特にワイブル分布，ワイブル形累積ハザード法，対数正規分布などが多く用いられている．しかも，システマティックに捉える必要がある．そこで，システムについて簡単に述べる．

対象となるシステム，サブシステム，機器，装置，部品，要素などを一括して**アイテム**と表現し，また，それらの内部構成を問題にしない場合を**ユニット**という．さらに，2個以上のユニットからなるシステムの内部構成を問題にする必要があるときには，それを**システム**という．

さて，システムにおける信頼性，保全性を取り上げる場合，前述したような統計的手法を用いて，信頼度，故障度，**平均故障間隔**（mean time between failures, 以下，**MTBF**という），保全度などを求める方法と，電力，通信などインフラに代表されるようなネットワークのような大規模システムの場合には，システム全体の影響の

度合いを評価基準とする方法とがある.

　ここでは，建築設備システムをいくつかのサブシステムの総体として取り扱うとともに，多種多様な機器の集まりであるという建築設備の持つ特殊性に鑑みて，前者の方法によって，信頼性評価基準とすることが望ましいという知見に基づいて解説する.

13.1.3　ディペンダビリティ

　信頼性・保全性に関連した用語は，JIS（日本産業規格）Z8115［ディペンダビリティ（総合信頼性）］にまとめられている.

　ディペンダビリティ（dependability）とは，総合信頼性のことで，一般的な信頼性・保全性にとどまらず，たとえ一部が壊れても残りの部分でうまく働くといった自立的・自己修復的な動作を指す概念をいい，ディペンダビリティは，信頼性，回復性，保全性及び保全支援性能を含む. また，適用によっては，耐久性，安全性及びセキュリティのような他の特性を含む包括的な概念として規定されている.

13.1.4　レジリエンス

　レジリエンス（resilience）とは，回復力，復元力，耐久力，再起力，弾力などと訳されたり，困難をしなやかに乗り越え，回復する力（精神的回復力）として，ビジネスの分野でも使用されている.

　レジリエンスは，もともと，物理学の分野で「外から加えられた力によって変形した物質や物体が，どのくらいもとに戻ろうとするか（跳ね返す力）」を表す概念であったが，今では，心理学の分野において，強いストレスを体験した際，危機やストレスを乗り越え，回復・適応する力である精神的回復力を表す言葉としても用いられている.

　なお，レジリエンスの対義語は，**脆弱性**（vulnerability），バルネラビリティである. 脆弱性はセキュリティの用語としてもよく使用されるが，その場合の対義語は**堅牢性**（robustness），ロバストネスとなる.

　信頼性・保全性の分野で，レジリエンスを検討する場合，我が国は，近年，地震だけでなく，台風や洪水からも深刻な災害を受けており，リスク回避について，日頃，検討しておく上で，**BCP**（business continuity plan, 事業継続計画），**BCM**（business continuity management, 業務継続管理）は不可欠な概念といえる.

13.2 信頼性・保全性解析の具体的な進め方

13.2.1 フィールドデータとその解析手法

　現場での故障・保全データは，一般に実験室で得られるような実験室データとは異なり，多種多様なデータによって構成されているフィールドデータである．従って，フィールドデータの解析では，それなりのステップと手法で行うことが肝要である．

　収集したデータを解析するにあたり，まず，マクロ的に対象をつかむため，ヒストグラムやパレート図などの定性的な解析を行う．そこで，ある程度の傾向と特徴をまとめた上で，定量的な解析を行う．定量的な解析では，故障・保全データ，つまり，信頼性・保全性のファクターに分け，それぞれに即した手法によって行う．

　まず，故障データについてはワイブル分布，また衛生設備の配管については極値分布を用い，一方，保全データでは対数正規分布を用いるというように，建築設備システム，機器において，適用する分布も適材適所に用いないと，誤った結論を導き出してしまうこともあり得る．定量的な解析では，下記に示すように大きく分けて4つの方法があり，それらを解析の目的，対象機器に即して使い分けなければならない．

---

(1)　信頼性解析

・ワイブル解析：完全データの場合

・ワイブル形累積ハザード法：不完全データの場合

・極値分布：配管の腐食などの解析

(2)　保全性解析

・対数正規分布：すべてのシステム，機器における修復時間の推定

13.2.2　信頼性理論の概要

　表 13.1 は，信頼性工学で使用される重要な関係式などをまとめて示したものである．表 13.1 から，たとえば，信頼度関数を $R(t)$，故障分布関数 $F(t)$ とおき，式(1)から $R(t)$ が既知であれば，$F(t)$ は容易に求められることが分かる．また，故障に関する確率密度関数を $f(t)$ とおけば，信頼性関数 $R(t)$ と故障分布関数 $F(t)$ は表 13.1 の式(2)のように与えられる．さらに，上述の式(1)，式(2)を用いて，式(3)から式(8)のような信頼性で使用される基本的な概念が表現される．

206　　　第 13 章　建築設備の信頼性・保全性解析

表 13.1　信頼性工学で用いられる諸式

(1)　$R(t) = 1 - F(t)$

(2)　$F(t) = \int_0^t f(t)\,dt,\ R(t) = \int_t^\infty f(t)\,dt = 1 - \int_0^t f(t)\,dt$

(3)　平均故障間隔（MTBF）　$E(t) = \int_0^\infty t f(t)\,dt$

(4)　分散　$V(t) = \int_0^\infty \{t - E(t)\}^2 f(t)\,dt = E(t^2) - \{E(t)\}^2$

(5)　故障率　$\lambda(t) = \dfrac{f(t)}{R(t)} = -\dfrac{d \ln R(t)}{dt}$

(6)　指数分布　$R(t) = e^{-\lambda t}$

(7)　対数正規分布　$f(t) = \dfrac{1}{\sqrt{2\pi}\,\sigma t} \exp\left\{ -\dfrac{(\ln t - \mu)^2}{2\sigma^2} \right\},\ t \geqq 0$

　　　　　　　　（σ：標準偏差，μ：平均，t：時間）

(8)　ワイブル分布　$R(t) = \exp\left\{ -\left(\dfrac{t}{\eta}\right)^\beta \right\}$

13.2.3　指数分布とワイブル分布

　一般に，故障データを支配している分布（$F(t)$ あるいは $f(t)$）は，あらかじめ既知であるわけではなく，故障データを抽出して故障解析し，推定することによって得られる．故障特性では，故障の数や故障時間ばかりでなく，多くのアイテムに関するデータが必要である．したがって，これらに関する分布関数などの推定や決定は重要であるが，その詳細な記述は多くの成書があるので，ここでは省略する．

　さて，ここでは，建築設備のシステム，機器を解析する上で，特に重要な概念であり，故障解析によく使われる指数分布とワイブル分布についてまとめる．よく使用される分布として指数分布があり，これは故障が偶発的に発生する場合を表現するのに適している．従って，システムのように多くの部品で構成されているものほど指数分布で表現され，表 13.1 式 (6) で示される．指数分布の特徴は，故障率 $\lambda(t)$ が時間の経過に関わらず，常に一定であるという点である．

　一方，ワイブル分布は，W.Weibull によって提案された分布で，指数分布を拡張したものと考えられる．すなわち，表 13.1 で式 (6) の指数分布で時間 t を t の β 乗で置き換えると，式 (8) のワイブル分布となることが分かる．

　ワイブル分布はきわめて融通性があり，故障データの解析において，最も重要な働きをする．ワイブル分布は尺度パラメータ η，形状パラメータ β を持ち，特に形状パラメータ β によって指数分布（$\beta = 1.0$）から正規分布（$\beta \fallingdotseq 3.2$）まで表現可能であるという点が優れ，これが融通性を保有する理由になっている．なお，表

13.1 の式(8)が信頼度関数 $R(t)$ において，重要な働きをする理由は次のような性質による．

> (1) $\beta < 1$　故障率減少形（decreasing failure rate, DFR）
> **初期故障形**で，事後保全が有利である．
> (2) $\beta = 1$　故障率一定形（constant failure rate, CFR）
> **偶発故障形**で，事後保全が有利である．
> (3) $\beta > 1$　故障率増加形（increasing failure rate, IFR）
> **摩耗故障形**で，予防保全が有利である．

また，上述した3つの故障率パターンと，それに対応する信頼度と寿命分布およびバスタブ曲線による概念を図13.1，図13.2に，さらにワイブル分布の形状を図13.3に示す．

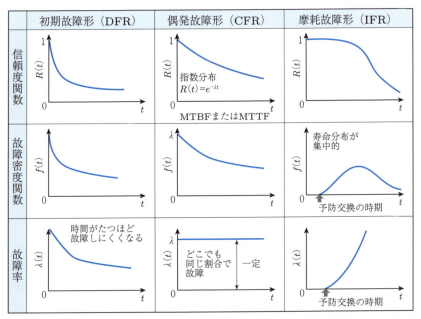

図13.1　3つの故障パターンとそれに対応する信頼度と寿命分布（文献1）より作成）

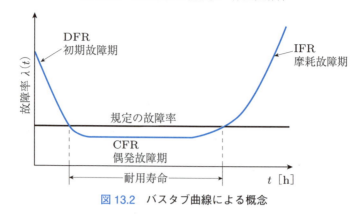

図 13.2 バスタブ曲線による概念

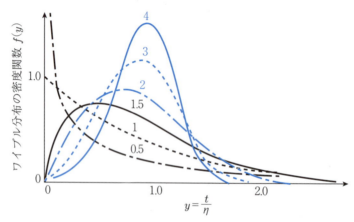

図 13.3 形状パラメータ β によるワイブル分布の形状

さて，次に，ワイブル解析を行う上で必要な要素であるワイブル確率紙の使い方について示す．

(1) **ワイブル確率紙の構成**　ワイブル解析を行うには，ワイブル確率紙を使用すると便利である．ワイブル分布に従う場合は，データをこの上に打点したときに直線になることを利用してつくられた確率紙である．この確率紙は，左側の縦軸が不信頼度 $F(t) = 1 - R(t)$ の％目盛，下側の横軸に時間 t が目盛られている．従って，故障時間 t に対しての不信頼度 $F(t)$ をペアにして打点する．

(2) **ワイブル確率紙の使い方とその手順**

【手順1】　t に対する $F(t) = 1 - R(t)$ の値を，平均ランクあるいはメジアンランク法で求めて，この値をワイブル確率紙上で打点する．

【手順2】 30〜80%の点を重視しながら，直線にのることを確認し，点の集まりを直線にあてはめる．

【手順3】 形状パラメータβは，直線の傾斜に等しい．上側の$\ln t$の目盛りと右側$\ln\ln\left(\dfrac{1}{R}\right)$の目盛りの読みを用いて傾斜を読み取る．あるいは$\beta$の推定点（横軸の長さを単位長1にする座標(1,0)の点，図 13.4の○印）から，あてはめた直線に平行線を引き，縦の主軸との交点を求め，その点をそのまま右へずらし，右の目盛り［$\ln\ln\left(\dfrac{1}{R}\right)$目盛り］で読めば，この絶対値が$\beta$である．

【手順4】 尺度パラメータηは，直線が横の主軸を切る点をそのままおろし，下のt目盛りで読み取る．ただし，$-\ln t_0$は直線が縦の主軸とぶつかった点を，そのまま右の目盛りで読む．

【手順5】 平均$\dfrac{\mu}{\eta}$，標準偏差$\dfrac{\sigma}{\eta}$は，手順3の形式パラメータβを読み取った点を，そのまま右へ持っていき，$\dfrac{\mu}{\eta},\dfrac{\sigma}{\eta}$の目盛りの値を読み取る．また，ワイブル確率紙の上に補助目盛りがあるときには，これを用い，ワイブル分布のパラメータβから$\dfrac{\mu}{\eta},\dfrac{\sigma}{\eta}$を読む．

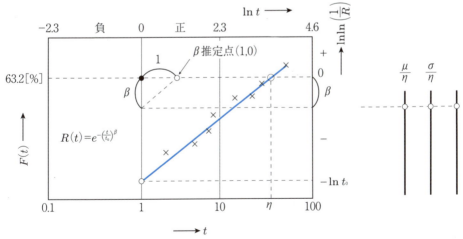

図 13.4 ワイブル確率紙の構成（文献1）より作成）

13.2.4 対数正規分布

保全性における解析では，対数正規分布を使用する．この分布は，耐久性や寿命において広く使われ，また寿命ばかりではなく，破壊強度分布などにも用いられる．この分布は低い値のところにピークを持ち，値の大きい方に裾を引いている．この分布でよく知られている例は，我々の所得分布である．すなわち，大部分は低所得の部分に集中しているが，一方，少数の高所得者は右裾の高所得の部分を占めているという現象に適合している．

歴史的には，1879年（明治12年）に，Mc.Alster が，ロンドンの Royal Society において，初めて，この分布を取り上げた．

対数正規分布は，保全データ解析にも多用され，**表 13.1** の式(7)のように表現される．正規分布では μ を**平均**，σ を**標準偏差**と呼ぶが，対数正規分布では，それぞれ**尺度パラメータ**，**形状パラメータ**と呼ばれる．「対数正規分布」という名称から分かるように，この分布は時間 t の対数をとる正規分布である．

(1) 対数正規確率紙の構成 対数正規確率紙は，正規確率紙の横軸（変数）の値の算術目盛りを対数目盛りに変換するだけで得られる．ここで，観測値，すなわち確率変数の実現値としては，修復時間の場合，時間が単位となる．前述したように，信頼性・保全性における対数正規確率紙の役割は，保全データを解析できるところである．従って，縦軸が修理完了する確率，つまり何 % 修理を完成させたかともいえる値であり，横軸がそのときに必要とする保全時間を示すものである．

図 13.5 は，対数正規確率紙の構成を示している．つまり，横軸（正規確率紙の算術目盛り）は対数目盛りに変換して，それに変数 t を対応させ，また縦軸は規準化正規分布の逆関数尺として，それに分布関数（累積確率）$F(t)$ を対応させている．

(2) 対数正規確率紙の使い方とその手順 データ数の多い少ないによって，①そのまま打点する場合，②級分けした度数分布表を作成して打点する場合とがあり，本書では，そのまま打点する場合の解析手順について述べる．

【手順1】 n 個のデータを，小から大の順（昇順）に並べる．これを，$t_i (i = 1, 2, ..., n)$ とする．

$$t_1 \leqq t_2 \leqq \cdots \leqq t_3$$

その時点の標本数を調べ，データ解析用ワークシート（**表 13.2** 参照）に記入する．

【手順2】 打点するデータ t_i $(i = 1, 2, ..., n)$ を参照して，対数正規確率紙の横軸 t に目盛り（対数目盛りになっている）の数値を記入し，メジアンランク表または平均ランク表によって，t_i に対応する累積確率 $F(t_i)$ の推定値 $\widehat{F}(t_i)$ を求める．

【手順3】 データ $(t_i, \widehat{F}(t_i))$ $(i = 1, 2, ..., n)$ を対数正規確率紙上に打点する．

【手順4】 打ち出した点が，ほぼ直線であることを確認したら，30～80％の点を重視しながら，データは対数正規分布に従っていると考えられるので，あてはめて，線を引く．

【手順5】 縦軸50％（または，$F(\eta)$ か $\phi(0)$）の点から水平線を引き，これがあてはめた線と交わる点を横軸 t の目盛りで読み取る．これから尺度パラメータ η の推定値 $\hat{\eta}$ は，$\hat{\eta} = \ln \widetilde{t}$ で表される．また，メジアンは $\widetilde{t} = e\eta$ で表される．

【手順6】 タテ軸84.1％（または，$F(\eta + \sigma)$ か $\phi(1)$）あるいは縦軸15.9％（または，$F(\xi - \sigma)$ か $\phi(-1)$）の点から水平線を引き，これがあてはめた線と交わる点を横軸 t の目盛りで読み取る．その値は，それぞれ $\hat{t}_{0.841}$ あるいは $\hat{t}_{0.159}$ となる．そこで，手順6で推定した尺度パラメータ η の推定値 $\hat{\eta}$ との関係から，形状パラメータ β の推定値 $\hat{\beta}$ は，

$\hat{\beta} = \hat{\eta} - \ln t_{0.159} = \ln \widetilde{t} - \ln t_{0.159}$，あるいは，$\hat{\beta} = \ln \hat{t}_{0-841} - \hat{\eta} = \ln \hat{t}_{0-841} - \ln \widetilde{t}$

で表される．

【手順7】 推定された尺度パラメータ η および形状パラメータ β の各推定値 $\hat{\eta}, \hat{\beta}$ を用いて，対数正規分布の平均 $E(t)$ は，$E(t) = \exp\left(\eta + \dfrac{\beta^2}{2}\right)$ となる．

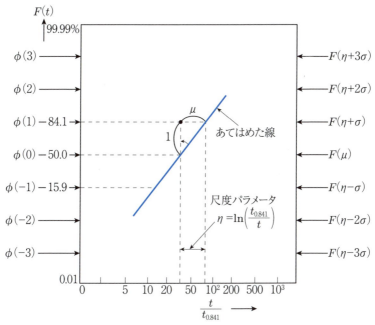

図13.5 対数正規確率紙の構成（文献1），2)より作成）

表 13.2 データ解析用ワークシート（文献 1)，2) より作成）

順位または級の番号 i	観測値または観測地の級分け（以上，未満）（単位） t_i	度数 f_i	累積度数 $C_i = \sum_{h=1}^{i} f_h$	累積確率 $\widehat{F}(t_i)$

【手順8】 同様に，対数正規分布は，
$$V(t) = \exp(2\eta + \beta^2)\{\exp(\beta^2) - 1\}$$
で求められる．

13.2.5 累積ハザード法

フィールドデータは，一般に収集したデータがサンプル全体について求められているわけではなく，試験を途中で打ち切ったり，欠測値があったり，他の種類のデータが混入したりしている．このような不完全データに関する解析法に対して，1969年（昭和 44 年）にW.Nelsonが発表したのが，ここで述べる**累積ハザード法**である．

まず，累積ハザード法を取り扱う上で，完全データと不完全データの取り扱いについて説明すると，一般的には使用開始から故障に至るまでの時間，すなわち故障データと，使用開始から，まだ，故障に至らず中途で打ち切られたデータ（打切りデータ）が混在した不完全データとして観察される．不完全データを解析する際に

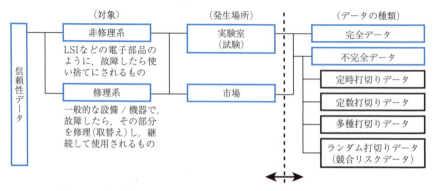

図 13.6 信頼性データの種類の分類の一例（文献 2) より作成）

13.3 偶発故障における評価の理論的背景 **213**

は，完全データのように故障データのみに注目して解析を行うと大きな間違いを生じることとなる．従って，不完全データの場合には，打切り情報も考慮した解析方法が必要となる．解析の対象，データの発生場所，データの種類による信頼性データの種類の分類の一例を図 13.6 に示す．

なお，累積ハザード法の解析方法は，多くの類書があるので，それらを参照されたい．

13.2.6 信頼度モデル数表

機器数が数個以内の場合，信頼度関数などの特性値を直ぐに求めることが建築設備を取り扱う維持管理や設計の実務では必要となる場合がある．そこで，システム，機器の直列系や並列系などの簡単な組み合せからなる信頼度モデルを数表としてまとめたものが表 13.3 である．表 13.3 では，まず第1欄はシステム，機器のブロック図，第2欄には機器数で4個以下のいろいろな組み合せの信頼度を列挙した．また，信頼度関数 $R(t)$ を第3欄，**MTTF**（故障までの平均時間，mean time to failure）を第4欄，分散を第5欄に示した．さらに，最終欄の変動係数を示す．ここで，変動係数とは，(変動係数)$= \sqrt{\dfrac{(分散)}{(\text{MTTF})}}$ で表され，この値は，確率変数の平均値近傍のばらつきの程度を表現したものである．

数理統計的な考察を行うと，指数形では1であり，分布形が指数分布から離れるほど1よりも小さくなる傾向が分かる．このように，信頼度モデル数表から求められた変動係数の結果は，その信頼度モデルに合致した変動係数を乗積することによって，建築設備システム，機器の信頼水準を評価することができる．

13.3　偶発故障における評価の理論的背景

本節の内容は，参考文献4）の内容を加筆，修正したものである．

13.3.1 偶発故障の概念

偶発故障は，建築設備システムあるいは機器の場合，それぞれによって異なり，一定の基準は，現在のところなく，一般にギャランティ期間が約1箇年であることから，それ以上経過し，摩耗故障に至る期間に発生する故障を偶発故障と考えることができる．

一方，JIS Z 8115において，偶発故障は“初期故障期間を過ぎ摩耗故障期間に至る以前の時期に，偶発的に起こる故障”と定義されている．

表 13.3 信頼度モデル数表

ブロック図	信頼度 R	信頼度関数 $R(t)$ $(r_0(t)=e^{-\lambda_0 t})$	MTTF	分散	変動係数
	$\dfrac{r_0^2}{1-2p_0+p_0^2}$	$e^{-2\lambda_0 t}$	$\dfrac{1}{2\lambda_0}$	$\dfrac{1}{4\lambda_0^2}$	1.000
	$\dfrac{2r_0-r_0^2}{1-p_0^2}$	$e^{-\lambda_0 t}(2-e^{-\lambda_0 t})$	$\dfrac{3}{2\lambda_0}$	$\dfrac{7}{4\lambda_0^2}$	0.882
	$\dfrac{2r_0^2-r_0^3}{1-p_0-p_0^2+p_0^3}$	$e^{-2\lambda_0 t}(2-e^{-\lambda_0 t})$	$\dfrac{2}{3\lambda_0}$	$\dfrac{1}{3\lambda_0^2}$	0.866
	$\dfrac{r_0+r_0^2-r_0^3}{1-2p_0^2+p_0^3}$	$e^{-\lambda_0 t}(1+e^{-\lambda_0 t}-e^{-2\lambda_0 t})$	$\dfrac{7}{6\lambda_0}$	$\dfrac{11}{12\lambda_0^2}$	0.821
	$\dfrac{3r_0-3r_0^2+r_0^3}{1-p_0^3}$	$e^{-\lambda_0 t}(3-3e^{-\lambda_0 t}+e^{-2\lambda_0 t})$	$\dfrac{11}{6\lambda_0}$	$\dfrac{49}{36\lambda_0^2}$	0.636
	$\dfrac{2r_0^3-r_0^4}{1-2p_0+p_0^3-r_0^4}$	$e^{-3\lambda_0 t}(2-e^{-\lambda_0 t})$	$\dfrac{5}{12\lambda_0}$	$\dfrac{7}{48\lambda_0^2}$	0.917
	$\dfrac{3r_0^2-3r_0^3+r_0^4}{1-p_0-p_0^3-r_0^4}$	$e^{-2\lambda_0 t}(3-3e^{-\lambda_0 t}+e^{-2\lambda_0 t})$	$\dfrac{3}{4\lambda_0}$	$\dfrac{19}{48\lambda_0^2}$	0.839
	$\dfrac{2r_0-2r_0^3+r_0^4}{1-2p_0^3+p_0^4}$	$e^{-\lambda_0 t}(2-2e^{-2\lambda_0 t}+e^{-3\lambda_0 t})$	$\dfrac{19}{12\lambda_0}$	$\dfrac{169}{144\lambda_0^2}$	0.669
	$\dfrac{r_0+r_0^3-r_0^4}{1-3p_0^2+p_0^3-p_0^4}$	$e^{-\lambda_0 t}(1+e^{-2\lambda_0 t}-e^{-3\lambda_0 t})$	$\dfrac{13}{12\lambda_0}$	$\dfrac{133}{144\lambda_0^2}$	0.887
	$\dfrac{(2r_0-r_0^2)^2}{1-2p_0^2+p_0^4}$	$e^{-2\lambda_0 t}(2-e^{-\lambda_0 t})^2$	$\dfrac{11}{12\lambda_0}$	$\dfrac{19}{48\lambda_0^2}$	0.686
	$\dfrac{2r_0-p_0^4}{1-4p_0^2+4p_0^3-p_0^4}$	$e^{-2\lambda_0 t}(2-e^{-2\lambda_0 t})$	$\dfrac{3}{4\lambda_0}$	$\dfrac{5}{16\lambda_0^2}$	0.745
	$\dfrac{r_0^2+r_0^3-r_0^4}{1-p_0-2p_0^2+3p_0^3-p_0^4}$	$e^{-2\lambda_0 t}(1+e^{-\lambda_0 t}-e^{-2\lambda_0 t})$	$\dfrac{7}{12\lambda_0}$	$\dfrac{35}{144\lambda_0^2}$	0.845
	$\dfrac{r_0+2r_0^2-3r_0^3+r_0^4}{1-p_0^2-p_0^3+p_0^4}$	$e^{-\lambda_0 t}(1+2e^{-\lambda_0 t}$ $-3e^{-2\lambda_0 t}+e^{-3\lambda_0 t})$	$\dfrac{5}{4\lambda_0}$	$\dfrac{11}{16\lambda_0^2}$	0.663
	$\dfrac{4r_0-6r_0^2+4r_0^3-r_0^4}{1-p_0^4}$	$e^{-\lambda_0 t}(4-6e^{-\lambda_0 t}$ $+4e^{-2\lambda_0 t}-e^{-3\lambda_0 t})$	$\dfrac{25}{12\lambda_0}$	$\dfrac{205}{144\lambda_0^2}$	0.573

13.3.2　保全曲線と偶発故障期のMTBF

概念的な保全曲線として，よく知られているものに，バスタブ曲線がある．しかし，実際には，偶発故障期において，図 13.7 に示すように，定期点検の状況によって，機能低下→回復を繰り返しながら，MTBF が上下に変動している．そこで，その変動範囲を考慮に入れ，しかも MTBF 自体の値に範囲を持たせた上限値と下限値による区間推定の議論が必要となる．

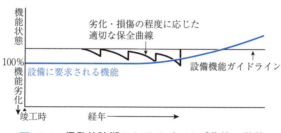

図 13.7　偶発故障期におけるバスタブ曲線の挙動

13.3.3　指数分布における区間推定

指数分布における MTBF の区間推定を行うには，信頼水準を用いた区間推定値を求める必要がある．つまり，区間推定とは，ある値が上限の MTBF と下限の MTBF との区間に存在し，その範囲内で変動することを推定するものである．また，MTBF がその区間内に存在する確率を**信頼水準**という．

13.3.4　打切りデータ

実際の建築設備システム，機器における保全データは打切りデータが多用されている．つまり，母集団からデータを抜き取り解析を行ったり，あるいはある期間のデータを使用する場合が多い．そして，一般に打切りデータは，定時打切りと定数打切りに大別できる．

本書では，故障数と定時打切りおよび定数打切りとの両側推定値を求めるための係数を，該当する機器の故障件数に合わせて用いた．

13.4　χ^2（カイ二乗）分布

区間推定を行うには，χ^2（カイ二乗）分布を使用する．カイ二乗分布は，信頼水準を $(1-\alpha)$ とし，定時打切りと定数打切りの場合は，MTBF $= \dfrac{T}{r}$（T：総動作

時間，r：総故障数）を算出した値に，$\chi^2(2r, \alpha)$ の値を掛ける．ここで $\chi^2(2r, \alpha)$ の $2r$ はカイ二乗分布の自由度であり，α は区間外に出る確率（危険率）である．

13.4.1 カイ二乗分布による故障率推定

カイ二乗分布は式 (13.1) で定義される統計量であり，その分布は自由度 n によって変化する．いま危険率を α とおくと，分布関数の性質から，

$$\alpha = \int_0^{\chi(\alpha, n)} f(\chi^2)\, d\chi^2 = F(\chi^2_{(\alpha, n)}) \tag{13.1}$$

α と n が定まれば $\chi^2_{(\alpha, n)}$ の値はカイ二乗分布表から求められる．

信頼水準 $c = 1 - \alpha$ とすると，c に対する MTBF の値である θ の信頼区間は式 (13.2) のようになる．なお $\widehat{\theta}$ は MTBF の推定値である．

$$\frac{2n\widehat{\theta}}{\chi^2_{\left(1 + \frac{c}{2},\, 2n\right)}} > \theta > \frac{2n\widehat{\theta}}{\chi^2_{\left(1 - \frac{c}{2},\, 2n\right)}} \tag{13.2}$$

13.4.2 カイ二乗分布による信頼区間推定線図

13.4.1 項で前述したように，カイ二乗分布は連続分布でかつ非対称分布であり，信頼区間の上限が幅広くなるのが特徴である．そこで，これらの特徴を考慮に入れ，数理統計的に検討したうえで，著者らが蓄積しているフィールドデータおよび調査，解析結果を加味して，シミュレーションしたものが図 13.8 である．

13.4.3 信頼区間推定線図の使い方と解析事例

前項の線図の使い方を簡単に示すため，ここでは，2500 時間の総動作時間に対して 60 回の故障があった機器の故障率を信頼水準 90% で推定する．

図 13.8 の点数で示したように，まず，この線図を用い，横軸の故障件数 60 件の線と信頼水準 90% の線の交差した縦軸の値（MTBF 比）の上限値，下限値を読み取ると，MTBF 比の上限値が 1.25，下限値が 0.80 となる．一方，総動作時間 2500 時間で 60 件の故障であることから，MTBF は $\dfrac{2500}{60} = 41.7$ 時間となる．

従って，故障率の信頼区間は上限値 $41.7 \times 1.25 = 52.125$ から下限値 $41.7 \times 0.80 = 33.360$ までの区間であることが推定できる．つまり，その都度，カイ二乗分布を用いることなく，総動作時間あたりの故障数を把握しておくだけで，MTBF の信頼区間が推定できる．

13.4 χ^2（カイ二乗）分布

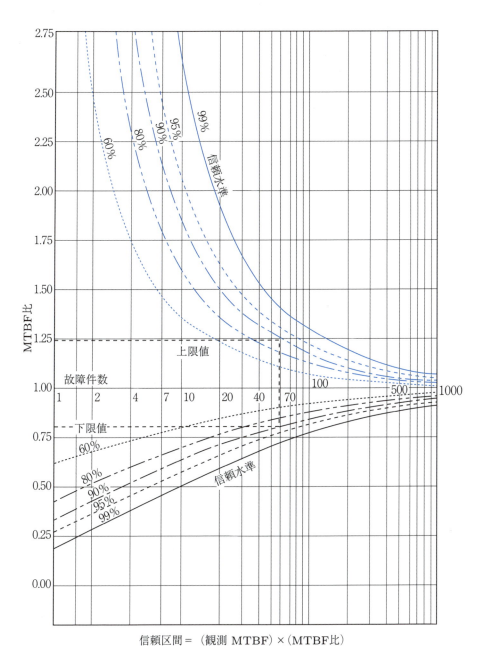

図 13.8　カイ二乗分布による信頼区間推定線図

13.5 ベイズ法

13.5.1 ベイズ法の理論

ベイズ法の特徴は，MTBF を推定するうえで重要である母数の推定・検定などを行う時に，データとともに過去の情報などから得られる事前情報を併用することが可能である点にある．図 13.9 (a) に標本分布に基づく推定方法を，また図 13.9 (b) にベイズ法による推定方法を示す．図 13.9 (b) のように，データと事前情報とを結合する時，ベイズの定理を使用する．従来の方法とベイズ法との違いをまとめると，

(1) 事前情報の活用で，従来の標本分布論による場合と比較すると，同じ精度の情報を得るのに少ないデータで解析することができ，現場におけるフィールドデータの項目分類を細分化していくと，データ数が少なくなってしまう問題点を克服できる方法といえる．

(2) ベイズ法では，母集団分布がシステム，機器の改善によって変化しても，過去のデータを事前情報に反映することで，それを活用することができることから，適用範囲が広い．

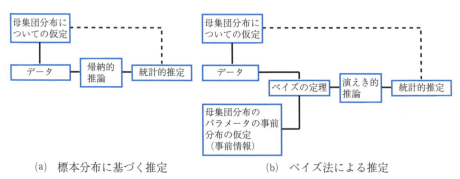

(a) 標本分布に基づく推定　　　　　　(b) ベイズ法による推定

図 13.9　標本分布に基づいた推定方法とベイズ法による推定方法との違い

13.5.2 ベイズの定理

ベイズ法の基本をなすベイズの定理をまとめる．ここでは，対象となる母数 Θ を一次元とすると，

$g(\theta) =$ 母数 Θ の事前分布

$f(t_1, ..., t_n | \theta) =$ 母集団分布 $f(t|\theta)$ からの n 個のサンプルの同時分布

$$f(t_1, ..., t_n) = \int_{-\infty}^{\infty} f(t_1, ..., t_n | \theta) g(\theta) \, d\theta$$

$g(\theta | t_1, ..., t_n) = $ 母数 Θ の事後分布

ここで事前分布 $g(\theta)$ は，Θ について利用できる主観的情報の総量を示すものと考えられ，標本データ $T = (t_1, ..., t_n)$ とは独立であるとみなすことができる.

一方，母集団分布は θ によって左右されるので，条件付き分布 $f(t|\theta)$ の形で与えられる.Θ の事前分布 $g(\theta)$ は，データ T が観測された後には事後分布 $g(\theta|T)$ に更新されることとなる.

従って，ベイズの定理によって，事後分布 $g(\theta|T)$ は，

$$g(\theta|T) = \frac{f(T|\theta)g(\theta)}{f(T)}$$

となる.

13.5.3　偶発故障期におけるベイズ法の展開

偶発故障期におけるベイズ法では，母集団分布の確率密度関数が指数分布として論理を展開する.つまり，

$$f(t|\lambda) = \lambda \exp(-\lambda t) \quad (t \geq 0, \lambda > 0)$$

で与えられ，データ $T = (t_1, ..., t_n)$ が観測された後の Λ の事後分布 $g(\lambda|T)$ を，ベイズの定理によって求めると，

$$g(\lambda|T) = \frac{f(T, \lambda)}{f(T)}$$

$$= \frac{(\alpha + T)^{\beta + n}}{\Gamma(\beta + n)} \lambda^{\beta + n - 1} \exp\{-\lambda(\alpha + T)\}$$

となり，ここで事後分布 $g(\lambda|T)$ は母数 $(\alpha + T)$, $(\beta + n)$ のガンマ分布となる.上式を用いて，ベイズ法による MTBF や故障率を推定する.なお，ガンマ分布の詳細は，多くの類書があるので，それらを参照されたい.

13.6　建築設備における偶発故障の解析

13.6.1　解析データ

ここで用いた解析データは，あるビルにおける空気調和設備，電気設備のうち，総動作時間が明確につかむことができた６つのシステム，機器を対象として解析を行った.その対象システム，機器名と故障件数および MTBF をまとめたのが表13.4 である.

13.6.2 パラメータの推定

偶発故障期における MTBF の推定に関して，建築設備のフィールドデータを用いて，区間推定の2つの方法である定時打切りと定数打切りを適用して，比較検討を行う．なお，信頼水準は，両側推定で 60%, 80%, 90%, 95% で区間推定した．その結果を表 13.5 から表 13.8 に示す．表中の数値は MTBF［h］を表している．

表 13.4 本書で用いたデータの件数と MTBF

機器名	件数	MTBF［h］
リターンファン	18	2434.67
ヒートポンプ	61	718.43
チラーユニット	24	1826.00
動力設備	62	706.84
時計設備	70	626.06
放送, BGM 設備	48	913.00

表 13.5 定時打切りにおける信頼水準と上限値の関係

信頼水準 機器名	60%	80%	90%	95%
リターンファン	3051	3418	3766	4107
ヒートポンプ	807	856	899	939
チラーユニット	2211	2438	2648	2850
動力設備	793	841	883	922
時計設備	697	736	771	803
放送, BGM 設備	1042	1114	1179	1239

表 13.6 定時打切りにおける信頼水準と下限値の関係

信頼水準 機器名	60%	80%	90%	95%
リターンファン	1945	1770	1641	1541
ヒートポンプ	936	606	581	559
チラーユニット	1506	1388	1298	1227
動力設備	630	597	572	551
時計設備	562	535	513	495
放送, BGM 設備	800	753	717	688

表 13.7 定数打切りにおける信頼水準と上限値の関係

信頼水準 機器名	60%	80%	90%	95%
リターンファン	3051	3418	3766	4107
ヒートポンプ	807	856	899	939
チラーユニット	2211	2438	2648	2850
動力設備	793	841	883	922
時計設備	697	736	771	803
放送, BGM 設備	1042	1114	1179	1239

表 13.8 定数打切りにおける信頼水準と下限値の関係

信頼水準 機器名	60%	80%	90%	95%
リターンファン	2045	1858	1719	1609
ヒートポンプ	650	616	589	567
チラーユニット	1565	1439	1346	1269
動力設備	640	606	580	559
時計設備	570	542	520	502
放送, BGM 設備	816	768	731	701

参 考 文 献　　　221

第 13 章の問題

13.1～13.5 の記述の正誤を答えよ.

☐ **13.1** 信頼性と保全性は，切り離して考えるべき概念である.

☐ **13.2** MTBF とは，平均トラブル間隔のことである.

☐ **13.3** 対数正規分布は，保全データ解析に多用される.

☐ **13.4** 不完全データの解析方法には，累積ハザード法が使用される.

☐ **13.5** カイ二乗分布は不連続分布でかつ非対称分布である.

13.6～13.8 について説明せよ.

☐ **13.6** レジリエンスについて，身近な事例をあげながら説明せよ.

☐ **13.7** ワイブル分布の形状パラメータについて，故障率と関連付けて説明せよ.

☐ **13.8** ベイズ法について，従来の方法と比較しながら説明せよ.

【解答例】

13.1 ×（信頼性と保全性は絶対に切り離して考えることはできない.いわば，車の両輪，コインの裏表であって一組といったものである）

13.2 ×（MTBF とは，平均故障間隔（mean time between failures）のことである）

13.3 ○

13.4 ○

13.5 ×（カイ二乗分布は連続分布でかつ非対称分布である）

13.6 13.1.4 項の本文を参照.

13.7 13.2.3 項の本文を参照.

13.8 13.5.1 項の本文を参照.

参 考 文 献

1) 松浦房次郎，田中毅弘，建築設備の維持管理，技術書院，1998

2) 片山清志，田中毅弘，安田恵子，パソコンで学ぶ信頼性解析演習，成山堂書店，1994

3) 田中毅弘，後藤滋，建築設備における信頼水準の評価に関する研究　第 3 報　信頼度モデルと状態遷移法による評価，空気調和・衛生工学会論文集，No.66, p.70, 1997

4) 田中毅弘，後藤滋，建築設備における信頼水準の評価に関する研究　第 1 報　偶発故障期における信頼水準の評価，空気調和・衛生工学会論文集，No.61, pp.91-97 1996

5) 田中毅弘，新しい建築・都市環境・設備楽としてのビルマネジメントシステム入門：近未来を見据えて，数理工学社，2022

索　引

あ　行

アルカリ性ガス　168
アレルゲン　109,129
安全性　203
安全データシート　151
アンビエントクリーン空調システム　185

位置圧　9
一方向流方式　183
遺伝子再集合　130
移流　189
移流拡散方程式　190
インダストリアルクリーンルーム　176

ウイルス　124
運動量方程式　189
運用信頼性　202

エアフィルタ　156,160
エアロゾル　112
エアロゾル感染　128
エアロゾル粒子　112
エネルギー代謝率　13
エネルギー代謝量　13
円形ダクト　77
遠心式　62

オイラーの陽解法　192
汚染制御　175

温度境界層　18
温度差換気　145

か　行

化学吸着　167
化学物質　181
化学物質過敏症　109
拡散　189
角ダクト　77
過渡状態　153
風上法　190
加湿器　65
ガス除去フィルタ　160,166
学校環境衛生基準　5
学校保健安全法　5
カニンガムの補正係数　116
カビ　124
ガラス窓透過日射熱負荷　30
換気回数　154
環境基準　3
環境基本法　3
杆菌　124
管径　77
緩和時間　117

機械換気　147
基準一次エネルギー消費量　89
揮発性有機化合物　3,149
球菌　124
吸収式　62

境界条件　191
局所換気　148
局所換気回数　154
局所清浄化　184
極値分布　205
局部抵抗　76
気流による制御　176
菌糸体　124

空気清浄　120
空気清浄機　156,157,176
空気清浄度　176
空気組成　104
空気の寿命　155
空気余命　155
空気齢　155
空調機負荷　30
偶発故障形　207
クーラン数　193
クリーンゾーン　175
クリーンルーム　176,182

形状パラメータ　210
結核菌　128
原核生物　124
健康増進法　106
建築物衛生法　3,81
建築物省エネ法　87
建築物省エネルギー性能表示制度　94
顕熱負荷　30
堅牢性　204

索　引

高圧ダクト　79
抗ウイルス　139
抗菌　139
格子分割　196
行動性体温調節　13
コンタミネーションコント
　ロール　174
固有信頼性　202
コロナウイルス　130
コンタクトエア　48

さ 行

差圧による分離　176
細菌　124
在郷軍人病　128
最大透過粒径　162
再飛散　118
殺菌　139
差分スキーム　191
作用温度　16
酸性ガス　168

紫外線　136
システム　203
自然換気　142
シックハウス症候群　3,107
シックビル症候群　4,107
実効温度差　25
実効面積　9
室内空気質　2
室内発熱負荷　30
室内負荷　30
指標　202
湿り空気線図　40
尺度　202
尺度パラメータ　210
収束計算　192
修復系　202
終末沈降速度　117
受動喫煙　106
主流煙　105

準 HEPA　162
循環参照　193
瞬時一様拡散　153
蒸気発生吸収ヒートポンプ
　63
使用信頼性　202
消毒　139
初期故障形　207
初期条件　198
除菌　139
真菌　124
真菌症　129
信頼区間推定線図　216
信頼水準　215
信頼性　202
信頼性解析　205
信頼性工学　203

スパイラルダクト　77
スマートシティ　100

静圧　9,77
静圧再取得法　83
脆弱性　204
清浄度クラス　177
設計一次エネルギー消費量
　89,90
全圧　9,77
旋回流誘引型成層空調システ
　ム　185
潜熱負荷　30
全般換気　148

双球菌　124
総合開口面積　142
総合熱伝達率　19
総合捕集率試験　162
走査漏れ試験　162
装置負荷　30
相当外気温度　24
相当開口面積　9
相当換気量　157

相当径　112
送風機　68
速度減衰法　83
粗じん用フィルタ　163

た 行

対数正規分布　205
耐用年数　68
ダクト　77
ダクトサイズ　82
タスク空調　95
タスク・アンビエント空調方
　式　54
ダルシー‐ワイスバッハの式
　10
暖房負荷　29

地域補正係数　92
中性帯　145
中性能フィルタ　160,163
長波放射率　23
長方形ダクト　77

通過熱負荷　30
継手　71

低圧ダクト　79
定常状態　153
定風量単一ダクト方式　50
ディペンダビリティ　204
デシカント空調機　56
デシカント空調システム　56
デシカント除湿機　56

動圧　9,77
等級表示　151
等速法　83
等摩擦法　75,83
特定建築物　3
トレーサーガスステップダウ
　ン法　154

索　引

な　行

内部結露　22
夏型結露　22

日射吸収率　23

熱貫流率　19
熱源　58
熱源負荷　30
熱通過率　20
熱伝達　18
熱伝導　18
熱搬送　71
熱輸送方程式　195

は　行

パーソナル空調システム　56
バイオロジカルクリーンルーム　176
配管　71
肺結核　128
バイパスファクタ　48
バスタブ曲線　215
八連球菌　124
バルネラビリティ　204
パンデミック　130
反復計算　192

非一方向流方式　183
ヒートポンプ　63
微小粒子状物質　149
微生物　123
必要換気量　82,154
必要送風量　79
比表面積　167
標準 k-ε モデル　195
標準偏差　210
標準有効温度　16
表面汚染　175
表面結露　22
ビル管理法　81

ファンコイルユニット方式　51
風力換気　146
副流煙　105
ブシネ近似　196
物理吸着　167
物理的分離　175
ブドウ球菌　124
浮遊粉じん　115,149
冬型結露　22
ブラウン運動　117
平均　210
平均空気齢　155
平均故障間隔　203
平均放射温度　15
ベイズの定理　218
ベイズ法　218
併用方式　183
ペリメータゾーン　90
ベルヌーイの定理　8
ベルヌーイの法則　77
弁　74
変風量単一ダクト方式　50

ボイラ　62
防カビ　139
放射空調システム　54
捕集原理　160
保全　69
保全性　202
保全性解析　205
保全度　202
ホルムアルデヒド　109
ポンプ　68

ま　行

マイコトキシン　129
マイセリア　124
摩擦損失　75
摩耗故障形　207

ミニエンバイロメント　184
未利用エネルギー　64

滅菌　139

や　行

床吹出空調　54
ユニット　203

容積式　62
予測平均温冷感申告　16
四連球菌　124

ら　行

らせん菌　124

離散化　190
粒径　112
粒径範囲　112
粒径別上限濃度　177
粒子状物質　115,181
粒子除去エアフィルタ　160
粒子沈着　118
流体　8
粒度分布　115
流量係数　9

累積ハザード法　212

冷凍機　61
レイノルズ数　75,201
冷房負荷　29
レジオネラ症　107,128
レジオネラ属菌　128
レジリエンス　204
連鎖球菌　124
連続の式　8

ろ過式　162
ロバストネス　204

わ 行

ワイブル解析　205
ワイブル形累積ハザード法
　205

欧 字

as-built　183
at-rest　183

BCM　204
BCP　204
BEI　89
BEIm　92
BELS　94
BEMS　97
BF　48
BPIm　92

CADR　157
CFD　188

DNA ウイルス　125

EPA　107
EPA フィルタ　162
ETD　25

HEPA　182
HEPA フィルタ　162,165

I/O 比　132

k-ε 型二方程式モデル　195
K 値　20

Met　13
MPPS　162
MTBF　203
MTTF　213
MUSCL　191

operational　183
OT　16

PAL　90
PAL*　87,90,92
PISO 法　195
PM2.5　115
$PM_{2.5}$　149
PMV　16

QUICK　191

RANS モデル　195

RNA ウイルス　125

SAT 温度　24
SET*　16
SGP　71
SIMPLE 法　195
Society 5.0　99

TAC 温度　34
TVOC　6

ULPA　182
ULPA フィルタ　162
UVGI　136

VAV　50
VOC　3
VOC に関連する指針値　109

WEBPRO　92
WHO　104

ZEB　29
ZEH　29

χ^2（カイ二乗）分布　215

編著者

ふじ い しゅう じ
藤 井 修 二

1978年3月 東京工業大学大学院理工学研究科建築学専攻博士課程修了
工学博士（東京工業大学）

現　　　在　東京工業大学名誉教授
公益社団法人日本空気清浄協会会長

執筆者（五十音順）

かぎ　なお　き
鍵　直　樹

1999年3月　東京工業大学大学院情報理工学研究科情報環境学専攻博士後期課程修了
博士（工学）（東京工業大学）

現　　　在　東京科学大学環境・社会理工学院教授

す　わ　よし　ひで
諏 訪 好 英

1983年3月　東京理科大学理工学部機械工学科卒業

1996年9月　博士（工学）（東京工業大学）

現　　　在　芝浦工業大学工学部機械工学科教授

た　なか　たけ　ひろ
田 中 毅 弘

横浜国立大学大学院工学研究科計画建設学専攻博士後期課程修了
工学博士，Ph.D.（人間行動学博士）

現　　　在　一般社団法人全日本建築士会理事，前東洋大学教授

た　むら　　　はじめ
田 村　一

2002年3月　東京工業大学情報理工学研究科情報環境学専攻博士後期課程修了
博士（工学）（東京工業大学）

現　　　在　株式会社テクノ菱和　技術開発研究所所長

た　る　み　ひろ　お
垂 水 弘 夫

1983年3月　東京工業大学大学院理工学研究科建築学専攻博士課程修了
工学博士（東京工業大学）

現　　　在　金沢工業大学名誉教授，水素建築ラボ代表

やなぎ　　　う
柳　宇

1996年3月　国立公衆衛生院研究課程修了
Doctor of Public Health（国立公衆衛生院）

2005年3月　博士（工学）（東京大学）

現　　　在　工学院大学建築学部建築学科教授

建築工学＝EKA-13
建築設備及び工学技術者のための
空気調和・空気清浄

2024 年 12 月 25 日 ⓒ　　　　　　　　初 版 発 行

編著者　藤 井 修 二　　　　　発行者　田 島 伸 彦
　　　　　　　　　　　　　　　印刷者　篠 倉 奈緒美
　　　　　　　　　　　　　　　製本者　小 西 惠 介

【発行】　　　　　株式会社　数理工学社
〒151-0051　東京都渋谷区千駄ヶ谷 1 丁目 3 番 25 号
編集 ☎ (03) 5474-8661 (代)　　　サイエンスビル

【発売】　　　　　株式会社　サイエンス社
〒151-0051　東京都渋谷区千駄ヶ谷 1 丁目 3 番 25 号
営 業 ☎ (03) 5474-8500 (代)　　　振替 00170-7-2387
FAX ☎ (03) 5474-8900

印刷　(株) ディグ　　製本　(株) ブックアート

《検印省略》

本書の内容を無断で複写複製することは，著作者および
出版者の権利を侵害することがありますので，その場合
にはあらかじめ小社あて許諾をお求め下さい.

サイエンス社・数理工学社の
ホームページのご案内
https://www.saiensu.co.jp
ご意見・ご要望は
suuri@saiensu.co.jp　まで.

ISBN978-4-86481-119-4

PRINTED IN JAPAN

━━━━━━━━━━━ 建築工学 ━━━━━━━━━━━

新・建築材料 I 〈第2版〉
［構造材料編］
横山・三上・田中共著　　2色刷・A5・上製・本体1950円

新・建築材料 II 〈第2版〉
［部位構成材料・機能材料編］
横山・三上・高橋・宮内・古賀・横井・石原共著
2色刷・A5・上製・本体2300円

建築計画学入門
建築空間と人間の科学
大佛・宮本・藤井共著　　2色刷・A5・上製・本体2800円

視環境設計入門
見え方から設計する光と色
中村芳樹著　　2色刷・A5・上製・本体2800円

＊表示価格は全て税抜きです.
━━━━発行・数理工学社／発売・サイエンス社 ━━━━

━━━━━━━━━━ 建築工学 ━━━━━━━━━━

都市・建築の環境設計
熱環境を中心として
梅干野晁著　2色刷・A5・上製・本体2800円

建築設備及び工学技術者のための
空気調和・空気清浄
藤井編著　鍵・諏訪・田中・田村・垂水・柳共著
2色刷・A5・上製・本体3500円

新しい建築・都市環境・設備学としての
ビルマネジメントシステム入門
近未来を見据えて
田中毅弘著　A5・上製・本体3200円

非線形構造力学
構造物の多軸挙動と塑性論
瀧口克己著　A5・上製・本体2800円

＊表示価格は全て税抜きです.
━━━━発行・数理工学社／発売・サイエンス社 ━━━━

新・建築学

建築計画の基礎
環境・建築・インテリアのデザイン理論
西出和彦著　２色刷・Ａ５・上製・本体2000円

建築構造解析
塩原　等著　Ａ５・上製・本体2950円

建築光環境・視環境
平手小太郎著　２色刷・Ａ５・上製・本体3800円

＊表示価格は全て税抜きです.

発行・数理工学社／発売・サイエンス社